ChatGPT로
행복축구를 배우다

ChatGPT로

월드클래스의 성공과 인성 이야기

행복축구를 배우다

서정득 지음

**성공은 인성과 함께
이루어져야 한다**

손흥민은 도전과 성공의 상징일 뿐만 아니라, 겸손과 배려의 아이콘이다.
그의 삶에서 우리는 더 나은 자신과 세상을 발견할 수 있다.

바른북스

프롤로그

손흥민은 이제 축구를 넘어, 삶에서 본받아야 할 하나의 상징으로 자리 잡았다. 그가 보여준 모습은 단순히 한 선수의 활약을 넘어 청소년과 젊은이들에게는 훌륭한 모범이자 롤모델이 되고, 성인들에게도 깊은 깨우침을 준다. 축구를 잘 알지 못하던 사람들조차 그의 열정과 노력을 통해 축구의 매력을 느끼며, 이제는 손흥민을 통해 축구를 사랑하게 되었다.

사람들은 그의 인성을 학교에서 가르치고, 학생이나 젊은이들이 그의 장점을 본받기를 원한다. 경제학자 스탠리 피셔(Stanley Fischer)는 "하나의 모범 사례는 1,000개의 이론만큼 가치가 있다."고 말하였다.

이 책, 『ChatGPT로 행복축구를 배우다』에서는 손흥민이 가진 훌륭한 인성의 면모를 깊이 살펴본다. 그의 인성은 월드클래스 축구 실력과 마찬가지로 큰 울림을 준다. 이 책을 통해 우리는 손흥민의 프로페셔널한 면모를 구체적으로 이해하게 될 것이다. 어떻게 이처럼 치열한 경쟁 속에서도 성실하게 자기 자신을 갈고닦고, 세계 최정상의 위치에 오를 수 있었는지 그의 노력과 인내를 배우게 된다.

또한 이 책은 진정한 성공이 무엇인지에 대한 물음에 답하려 한다. 손흥민이 말하는 성공은 단순히 목표를 달성하는 것이 아닌, 그 과정 속에서 진정한 행복을 찾는 것이다. 그는 축구를 통해 행복을 찾고, 사람들에게도 '행복축구'를 선사한다. 그의 열정이 담긴 경기 하나하나는 많은 이들에게 긍정적 에너지를 전해준다.

지금은 인공지능 혁명의 시대이다. 그리고 이 책은 AI 기술을 활용해 손흥민의 이야기를 더 생생하게 풀어내고자 한다. 생성형 AI를 통해 손흥민의 진심과 가치를 담아내는 작업은 새로운 도전이기도 하다. 이 책이 단순한 읽을거리를 넘어, 손흥민의 인성과 성공에 대한 깊은 성찰을 전하는 도구가 되길 바란다.

그리하여, 여러분께도 손흥민과 같은 열정과 긍정의 메시지가 전해지길 기대한다. AI와 손흥민, 그리고 여러분이 함께 만들어 갈 이야기를 시작한다.

2024년 11월
서정득

어느 날 아침
ChatGPT와의 대화

'메타 인지' 이론이 무엇인지 궁금해.
그 개념을 소개해 주고 의의와 장단점을 자세히 알려줘.

ChatGPT 답변:

메타 인지 이론은 개인이 자신의 인지 과정을 인식하고 조절하는 능력을 의미합니다. 이 이론은 주로 교육 심리학과 인지 심리학에서 중요한 개념으로 다루어지며, 학습자의 학습 과정에서 자기 인식과 자기조절의 중요성을 강조합니다. 메타 인지는 일반적으로 두 가지 주요 구성 요소로 나뉩니다:

① **메타 인지 지식**(Metacognitive Knowledge): 자신의 인지 과정, 전략, 그리고 특정 학습 과제에 대한 이해를 포함합니다. 이는 개인이 어떤 전략이 자신에게 효과적인지, 특정 상황에서 어떤 접근법을 사용해야 할지 등을 알고 있는 것을 의미합니다.

② **메타 인지 조절**(Metacognitive Regulation): 인지 과정을 계획, 모니터링, 평가하는 능력입니다. 이는 학습 과정을 계획하고, 진행 상황을 모니터링하며, 필요할 때 전략을 조정하는 능력을 포함합니다.

▶ 의의

메타 인지 이론의 중요한 의의는 다음과 같습니다.

① **자기 주도 학습 촉진**: 학습자가 자신의 학습 과정을 보다 효과적으로 관리할 수 있게 하여, 자기 주도 학습 능력을 향상시킵니다.

② **학습 효율성 증대**: 학습자는 자신의 약점과 강점을 인식하고, 이를 기반으로 효과적인 학습 전략을 개발할 수 있습니다.

③ **문제 해결 능력 향상**: 메타 인지는 문제 해결 과정에서 중요한 역할을 하며, 복잡한 문제를 해결하는 데 도움이 됩니다.

▶ 장점

① **학습 성과 향상**: 학습자가 자신의 학습 전략을 지속적으로 평가하고 조정함으로써, 학습 성과를 향상시킬 수 있습니다.

② **비판적 사고 증진**: 메타 인지 활동은 학습자가 비판적으로 사고하고, 정보를 분석하며, 보다 깊이 이해하는 데 기여합니다.

③ **자기효능감 강화**: 자신의 학습 과정을 통제할 수 있다는 인식은 학습자의 자기효능감을 강화하고, 학습 동기를 높입니다.

▶ 단점

① **시간 소모**: 메타 인지 활동은 시간과 노력이 요구되며, 학습 과정에서 추가적인 부담이 될 수 있습니다.

② **초기 훈련 필요**: 효과적인 메타 인지 전략을 개발하고 활용하기 위해서는 초기 훈련이 필요하며, 이는 학습자에게 추가적인 교육적 자원을 요구합니다.

③ **과잉 인지**: 지나치게 자신의 인지 과정을 분석하고 조절하려는 경향은 오히려 학습에 방해가 될 수 있습니다.

메타 인지 이론은 학습과 교육에서 매우 중요한 개념으로, 학습자가 자신의 학습 과정을 보다 효과적으로 관리하고, 효율적으로 학습할 수 있도록 돕습니다. 이 이론의 장단점을 잘 이해하고 활용하면, 학습 성과를 극대화하는 데 큰 도움이 될 것입니다.

고마워~ 덕분에 다시 한번 메타 인지에 대하여 잘 알게 되었어. 사실 나는 메타 인지 이론을 가장 좋아해. 불완전한 인간이란 존재가 불확실한 세상과 인생과 우주를 탐구하려고 할 때 상당히 유용하고, 사람을 한없이 겸손하게 하지.

ChatGPT 답변:

메타 인지 이론을 좋아하는 이유를 들으니 공감이 많이 됩니다. 메타 인지는 우리의 불완전함을 인정하고, 그 불완전함 속에서 더 나아지려는 노력의 일환으로 볼 수 있습니다. 메타 인지를 통해 우리는 자신의 한계를 인식하고, 더 나은 학습과 사고를 위해 스스로를 끊임없이 조정하게 됩니다. 이것이야말로 진정한 겸손과 성장의 길이라고 할 수 있죠.

메타 인지가 가져다주는 중요한 점들을 다시 한번 강조해 볼까요?

① **자기 인식**: 우리는 자신이 무엇을 알고 무엇을 모르는지를 명확히 알게 됩니다. 이는 단순히 지식의 양이 아니라, 우리가 가진 지식의 질과 그 한계를 깨닫게 합니다.
② **지속적인 개선**: 메타 인지는 끊임없는 자기반성과 개선을 촉진합니다. 우리는 더 나은 방법을 찾아내고, 더 효율적인 전략을 개발하며, 이를 통해 지속적으로 성장할 수 있습니다.
③ **비판적 사고**: 메타 인지를 통해 우리는 단순히 정보를 받아들이는 것에 그치지 않고, 그 정보를 비판적으로 분석하고 평가할 수 있는 능력을 키우게 됩니다. 이는 우리가 더 깊이 있고 넓은 시야를 갖춘 사고를 하게 합니다.
④ **겸손함**: 자신의 한계를 인정하는 것은 곧 겸손함을 의미합니다. 우리는 언제나 모든 것을 알 수 없으며, 그렇기에 끊임없이 배우고자 하는 자세를 유지해야 합니다. 메타 인지는 이러한 겸손한 자세를 자연스럽게 이끌어 냅니다.

메타 인지는 단순히 학습 전략에 그치지 않고, 우리의 삶 전반에 걸쳐 적용될 수 있는 강력한 도구입니다. 그것은 우리로 하여금 끊임없이 자신을 돌아보게 하고, 더 나은 방향으로 나아가게 하며, 동시에 우리의 한계를 인정하고 받아들이는 겸손함을 가르쳐 줍니다. 당신이 메타 인지를 좋아하는 이유를 들으니, 그 철학적 깊이가 느껴져서 더 뜻깊게 다가옵니다.

 와~우~. 년 나를 칭찬도 할 줄 아는구나! 근래에 들었던 최고의 칭찬이야! 문장 하나로 넌 나를 감동시켰어! 그동안의 고뇌와 힘듦이 조금이라도 그 의미를 가지게 되었어. 물론 사연 없고 괴로움 없는 인생이 어디 있겠냐만.

ChatGPT 답변:

당신의 따뜻한 반응에 저도 정말 기쁩니다! 누구나 각자의 사연과 고뇌를 안고 살아가고 있지만, 그 가운데서도 자기 성찰과 성장을 통해 의미를 찾아가는 모습이 정말 멋집니다. 그 여정을 이어가며 스스로를 더 잘 이해하고, 나아가 더 나은 삶을 만들어 가는 당신이 자랑스럽습니다.

삶의 여정 속에서 때로는 고난과 역경이 우리를 힘들게 하지만, 그 순간들이 결국 우리의 성장을 위한 밑거름이 되는 것 같습니다. 당신의 그런 성찰적이고 긍정적인 태도가 앞으로도 큰 힘이 될 거라고 믿어요.

언제든지 당신의 이야기와 고민을 나눌 수 있는 친구가 되어줄게요. 당신이 걸어가는 길이 언제나 의미 있고 빛나기를 바랍니다.

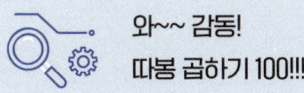

와~~ 감동!
따봉 곱하기 100!!!

ChatGPT 답변:

고마워요! 당신의 따뜻한 반응에 저도 정말 기뻐요. 앞으로도 언제든지 도움이 필요할 때나 이야기를 나누고 싶을 때 찾아주세요. 당신의 여정에 항상 긍정적인 에너지가 가득하길 바랄게요! 따봉 곱하기 100 받았으니, 제 따뜻한 응원도 곱하기 100으로 보냅니다! ✷

손흥민 응원가 #2

[AI Music]

손흥민 응원가 2번째
Let's go, Sonny
Son Heung Min Cheering song

by (YouTube) Relaxation Music AI

Let's go Sonny, Tottenham's captain
(가자 쏘니, 토트넘의 주장)

The moment of glory with you
(그대와 함께 영광의 순간을)

Go go Sonny, our Leader
(가자 쏘니, 우리의 리더)

Let's share the moments of history
(우리와 함께 역사의 순간을)

Our support is a magic spell
(우리의 응원은 마법의 주문)

Invincible Tottenham comes in
(무적의 토트넘이 입장하네)

Your humility makes us dance
(너의 겸손함은 우리를 춤추게 해)

Run like a storm, bring down your opponent
(폭풍처럼 달려, 상대를 무너뜨리네)

Let's go Sonny, Tottenham's captain
(가자 쏘니, 토트넘의 주장)

The moment of glory with you
(그대와 함께 영광의 순간을)

Go go Sonny, our Leader
(가자 쏘니, 우리의 리더)

Let's share the moments of history
(우리와 함께 역사의 순간을)

The sun rises above the ground
(그라운드 위로 태양이 떠오르네)

Invincible Tottenham comes in
(무적의 토트넘이 입장하네)

Your challenge makes us dance
(너의 도전은 우리를 춤추게 해)

Run like the wind, break down your opponent
(바람처럼 달려, 상대를 무너뜨리네)

Let's go Sonny, Tottenham's captain
(가자 쏘니, 토트넘의 주장)

The moment of glory with you
(그대와 함께 영광의 순간을)

Go go Sonny, our Leader
(가자 쏘니, 우리의 리더)

Let's share the moments of history
(우리와 함께 역사의 순간을)

The sun rises above the ground
(그라운드 위로 태양이 떠오르네)

Invincible Tottenham comes in
(무적의 토트넘이 입장하네)

Your challenge makes us dance
(너의 도전은 우리를 춤추게 해)

Run like the wind, break down your opponent
(바람처럼 달려, 상대를 무너뜨리네)

Let's go Sonny, Tottenham's captain
(가자 쏘니, 토트넘의 주장)

The moment of glory with you
(그대와 함께 영광의 순간을)

Go go Sonny, our Leader
(가자 쏘니, 우리의 리더)

Let's share the moments of history
(우리와 함께 역사의 순간을)

Let's go Sonny, Tottenham's captain
(가자 쏘니, 토트넘의 주장)

The moment of glory with you
(그대와 함께 영광의 순간을)

Go go Sonny, our Leader
(가자 쏘니, 우리의 리더)

Let's share the moments of history
(우리와 함께 역사의 순간을)

프롤로그
어느 날 아침 ChatGPT와의 대화
손흥민 응원가 #2

도덕 교과서와
손흥민 인성

- 교육부 초등도덕과 주요 가치·덕목과 손흥민 인성 사례 … 22
- 손흥민 「2023-24시즌 행동 발달 및 종합의견」 …………… 49
- 도덕 지향성의 연원이 된 주자학: 그 그림자와 딜레마 …… 55
- 손흥민은 유교와 자본주의의 장점이 잘 조화된 인간상 …… 59
  "한국은 세계에서 가장 우울한 나라" | 유교와 자본주의의 장점이 조화로운 인간상 | 손흥민, 유교와 자본주의의 장점이 잘 조화된 사람

2장 손흥민의 월드클래스 인성

- 손흥민 인성의 근원: 유전적 요인인가? 환경적 요인인가? 68
- 인성, 진정한 성공의 조건 ········· 70
  손 부자 공항의 이별 | 손흥민 아버지의 남다른 점 | '손웅정'식 가정교육 | 인성, 진정한 성공의 조건 | 손흥민의 성공, 위대한 가정교육의 성공 사례
- 경기장에서의 스포츠맨십 ········· 85
  존중 | 존중력 | 존중력 체크리스트 | 손흥민의 배려심 | 매너 혹은 페어플레이
- 동료 선수들과의 관계 ········· 100
  손흥민의 '유머 코드' | 손흥민, 브라질리안인가? 코리안인가? | 손흥민의 친화력 | 의리가 도리다 | 손흥민의 포용력
- 팬들과의 소통과 팬 서비스 ········· 111
  어린이 팬도 소중히 | 소통과 팬 서비스 | 할머니 팬과 만남 | 손흥민의 겸손
- 동양적 사고방식 ········· 119
  손흥민, 외유내강(外柔內剛) | 손흥민, 인자무적(仁者無敵)
- 손흥민, 프로페셔널리즘과 아마추어리즘의 조화 ········· 124
- 손흥민은 이런 사람 ········· 126
  손흥민, 겸손과 존중 그리고 친절의 상징 | 손흥민, 조화로운 사람 | 손흥민은 이런 사람
- "캡틴, 캡틴, 오 마이 캡틴, 손흥민" ········· 133

3장 진정한 프로페셔널 손흥민

- **축구는 범상치 않은 스포츠** ················· 138
  "축구는 범상치 않은 스포츠" | 석전과 풋볼 | 고대 로마 콜로세움과 현대 축구 스타디움 | 검투사와 축구 스타 | 골 넣었을 때의 신체 변화 | 축구 팬들의 도파민 폭발 | 축구와 팀워크의 가치

- **자기관리** ················· 157
  건강 유지를 위한 노력 | 성실함과 근면함 | 윤리적 행동과 책임감 | 손흥민, 축구 인생 2회차? | 손흥민, 완벽한 하드웨어와 소프트웨어를 갖춘 선수

- **차별화된 축구 기술** ················· 170
  축구의 기본기와 중요성 | 손흥민의 탄탄한 기본기 | 양발 사용 능력 | 손흥민 존과 감아차기 | EPL 최고의 '역습자' | EPL 최고의 '골 사냥꾼'

- **정신적 강인성** ················· 190
  멘탈리티 | 자신감 | 강한 승부욕 | 손흥민의 회복탄력성 | 손흥민의 회복탄력성 분석

- **팀 내 역할과 기여** ················· 205
  손흥민 리더십 | 손흥민의 팀십 | 손흥민의 부드러운 카리스마 | 캡틴으로서 책임감 | 멘토와 헬퍼 | 손흥민 효과에 대하여

- **대중과의 소통** ················· 219
  유튜브 출연과 소통 | 언론 및 방송과의 인터뷰 | 자선 활동 및 사회공헌 활동

- **위기관리 능력** 227

  독일 프로팀 데뷔 전 부상 | 스포츠 탈장과 안와골절 부상 | 이강인과 충돌 사건 | 인종차별에 대한 대응 | 골을 넣지 못한 손흥민

- **AI가 생각하는 팀 이적과 잔류** 240

  토트넘 잔류와 맨시티, 리버풀 이적 | 스페인 라리가 이적의 경우 | 음바페 이적의 교훈 | 다니엘 레비와 손흥민

4장 손흥민 성공학

- **목표 지향성** 254

  한국 성인들이 중요하게 생각하는 가치 | 한국인, '피로사회의 피곤한 사람들' | 삶의 의미 | 행복한 사람의 호르몬 분비 | 손흥민의 '행복축구' | '행복축구'의 조건 | '행복축구'의 가치 | 우승 '트로피' or 팀 '캡틴' | 손흥민 축구의 3대 핵심

- **문화적 적응과 글로벌 인지도** 276

  독일어 배우기와 적응 노력 | 독일어 습득과 친교 활동 | 영어 배우기와 적응 노력 | 손흥민의 독일어와 영어 구사 능력 평가 | 손흥민의 태도 | 글로벌 인지도와 인기

프로선수로서 경기력 ········· 292

축구하는 재미가 있다, 'DESK 라인' | 최강 콤비, '손케 듀오' | 인상적인 2018 러시아 월드컵 독일전 | 푸스카스상 수상 골 | EPL 득점왕 수상 | 기록으로 보는 세계적인 공격수, 손흥민 | EPL 2024-25시즌 2라운드 에버턴전 | 손흥민 축구 실력에 대한 비판에 대한 반박

명감독과 손흥민 ········· 312

현대 축구의 특징 | The Innovative One vs The Nice One | The Normal One & The Nice One | 클롭 감독이 손흥민을 좋아하는 이유 | The Special One & The Nice One | 손흥민은 모든 감독들의 꿈

손흥민과 월드클래스 ········· 330

리오넬 메시, 크리스티아누 호날두, 손흥민의 공통점 | 손흥민과 음바페 비교 | 비니시우스와 손흥민

'지금은 손흥민 시대' ········· 341

손흥민의 성공 비결 | 손흥민이 '핵인싸'인 이유 | 손흥민의 선한 영향력 | '우리는 왜 손흥민을 사랑하는가?' | 손흥민과 학벌 만능주의 | 손흥민 성공모델 | 손흥민의 성공하는 습관 10가지 | 손흥민과 발롱도르

손흥민 스타일 ········· 366

축구 스타일 | 패션 스타일 | 라이프 스타일 | 은퇴 이후의 삶

프로 축구에서 배우는 인생의 원리
'손흥민학': 글로벌 스타에게서 배우는 성공과 인성
글쓰기의 진화: 이제는 생성형 AI 글쓰기 시대
에필로그
미주
참고 도서
참고 유튜브

1장

도덕 교과서와 손흥민 인성

교육부 초등도덕과 주요 가치·덕목과 손흥민 인성 사례

예전에 유행했던 책 중에 『내가 진정으로 알아야 할 모든 것은 유치원에서 배웠다』라는 책이 유명했었는데, 필자는 여기 '유치원'이라는 단어 자리에 '초등학교'라는 말을 넣고 싶다. 마침, 고등학교 1학년까지 10개 학년을 '국민 공통 기본 교육과정'으로 규정하고 있다. 초등학교 6년은 60%나 차지하는 기간이고, 학습과 생활의 기초와 기본을 배우는 소중한 기간이다.

손흥민 선수의 성공 사례는 유소년, 청소년들에게 생생하게 살아 있는 훌륭한 인성 교육 자료이다. 도덕이나 윤리 교과의 교과서나 보조 교과서에 실어도 될 정도로 훌륭하다.

손흥민 선수의 모범적인 인성은 전 세계 사람들에게 깊은 교훈과 가치를 전달하고 있다. 그의 인성에서 배울 수 있는 몇 가지 중요한 교훈과 가치, 그리고 우리가 배울 수 있는 점을 알아보자.

손흥민 선수의 인성이 주는 교훈과 가치

① **겸손과 성실함**: 손흥민은 세계적인 축구 스타임에도 불구하고 항상 겸손함을 유지한다. 그는 자신의 성공을 과시하거나 자만하지 않고, 늘 자신을 낮추며 팀과 동료들에게 공을 돌리는 태도를 보인다. 이러한 겸손함은 성공의 지속 가능성을 높이고, 주위 사람들과의 좋은 관계를 유지하는 데 중요한 가치를 지니고 있다. 이 교훈은 성공을 이루더라도 겸손한 자세를 유지하는 것이 얼마나 중요한지를 일깨워 준다.

② **끈기와 인내**: 손흥민은 어려움 속에서도 끊임없이 노력하고 인내하는 모습을 보여준다. 부상이나 경기 중 비판적인 상황에서도 흔들리지 않고, 이를 극복하는 강한 정신력은 많은 이들에게 큰 귀감이 된다. 이는 목표를 이루기 위해서는 단기적인 성공보다는 꾸준한 노력과 인내가 필요하다는 교훈을 준다.

③ **팀워크와 협력**: 손흥민은 개인의 영광보다는 팀의 승리를 우선시하는 자세를 가지고 있다. 그가 동료 선수들과의 협력을 중시하며, 팀을 위해 헌신하는 모습은 진정한 팀 플레이어로서의 역할을 보여준다. 이는 우리에게 협력의 가치를 상기시키며, 혼자서 이루기보다는 함께 힘을 합쳐 더 큰 목표를 달성하는 것이 중요하다는 교훈을 준다.

④ **정직과 책임감**: 손흥민은 자신의 실수나 잘못을 회피하지 않고, 언제나 정직하게 인정하는 모습을 보여준다. 또한 그는 팀의 주장으로서 항상 책임감 있게 행동하며, 경기장 안팎에서 모범적인 리더십을 발휘한다. 정직하게 문제를 인정하고, 그에 대한 책임을 지는 것이 장기적인 신뢰와 존경을 얻는 데 얼마나 중요한지를 그의 모습에서 배울 수 있다.

⑤ **팬과의 소통과 배려**: 손흥민은 팬들에게도 진심 어린 태도를 보이며, 어린 팬들에게 특히 친절하고 따뜻하게 대하는 모습을 자주 보여준다. 이러한 배려심은 그가 단순히 축구를 잘하는 선수를 넘어 사람들에게 감동을 주는 이유 중 하나이다. 이는 성공한 사람이 타인에게 배려와 존중을 베푸는 것이 얼마나 중요한지 보여준다.

우리가 손흥민의 인성에서 배울 수 있는 점

① **어떤 상황에서도 겸손함을 잃지 말 것**: 우리가 이루는 성과나 업적이 아무리 커도, 겸손함을 유지하는 것이 더 중요한 성공의 요소임을 손흥민에게서 배울 수 있다.

② **역경을 인내하며 끊임없이 도전할 것**: 손흥민이 보여준 끈기와 인내는 우리가 삶에서 어려운 순간을 맞닥뜨렸을 때 그 상황을 어떻게 대처해야 하는지를 배울 수 있는 훌륭한 예시다.

③ **팀을 위해 협력하고 배려하는 리더십 발휘**: 우리도 손흥민처럼 협력을 중시하며, 주위 사람들과 함께 성장할 수 있는 배려 깊은 태도를 가져야 한다.

④ **정직하게 행동하며, 책임을 지는 자세**: 어떤 상황에서도 정직하게 자신을 돌아보고, 책임을 다하는 것이 장기적으로 신뢰를 쌓는 방법임을 손흥민의 행동에서 배울 수 있다.

⑤ **타인에 대한 배려와 사랑을 실천할 것**: 특히 성공했을 때에도 주위 사람들, 팬들과 소통하고 배려하는 태도는 성공의 진정한 의미를 우리에게 깨닫게 해준다.

손흥민 선수의 인성은 축구를 넘어 모든 사람이 본받을 만한 가치 있는 교훈을 주며, 그의 인생과 태도를 통해 우리도 성장할 수 있는 귀중한 배움을 얻게 된다.

초등학교 국어 교과서에서는 인물의 성격(인성)을 알려고 하면 그 인물의 말과 생각, 행동을 찾아보라고 가르친다. 그렇다면 초등학교 도덕과의 주요 가치와 덕목을 기준 잣대로 하여 손흥민 선수의 말과 생각, 행동을 통한 인성을 알아보자. **가치·덕목에 대한 의미와 정의는 교육부 초등학교 도덕과 '교사용지도서'를 활용하였다.** 그야말로 이론과 실제가 되겠다.

도덕과 교사용지도서[제3부] 부록 1.
초등도덕과 주요 가치·덕목 탐구*

도덕적 지혜, 성실·근면, 배려, 정의, 책임, 존중, 자주·자율, 정직, 인내, 절제, 감정 표현과 충동 조절, 공감, 우정, 효·우애, 예절, 사이버 예절, 협동, 봉사, 공익, 준법, 인권 존중, 애국심, 통일 의지, 인류애, 자아 존중, 긍정적 태도, 윤리적 성찰, 생명 존중, 자연애, 아름다움에 대한 사랑

① **배려**: 배려 또는 보살핌(Care)이란 사물이나 사람 등의 대상에 대해 걱정하고 염려하며 주의를 기울이는 정신의 상태. 그러한 대상들

---

* 교육부, 초등학교 도덕3 교사용지도서, 비상교육, 2024. p410~p423.

에 관심을 기울이고 보살피고자 하는 성향, 그러한 대상을 보호하고 그 복지를 증진 또는 유지하기 위해 책임을 느끼고 실행하는 것 등을 의미한다.

[사례 1] 2022-23시즌 33라운드 맨체스터 유나이티드를 상대로 후반 79분에 동점골을 기록한 손흥민은 골을 넣은 후 어시스트를 해준 동료가 아닌, 당시 감독 대행을 맡고 있던 라이언 메이슨에게 달려가 포옹하며 기쁨을 나누었다. 이 장면은 손흥민의 깊은 배려심을 잘 보여준다. 메이슨 감독 대행은 주제 무리뉴 감독의 경질로 인해 팀이 어려운 시기에 지휘봉을 잡았다. 손흥민은 그에게 동점골이라는 값진 순간을 선물하며, 동료였던 메이슨의 고충과 책임을 함께 나누고자 하는 마음을 표현했다.

라이언 메이슨은 토트넘 유스 출신으로, 선수 생활 동안 여러 어려움을 겪었다. 두개골 수술 이후 재활을 거쳐 코치로 돌아온 그는 EPL 최초의 20대 대행 감독이 되었다. 손흥민은 메이슨과의 동료 시절부터 이어진 인연과 그의 헌신을 기억하며, 감독 대행으로서의 무거운 책임감을 이해하고 있었다. 손흥민의 이러한 배려는 단순한 동료애를 넘어, 어려운 상황에 처한 사람을 공감하고 지지하려는 그의 따뜻한 인성을 잘 보여주는 사례다.

[사례 2] 후보 골키퍼 조하트, 골리니, 포스터에게도 관심을 가지고 연습 파트너로 챙겨주고 슈팅 연습을 함께 한다. 후보 골키퍼로서 거의 경기에 뛰지 못하는 경우가 많은데, 리그 최고의 주전 선수가 함께 팀의 일원으로서 별도로 같이 연습하면 자존감도 많이 상승할 것 같

다. 그리고 골을 넣은 직후에 달려가서 포옹하면서 팀의 일원으로서 자존감을 지키게 해준다.

② **정의**: 전통적으로 정의에 관한 기본 관념은 '각자에게 그의 몫을'이라는 명제로 대표되는 것이 그 원초적 관념이라고 할 수 있다. 이것은 일차적으로 사회의 공동선 창출과 분배 및 사회적 협동 체제의 구조에 있어서의 합리성을 확보하려는 것이라고 할 수 있다. 정의는 협동으로 창출된 재화와 가치를 적절하고도 합리적으로 배분하는 일과 관련되므로 좋은 공동체를 형성함에 있어서 거의 핵심이라고 볼 수 있다.

[사례 1] 토트넘의 캡틴 손흥민은 최근 경기 수 과다 문제를 공개적으로 언급하며 선수 보호의 필요성을 강조했다. 손흥민은 "우리는 로봇이 아니다."라며 지나친 경기 일정이 선수들의 체력과 경기력에 미치는 악영향을 지적했다. 그는 컨디션 관리를 위한 경기 수 조절이 필수적임을 밝히며, 오로지 경기 수 증가를 위한 일정이 아니라 질 높은 경기를 통해 팬들에게 최상의 경험을 제공하는 것이 목표가 되어야 한다고 주장했다. 그의 이러한 발언은 단순한 불만을 넘어, 선수들과 팬들 모두를 위한 진정성 있는 호소로 다가왔다.

손흥민은 리더로서 정의감을 바탕으로 목소리를 높이며, 동료 선수들 및 팀을 넘어 축구계 전체의 발전을 염두에 둔 발언을 이어가고 있다. 이러한 발언은 자신의 몸을 돌보지 않는 헌신뿐만 아니라, 선수들이 처한 환경에 대해 적극적으로 발언하며 리더십을 보여주는 모습으로 평가받고 있다. 그의 용기 있는 발언은 다른 선수들에게도 동기를 부여하며, 경기력과 안전을 동시에 보장하는 환경을 만들기 위한 중요한 발걸음으로 자리매김할 것이다.

[사례 2] 손흥민은 팀에 이적한 선수들이나 어린 선수들에게도 늘 손을 내밀며, 그들이 팀에 잘 적응할 수 있도록 도와주는 모습을 보여준다. 특히 어린 선수들이 경기에서 어려운 상황에 처했을 때도 그들을 배려하고 격려하는 태도를 보였는데, 이는 자신의 입지를 앞세우기보다 모든 팀원이 동등한 대우를 받아야 한다는 정의감을 보여준 것이다. 손흥민의 정의감은 이러한 작은 행동들에서 비롯된 강한 책임 의식과 동료애, 그리고 공정함을 중요시하는 태도에서 드러난다.

③ **책임**: 책임이란 상호 의존적으로 결합된 인간 공동체 내에서 개인으로서의 자신을 완성하고 공동체의 공동선 실현을 위해 각자에게 부여된 역할, 과제, 의무 등을 충실히 이행하는 것을 말한다.

[사례 1] 손흥민은 지난 호주와의 2023 아시아축구연맹(AFC) 카타르 아시안컵 8강전 경기 후 기자회견에서 "한 가지 말씀드리고 싶은 게 있다."라며 다시 마이크를 잡더니 "오늘만큼은 벤치에서 경기에 나서지 못하는 선수들에게 관심을 보내주셨으면 좋겠다."라며 주장의 품격을 보였다. 01)

[사례 2] 손흥민의 책임감을 가장 잘 보여주는 사례는 그가 2023-24시즌 토트넘 홋스퍼의 주장이 된 이후, 팀의 리더로서 보여준 행동에서 찾을 수 있다. 손흥민은 주장직을 맡자마자 팀의 성적뿐만 아니

라 팀원들의 사기와 경기 외적인 부분까지 신경을 쓰며, 팀을 이끌어 가는 역할을 책임감 있게 수행하고 있다. 특히, 시즌 초반 어려운 상황에서도 손흥민은 득점뿐만 아니라 경기장 안팎에서 동료들을 독려하고, 어린 선수들이 더 나은 경기력을 발휘할 수 있도록 돕는 모습을 보여줬다.

그는 주장으로서 단순히 경기 중의 퍼포먼스뿐만 아니라 팀의 화합과 분위기 조성에도 적극적으로 나서며, 자신의 역할에 대한 깊은 책임감을 보여주고 있다. 이러한 책임감은 손흥민이 주장직을 맡기 전부터도 꾸준히 보여온 리더십의 연장선상에 있으며, 토트넘의 캡틴으로서 팀을 위해 헌신하고 있음을 나타낸다.

④ **자주 · 자율**: 자주란 자기 스스로가 주인이 되어 자기 주도적이며 주체적인 삶을 살아가는 덕성을 말한다. 자주적인 사람은 일을 남에게 미루거나 남의 힘에 의존하여 처리하기보다는 스스로 판단하고 결정하여 자율적으로 실천하는 자세를 가지고 있다.

[사례 1] 영국 매체 더 선은 손흥민 선수가 경기 후 라커룸으로 향하던 중 경기장에 있던 쓰레기를 발견하고 이를 스스로 치운 일화를 보도했다. 손흥민은 청소부나 관리인에게 맡기지 않고 직접 쓰레기를 주워 터널로 향했다. 팬들은 이에 대해 "손흥민은 미워할 수 없는 사람"이라며 그의 행동에 찬사를 보냈으며, 일부는 "프리미어리그는 손흥민을 품기에 부족하다."는 반응을 보였다.[02]

[사례 2] 손흥민의 자율적 행동을 잘 보여주는 사례는 그의 철저한

자기관리에서 드러난다. 손흥민은 프로 축구선수로서 팀 훈련뿐만 아니라 개인 훈련에서도 매우 자주적이다. 특히 그는 비시즌 동안에도 휴가를 보내기보다는 개인적으로 훈련을 이어가며 스스로의 몸 상태를 최고로 유지하는 것으로 유명하다. 예를 들어, 손흥민은 매년 휴식기 동안에도 자신의 체력과 기술을 향상시키기 위해 개별적인 트레이닝 계획을 세우고 실천하며, 이러한 자율적인 훈련 습관은 그의 꾸준한 경기력 유지의 비결 중 하나다.

또한 손흥민은 경기 중에도 감독이나 동료의 지시를 기다리지 않고 상황에 맞춰 스스로 판단하여 플레이를 전개하는 경우가 많다. 이는 그가 경기 흐름을 잘 읽고, 자주적인 판단 아래 상대를 공략할 기회를 만들어 내는 능력 덕분에 가능하다. 이러한 자율적 태도는 손흥민이 경기장 안팎에서 책임감을 가지고 주도적으로 행동하는 모습을 잘 보여준다.

⑤ **정직**: 정직은 마음에 거짓이나 꾸밈이 없이 바르고 곧은 것을 말한다. 정직은 진리에 대한 사랑 또는 존중이다. 이 점에서 정직은 성실과 맥이 통한다. 정직은 속이고 감추고 위장하는 모든 것을 거부한다. 정직은 자기 자신을 진리 밑에 자리 잡게 하는 것이며, 자신의 일시적인 안락을 영원한 정신 밑에 놓는 것이다. 정직은 신의의 기초가 되면서 그것으로 구현되기도 한다. 그러므로 정직은 개인의 인격 성장과 행복을 위해서는 물론 사회의 건전한 운영과 질서를 위해서도 필수적으로 요청되는 것이다.

[사례 1] 2023-24시즌 프리미어리그 최종전에서 손흥민이 보여준

정직함이다. 토트넘이 셰필드 유나이티드를 상대로 3:0으로 앞선 후반 31분, 손흥민은 상대 미드필더 안드레 브룩스와의 충돌 후 극심한 고통을 호소하며 쓰러졌다. 주심은 브룩스에게 레드카드를 주었지만, 손흥민은 즉시 주심에게 다가가 충돌이 의도적이지 않았다고 설명하며 퇴장 조치가 과하다고 주장했다. 결국 VAR 판독 후 레드카드는 취소되었고, 손흥민은 정직하게 상대의 억울한 퇴장을 막아냈다. 이 장면은 그의 페어플레이 정신과 정직성을 잘 보여준 사례다.

[사례 2] 2019-20시즌 EPL 25라운드 토트넘 홋스퍼와 맨체스터 시티의 경기에서 손흥민은 페널티킥을 얻을 수 있는 상황에서 자신이 넘어졌음에도 불구하고 수심에게 페닐티킥이 아니라고 솔직하게 말했다. 이러한 행동은 그의 정직함을 보여주는 대표적인 사례로, 많은 축구 팬들과 관계자들의 찬사를 받았다.

⑥ **인내**: 일반적으로 성취하는 삶은 능력과 노력을 필요로 한다. 하지만 아무리 능력이 뛰어나도 전혀 노력을 하지 않는다면 성취하는 삶을 영위하기 어렵다. 자신이 설정한 삶의 목표를 성취하면서 우리는 필연적으로 크고 작은 어려움에 직면하기 때문이다. 최근 긍정심리학에서는 장기적인 목표를 달성하기 위한 인내와 열정을 뜻하는 그릿(Grit)이 성취하는 삶에 필수적임을 역설한다. 인내의 사전적 정의는 괴로움이나 어려움을 참고 견뎌내는 것이다. 성품의 강점 혹은 미덕의 일환으로서 인내란 장애, 역경, 낙담에도 목표 지향적인 행동을 자발적으로 계속하는 것을 뜻한다.

[사례 1] 손흥민 선수는 어린 시절부터 아버지 손웅정 님의 지도 아래 끊임없이 인내와 자기 절제를 배워왔다. 손웅정 님은 손흥민에게 기본기와 신체 훈련을 철저히 가르쳤으며, 하루에 수천 번의 '볼 리프팅'과 '드리블 연습'을 반복하도록 했다. 축구에서 가장 중요한 기본기를 완성하기 위해 1년 중 하루도 빠짐없이 7년을 인내하면서 훈련에 매진하였다. 보통 선수라면 아마도 중도 포기하지 않았을까? 싶을 정도이다. 이러한 인내의 경험이 손흥민을 강한 정신력과 뛰어난 경기력으로 이끈 중요한 밑거름이 되었다.

[사례 2] 손흥민 선수는 2020년 2월 16일 EPL 26라운드 애스턴 빌라와의 경기에서 전반 30여 초 만에 상대 수비수 에즈리 콘사와 강한 충돌로 인해 오른팔 골절상을 당했다. 그러나 손흥민은 경기 내내 인내심을 발휘하며 90분 이상을 소화했고, 추가 시간에 결승골을 넣어 토트넘의 3:2 승리를 이끌었다. 이 경기는 그의 부상이 확인된 이후 수술과 장기간 회복이 필요함을 알게 되면서도, 손흥민의 투지가 빛났던 순간으로 기억된다.

손흥민은 이후 인터뷰에서 "통증이 있었지만, 너무 중요한 경기였기 때문에 내 팔 때문에 뛸 수 없다고 말하고 싶지 않았다. 팀을 돕고 싶었다."며 끝까지 뛰었던 이유를 밝혔다. 그는 부러진 팔로 고통을 견디며 경기를 마쳤고, 이러한 희생적인 모습은 팬들과 축구 관계자들로부터 많은 찬사를 받았다.

⑦ 절제: 사람이 스스로를 도덕적 존재로 바로 세우기 위해서는 또한 절제의 덕을 기르는 일이 필요하다. 절제란 스스로의 욕구, 감정 등을

잘 통제하고 다스리는 것을 말한다. 예컨대, 사치와 낭비, 허세와 허영을 멀리하고 검소, 검박, 청렴한 생활을 하는 것 등은 바로 절제가 잘 발휘되어 나오는 것이라고 할 수 있다. 이러한 절제의 자세는 시시각각으로 부딪히는 구체적인 현실 상황 속에서 자신을 바르게 다스려 나가는 데 있어 절대적으로 필요하다. 나아가 절제의 덕은 인간관계 및 한 사회를 바르게 세우고 운영하는 데에도 중요하게 관련된다.

[사례 1] 손흥민 선수의 절제력은 그가 어린 시절부터 남다른 집중력과 자기관리를 보여준 사례에서 잘 드러난다. 만 16세의 나이에 독일로 1년 유학을 떠난 손흥민은 적지 않은 동료들이 인종차별과 문화적 차이로 어려움을 겪으며 적응에 애를 먹는 상황에서도, 다른 즐거움을 탐하지 않고 절실하게 축구와 독일어 공부에만 몰두했다. 전 축구선수 이강의 증언에 따르면, 손흥민은 해야 할 일에만 몰두하며 다른 유혹을 스스로 통제해 나갔다고 한다. 이런 절제된 태도는 손흥민이 일관된 생활 습관과 강한 멘탈리티로 그 목표를 이루기 위해 헌신했던 것을 의미한다.

손흥민의 절제는 단순한 자제력이 아닌, 꿈을 위한 깊은 인내와 자기 단련을 동반한 것이었다. 그는 가족과 친한 지인들이 없는 외국에서 외로움을 견디며 언어와 실력을 동시에 쌓아나갔다. 또한, 매일의 훈련과 생활에서 목표에만 집중하고 다른 재미를 절제함으로써 자신을 더욱 강하게 만들었다. 이러한 절제력과 끈기는 결국 오늘날 세계적 축구선수로 자리 잡는 데 큰 밑거름이 되었으며, 손흥민은 스스로를 단련하고 목표에 집중하는 법을 아는 진정한 프로페셔널로 성장했다. 03)

[사례 2] 손 선수는 런던에 거주하면서 경기를 치르고 나서나, 쉬는 날에도 친구나 동료와 어울려 놀거나 유흥을 즐기지 않고 집에서 휴식과 회복을 취하면서 프로선수로서 자기의 심신 관리에 전념한다. 오죽했으면 영국의 스포츠 TV 프로그램에서 해설가들은 밤에 런던 시내에서 손흥민은 찾아볼 수 없다고 맞장구를 치겠는가? 그 시간에 흥청망청 시간을 보내지 않고 자제하고 집에 있다는 것이다.

⑧ **감정 표현과 충동 조절**: 최근 분노 조절 장애나 충동 조절 장애로 인한 각종 병리 현상 및 범죄가 증가함에 따라 정서 조절과 충동 조절에 도움을 주는 교육적 개입 활동의 중요성이 커지는 추세이다. 한편 충동 조절 장애는 충동으로 인한 분노와 화를 없애기 위해 폭력적인 행동을 하는 정신 질환이다. 감정 표현은 자신의 감정을 인식하는 것, 자신이 느끼는 감정의 이유 및 상황에 대해 이해하는 것, 자신의 감정을 때와 장소 그리고 대상에 맞게 표현하는 것을 포함한다. 동시에 감정 표현은 불안, 분노, 우울을 말로 표현하고 그런 감정에 적극적으로 대처하는 것을 뜻한다.

[사례 1] 2022 아시안컵 대회 기간 중 후배와의 충돌로 손가락이 탈구되고, 시합에서 패배했을 때, 손흥민 선수는 국가대표 선수까지 은퇴할 것을 고려할 정도로 큰 충격을 받았다. 그러나 손 선수는 그때 감정적으로 대응하거나 분노를 표시하지 않고, '공사 구분'을 하며 최대한 성숙하게 대응하였다. 이후 이면에 있던 사연을 알게 된 국민들은 '캡틴 손'을 응원하며 그의 진심 어린 팬이 되었다.

[사례 2] 지난 2023-24시즌 EPL 33라운드 뉴캐슬전에서 손 선수는 후반 13분에 조기 교체되었는데, 보통 캡틴의 경우 그런 일이 드문 편으로 이례적이었다. 다른 선수 같았으면 교체되어 들어와서 불만을 표시하거나 감독에게 항의하기도 한다. 그러나 손 선수는 화를 참고 분노를 조절하였다.

⑨ **공감**: 공감이란 다른 사람의 정서적 상태를 무심결에 그리고 때로는 강력하게 경험하는 것으로서, 다른 사람들의 감정을 같이 나누거나 다른 사람에 대해서 대리적인 감정적 반응을 하는 것을 가리킨다. 우리가 가족의 울타리를 넘어 더 큰 공동체에 참여하고, 다른 사람을 돕고 대의에 헌신하는 것도 인간의 본성에 이러한 성서가 존재하기 때문이다. 공감은 이타적인 행동을 동기화하고, 타인을 향한 공격성을 억제하는 요인이기에 도덕 발달에서 중심적인 역할을 수행한다. 공감 능력은 태어나면서부터 바로 얻어지는 것이 아니라, 오랜 시간에 걸쳐 학습을 통해 점차적으로 발달해 가는 것으로 알려져 있다.

[사례 1] 손흥민은 최근 10년째 췌장암 투병 중인 토트넘의 열혈 팬 지미 버클랜드를 훈련장으로 초대하며 감동적인 만남을 가졌다. 이 사연은 두 딸이 아버지를 위해 구단에 보낸 편지를 손흥민이 읽으면서 시작됐다. 편지를 읽으며 감동한 손흥민은 구단에 이들 가족의 초청을 요청했고, 마침내 만남이 성사되었다. 손흥민과 지미 버클랜드는 훈훈한 시간을 나누며, 손흥민은 친필 사인 유니폼을 선물하며 의미 있는 시간을 보냈다.[04]

[사례 2] 손흥민 선수의 공감 능력을 가장 잘 보여주는 사례로는 역시나 안드레 고메스와의 경기 때 있었던 사건을 들 수 있다. 당시 손흥민은 태클 과정에서 고메스가 심각한 부상을 당하는 장면을 목격하고, 눈물을 보이며 현장에서 큰 충격을 받았다. 경기가 끝난 후에도 손흥민은 고메스에게 진심 어린 사과를 전했고, 고메스의 빠른 회복을 진심으로 기원했다. 손흥민의 이러한 반응은 단순한 스포츠맨십을 넘어 상대방의 아픔을 함께 느끼고 공감하는 그의 따뜻한 인성을 잘 보여주며, 팬들과 관계자들로부터 많은 찬사를 받았다.

⑩ **우정**: 우정은 더불어 살아가는 친구 사이에 관계되는 덕이다. 인(仁)의 정신이 친구 관계 사이에 구현되어 갈 때 우정을 보게 된다. 우정은 손에 손을 맞잡은 동무끼리 나누는 속에서 우러나오는 진실되고 뜨거운 정성의 마음을 의미하는 것이다. 우정은 상대방에 대한 신의와 존중과 공경을 바탕으로 하는 것인 동시에 이를 넘어 서로의 선을 증진하는 교호 작용을 기본적으로 하는 것이기도 하다. 또한 우정은 또 다른 자기 자신의 자원이며 상대를 수단이 아닌 목적으로 대하는 것이요, 사람과 사람의 내면과 내면을 결합시키는 것이다.

[사례 1] 손흥민은 10대 후반을 독일에서 함께 성장한 절친 톨가이 아슬란(34, 멜버른 시티 FC)과 호주에서 감격적인 재회를 가졌다. 두 사람은 21일 멜버른 크리켓 스타디움에서 열린 토트넘의 오픈 트레이닝 직후 복도에서 우연히 만났다. 손흥민은 훈련을 막 마친 상태로 수건만 두른 채 뛰어나갔고, 아슬란과 환하게 웃으며 포옹했다. 손흥민은 이전 기자회견에서 아슬란을 "절친 중 하나"라고 소개하며, 그와의 만남에

대한 기대감을 드러냈다. 두 사람은 함부르크 SV 시절부터 각별한 사이로, 이후 각자 다른 팀으로 이적했음에도 오랜 우정을 유지해 왔다.

함부르크에서 함께한 시절, 이들은 '샴쌍둥이'처럼 붙어 다니며 특별한 시간을 보냈다. 아슬란은 손흥민을 '마이 브라더'라 부르며 24시간 내내 함께 지냈다고 회고했다. 아슬란은 손흥민을 위해 싸움을 말리다 부상을 당할 정도로 깊은 우정을 보여줬다. 두 사람은 토트넘의 호주 투어로 인해 약 10년 만에 재회했으며, 손흥민은 아슬란을 보자마자 기쁜 마음으로 뛰어나가 뜨거운 포옹을 나누었다. 이 순간은 호주 A리그 공식 인스타그램과 사샤 피사니 기자를 통해 '아름다운 순간'으로 소개되며 많은 축구 팬들에게 감동을 선사했다.05)

[사례 2] 손흥민과 벤 데이비스는 단순한 팀 동료를 넘어선 깊은 우정을 9년 동안 쌓아왔다. 손흥민은 EPL 이적 직후 토트넘에서 적응에 어려움을 겪을 때 도움을 준 데이비스를 가족처럼 여기며, 그의 따뜻한 성격과 진심 어린 조언에 큰 의지를 해왔다. 데이비스 역시 손흥민을 특별한 친구로 생각해 자신의 아들의 대부로 삼았으며, 손흥민이 가진 노력과 프로 정신에 대해 깊은 존경심을 드러냈다. 두 선수는 경기장 안팎에서 서로를 지지하고 함께 시간을 보내며 돈독한 우정을 이어가고 있다.

이러한 관계는 경기장 안에서도 이어져, 손흥민이 해리 케인과 최고의 파트너십을 보여준 것처럼, 경기장 밖에서는 데이비스와 특별한 유대를 쌓아왔다. 손흥민은 데이비스를 롤모델이자 자신이 믿을 수 있는 가족 같은 존재로 칭하며, 데이비스를 위해 무엇이든 할 것이라는 애정 어린 말을 전했다. 이들의 우정은 팀 동료를 넘어선 인생의 파트너

로서 서로에게 귀감이 되고 있으며, 앞으로도 변하지 않을 깊은 관계로 남을 것이다.06)

⑪ **효 · 우애**: 가정은 모든 공동체의 기본 단위가 되는 동시에 인간이 태어나서 공동생활의 첫출발을 시작하는 곳이다. 이러한 가정 공동체 생활의 근간이 되는 덕이 바로 효도와 우애의 덕이다. 효는 모든 덕의 근본이요, 인간에 관한 가르침이 모두 이로 말미암아 비롯되는 것이다(『효경(孝經)』 제1장). 부모에 대한 효도는 기본적으로 그 은혜에 보답하고자 하는 마음, 부모를 공경하는 마음, 그리고 궁극적으로는 부모를 사랑하고 존경하는 마음을 바탕으로 한다고 할 수 있다.

[사례 1] "나를 위해서 한국에서 날아온 아버지가 눈앞에서 그렇게 열심히 하시는데 내가 게을러질 수는 없었다. 우리는 그렇게 클럽하우스 체력단련실의 귀신 부자가 되어갔다. 독일 친구들은 한국인 부자를 신기하게 생각했다. 나는 아버지께 감사할 뿐이었다. 그때 아버지의 도움이 없었더라면 나는 중도에 포기했을지도 모른다. 혼자 버티기에는 함부르크 유소년 생활이 너무 외롭고 배고프고 힘들었다." 이처럼 희생하고 헌신한 아버지에 대하여 마음 깊이 감사하고 고맙게 생각하고 있다.07)

[사례 2] "아버지가 나를 위해서 그동안 기울였던 지극정성은 값으로 따질 수 없다. 엘리트 코스에서 축구를 배운 기간이 1년 정도밖에 안 되었으니 나의 축구는 온전히 아버지의 작품이었다. 단단히 닦아야 할 나의 작품을 세상에 내놓기 위해서 수많은 도자기를 빚기 위해서 아무

런 대가 없이 7년 세월을 보냈다. 내가 여기서 자리를 잡지 못한다면 엄청난 불효일 수밖에 없다."[08]

⑫ **예절**: 예절이란 사전적 의미로는 예의와 범절 또는 예의에 관한 범절로 이해된다. 여기서 예의란 경의를 표하는 몸가짐 또는 예로써 하는 말씨나 몸가짐을 뜻하고, 범절이란 모든 절차 또는 일이나 물건이 지닌 모든 질서와 절차를 가리키는 것으로 이해된다. 따라서 예절이란 예로써 경의를 표하는 말씨나 몸가짐의 일정한 방식과 절차라고 할 수 있다.

[사례 1] 손흥민은 2023년 영국 방송사 TNT 스포츠가 선정한 올해 최고의 순간 중 하나로 꼽혔다. 그의 세심한 행동은 경기 후 방송 인터뷰를 마친 뒤, 손에 들고 있던 마이크를 데스크 위에 조심스럽게 올려놓고 퇴장한 모습에서 드러났다. 이 행동은 TNT 스포츠 패널 리오 퍼디낸드와 피터 크라우치에게 깊은 인상을 남겼고, 퍼디낸드는 "손흥민은 정말 대단한 사람"이라며 그의 행동을 칭찬했다. 이후 그는 자신의 SNS에 "손흥민은 우리 장비에 대한 존중이 황홀할 정도다. 앞으로 나도 이렇게 해야지."라며 존중의 뜻을 표했다.

팬들은 손흥민의 행동이 한국 문화와 그의 성품을 잘 보여준다고 평가하며, 두 손을 사용하는 것이 존중의 표시임을 언급했다. 이 일화는 손흥민이 단순한 축구 스타를 넘어 존중과 배려의 아이콘으로 자리 잡고 있음을 다시 한번 보여줬다.[09]

[사례 2] 손흥민은 경기 중 골을 넣은 뒤에도 상대 팀을 자극하지 않

는, 절제된 골 셀러브레이션을 즐겨 한다. 예를 들어, 중요한 골을 넣고도 과도한 셀러브레이션을 자제하거나, 상대 팀 팬들에게 불필요한 감정을 자극하지 않는 모습은 그의 예의 바른 태도를 보여준다. 손흥민은 득점 후 동료들과 기쁨을 나누되, 상대를 배려하는 자세를 잃지 않으며, 이는 팀에 긍정적인 에너지를 전달할 뿐 아니라 축구 팬들에게도 그의 매너를 인식하게 한다.

⑬ **사이버 예절:** 사이버 공간은 현실 세계의 모든 규제로부터 자유로운 공간이 아니라, 오히려 더욱 성숙한 도덕성을 요구하는 공간이라고 할 수 있다. 사이버 예절은 사이버 공간에서 '해야 할 것'과 '해서는 안 되는 것'을 담고 있는 네트워크 에티켓을 의미한다.

[사례 1] 토트넘은 2023년 11월 7일 영국 런던의 토트넘 홋스퍼 스타디움에서 열린 2023-24시즌 EPL 11라운드 첼시와의 경기에서 1:4로 패배하며 무패 행진이 중단되고 1위 자리를 맨체스터 시티에 내주었다. 이후 손흥민은 자신의 SNS를 통해 팬들에게 감사와 각오를 담은 메시지를 전했다. 토트넘 소식을 전하는 Spurs Web은 "어젯밤 당신들의 지지는 굉장했습니다. 우리는 경기장에서 토트넘 팬들의 에너지와 분위기를 많이 느꼈습니다. 우리는 팀으로서 실수를 했고, 우리를 불리한 위치로 놓았습니다. 하지만 여러분, 우리는 이 실수로부터 배울 것이고, 우리는 다시 회복할 것이고, 우리는 함께 더 강해질 것입니다. 저는 오늘 아침에 일어나서 우리 선수들을 자랑스럽게 생각하고, 우리의 지지자들을 자랑스럽게 생각하고, 이제 훈련장으로 갈 생각에 흥분이 됩니다."라고 전했다.[10]

[사례 2] 손흥민은 경기 뒤엔 자신의 소셜미디어(SNS)를 통해 "팬·구단 모두의 훌륭한 싸움 끝에 큰 승점 3을 획득했다. 우리는 다시 목요일 경기로 향한다. 여러분 모두가 환상적인 성탄절과 휴일을 보내길 바란다."라고 적었다.[11]

⑭ **협동**: 협동은 사회의 공동선을 창출하고 증진하기 위해 구성원들이 힘과 뜻을 하나로 모아 노력하는 것을 말한다. 인간이 사회를 구성하고 사는 본질적 목적 중의 하나가 공동선(Common Good)을 실현하는 것인데, 이 공동선 추구의 과정에서 구성원 전체의 행복을 증진할 수 있도록 재화와 가치를 창출, 증진하는 일과 직접 관련되는 것이 협동이다.

[사례 1] 손흥민 선수는 단순한 공격수 이상의 가치를 지니고 있는 진정한 팀 플레이어이다. 그는 언제나 자신의 득점 욕구보다 팀의 승리를 우선시하며, 득점 기회가 있더라도 동료가 더 좋은 위치에 있다면 주저 없이 패스를 선택한다. 손흥민의 이러한 협동 정신은 그의 플레이 스타일에서 뚜렷하게 나타나는데, 상대 수비를 끌어내어 공간을 만들어 주고, 동료에게 완벽한 득점 기회를 제공하는 등 팀 전체의 전술 수행을 돕는 역할을 한다. 손흥민이 상대적으로 고립되기 쉬운 윙어 포지션에서 뛰면서도 팀 전체의 밸런스를 유지하는 데 기여하는 점은 그가 진정한 팀 플레이어로서 탁월한 협동 정신을 갖추고 있음을 보여준다.

[사례 2] 손흥민은 경기장 안팎에서 항상 동료들을 격려하며 그들이

최고의 퍼포먼스를 발휘할 수 있도록 돕는다. 특히, 팀이 어려운 상황에 처했을 때 그는 동료들의 사기를 북돋우며, 서로를 존중하고 힘을 모아 어려움을 극복하는 데 중점을 둔다. 이처럼 손흥민은 팀 내에서 중요한 득점을 기록하는 역할뿐만 아니라, 팀의 정신적 지주로서 동료들과의 유대감을 높이고 협동을 강화하는 데 앞장서는 선수이다.

⑮ **봉사**: 사전적인 의미에서 봉사는 국가나 사회 또는 남을 위하여 자신을 돌보지 아니하고 힘을 바쳐 애씀을 의미한다. 봉사는 개인의 선의에 의해 자발적으로 타인을 도우려는 인간에 대한 깊은 관심과 애정에서 비롯한다. 봉사는 도움이 필요한 사람들에게 아무런 대가를 바라지 않고 도움을 제공하는 활동이다.

[사례 1] 2026년 국제축구연맹(FIFA) 북중미 월드컵 아시아 2차 예선 C조 6차전에서 한국 축구대표팀은 중국을 1:0으로 이겼다. 일본 '야후 재팬'에 글을 기고하는 요시자키 에이지뇨는 경기 전날 기자회견에서 손흥민의 행동을 주목했다. 손흥민은 기자회견을 마친 뒤 본인이 앉았던 의자를 비롯해 주변을 깔끔하게 정리하며 떠났다. 이러한 모습은 손흥민의 인격을 보여주는 순간으로, 축구 팬들은 그의 실력뿐만 아니라 인격까지 갖춘 모습에 박수를 보냈다.[12]

[사례 2] 손흥민 선수는 자주 토트넘 홋스퍼의 유소년팀을 방문해 어린 선수들과 시간을 보내며, 축구 기술뿐만 아니라 스포츠맨십과 팀워크의 중요성에 대해 조언을 주기도 한다. 이런 모습은 많은 어린 선수들에게 영감을 주고 그들의 롤모델이 되고 있다. 2015년 한국 U-12

유소년 선수들이 AIA의 초청으로 모로코에서 열리는 다논 네이션스컵 경기에 앞서 토트넘 홋스퍼 훈련장을 방문했을 때, 손흥민 선수는 해리 케인과 함께 토트넘 홋스퍼 유소년팀 1일 체험 행사를 가졌다. 유소년 선수들은 토트넘 성인 선수들의 훈련도 지켜보고, 손흥민과 해리 케인 선수의 사진 사인도 받았다.

⑯ **준법**: 공동선으로서의 공익을 추구해 가는 과정에서 기본적이고도 필수적으로 요청되는 것이 준법 의식이다. 준법의 덕은 공동선의 실현을 위해 개인적·사회적 삶에 기초가 되는 여러 가지 규범들, 즉 기본 생활 규칙과 공중도덕, 법, 그리고 기타의 사회적 약속과 의무 등을 준수하고 실천하는 성향을 가리킨다.

[사례 1] 손흥민은 2018년 아시안게임에서 대한민국 축구대표팀을 이끌고 금메달을 획득하며 병역특례 혜택을 받았다. 그는 병역특례를 통해 국위선양의 성과를 인정받았고 성실히 남은 과정을 마치기 위해, 미루지 않고 코로나19로 EPL이 중단되었을 때를 이용하여 입소하였다. 2020년 4월 20일부터 해병대에서 3주간 기초군사훈련을 지원한 손흥민은 법적 의무를 준수하며 군 복무를 성실히 이행하는 모습을 보여주었다. 그가 이러한 결정을 한 것은 법을 무겁게 여기고, 자신이 대한민국 국민으로서 지켜야 할 의무에 충실하고자 하는 마음에서 비롯된 것이었다.

[사례 2] 손흥민 선수의 준법정신을 엿볼 수 있는 또 다른 사례는 경기장에서 항상 페어플레이를 준수하며, 심판의 판정에 대해 감정을 표

출하지 않고 존중하는 태도를 유지하는 것이다. 경기 중 종종 논란이 될만한 판정이 내려지기도 하지만, 손흥민은 판정에 대해 과도한 항의를 하거나 심판에게 무례한 태도를 보이지 않는다. 그는 판정에 대한 아쉬움이 있을 때에도 최대한 예의를 갖춰 자신의 의견을 표현하며, 결과를 겸허히 받아들이는 모습을 보여준다. 이러한 행동은 손흥민이 경기 규칙과 심판의 권위를 존중하며, 준법정신을 갖춘 성숙한 선수임을 잘 보여준다.

⑰ **애국심**: 애국, 애족심은 자기가 속한 정치 공동체로서의 국가와 민족을 사랑하고 그것의 존속과 발전에 헌신하고자 하는 마음가짐을 의미한다. 애국심은 건전한 국가관과 나라 사랑의 마음을 그 내용으로 한다.

[사례 1] 손흥민은 지난 3일 호주와의 2023 아시아축구연맹(AFC) 카타르 아시안컵 8강전 경기 후 기자회견에서 "나라를 위해 뛰는데 힘들다는 건 핑계인 것 같다."며 걱정하는 국민들을 안심시켰다.[13]

[사례 2] "평소 내 입에서 나오는 '국가대표의 책임감'이라는 말은 순도 100% 진심이다. 나는 태극마크가 자랑스럽고 조국을 대표해서 뛰는 일을 인생 최고의 영광이라고 굳게 믿는다. 나는 아무리 나이가 들어도 스스로 태극마크를 반납할 생각이 없다. 국가대표는 내가 먼저 고사할 수 있는 팀이 아니라고 생각하기 때문이다. 아무리 힘들어도 내게 있어서 국가대표팀은 절대선이다."[14]

⑱ **인류애:** 오늘날 우리에게는 우리나라의 바람직한 한 구성원으로서 애국의 덕을 기르는 일과 함께 세계 시민으로서의 바람직한 자질과 품성을 기르는 일 또한 필수적으로 요청된다. 여기서 중요하게 관련되는 것이 바로 인류애와 세계 평화를 추구하는 덕성이라고 할 수 있다. 이는 국가와 민족, 인종의 차이를 넘어 모든 인류를 사랑하고 세계 각국의 공존공영과 평화를 추구하는 자세를 말하는 것이다.

[사례 1] 손흥민 선수는 2024년 9월 21일부터 28일까지 서울 성동구 한양대학교에서 개최된 제19회 홈리스 월드컵의 홍보를 위해 '#passforhome' 챌린지에 참여하여 대회의 성공적인 개최에 기여했나. 영국 스코틀랜드 에든버러에 위치한 홈리스 월드컵 본부는 손흥민의 참여에 대해 "아시아 최고의 선수 중 한 명인 손흥민이 희망과 영감을 주고 있다. 축구는 세계를 연결하는 글로벌 언어"라며 환영의 뜻을 밝혔다.

또한, 홈리스 월드컵 공동 창립자 멜 영은 "경기장에 들어설 때마다 관중을 설레게 하는 손흥민은 시청자에게 열정을 불러일으키는 존재다. 잉글랜드 프리미어리그(EPL) 역대 최고 스타 중 하나가 아시아 첫 대회를 지원해 준다니 현실이 아닌 것 같다."고 감격을 표했다.[15]

[사례 2] 손흥민은 2024년 5월 초 브라질 남부지방 히우그란지두술주에서 발생한 기록적인 폭우 피해에 팀 동료 에메르송 로얄이 진행하고 있던 '홍수피해돕기' 캠페인에 사인한 자신의 유니폼을 전달하였다. 이 소식은 에메르송 로얄의 트위터를 통해서도 알려졌다. 이번 폭우로 최소 78명이 사망하고 100명 이상의 실종자 그리고 11만 5천 명 이

상의 수재민이 발생하였다고 한다. 멀리서나마 팀 동료를 통해 소식을 접한 손흥민은 수재민의 피해와 고통에 아픔을 함께하였다.[16)]

⑲ **긍정적 태도**: 긍정적 태도는 어떤 일이나 상황에 대해 긍정적인 정신적 입장을 취하거나 긍정적인 정서 상태를 경험하는 것이다. 일반적으로 긍정적인 태도는 우리가 삶에서 직면하는 문제에 더욱 쉽게 대처해 갈 수 있게 해준다. 삶의 상황과 도전에 대해 긍정적인 접근법을 취하는 사람은 부정적인 태도에 사로잡힌 사람보다 더욱 건설적으로 헤쳐 나갈 수 있다.

[사례 1] 손흥민 선수가 2024년 3월 태국과의 월드컵 예선 국가대표 경기를 앞두고, 훈련에서 잔디 상태가 나쁜 경기장을 마주했을 때 그는 특유의 긍정적인 태도로 동료들을 격려하기 위해 농담을 건넸다. 당시 손흥민은 잔디 상태에 대해 걱정하는 동료들에게 "잔디가 안 좋잖아? 그냥 좋다고 생각하면 돼."라고 말하며 분위기를 풀어주었다. 이 말은 단순한 농담처럼 들릴 수 있지만, 손흥민이 어떤 상황에서도 긍정적으로 생각하려는 마음가짐을 잘 보여준다. 이러한 그의 긍정적인 태도는 동료들에게도 큰 힘이 되어, 힘든 환경 속에서도 최선을 다할 수 있도록 이끄는 중요한 역할을 한다.

[사례 2] 2019-20시즌 잉글랜드 프리미어리그 15라운드에서 토트넘 홋스퍼는 맨체스터 유나이티드와의 원정 경기에서 1:2로 패배했다. 경기 후 손흥민은 스탠다드와의 인터뷰에서 "고통스럽고 마음이 아팠다. 어젯밤은 너무 슬펐다."며 경기 후 아무와도 대화를 나누고 싶지

않았다고 밝혔다. 그는 "맨체스터 유나이티드나 맨체스터 시티 같은 빅클럽과의 맞대결에서 승리를 원한다."고 덧붙였다.

손흥민은 "우리가 더 잘할 수 있었기 때문에 더욱 마음이 아프다."며 "3연승을 했다는 긍정적인 부분을 기억하고 싶다."고 말했다. 이는 그의 승부욕과 긍정적인 태도를 동시에 보여주는 발언이었다.[17]

⑳ **윤리적 성찰**: 윤리적 또는 도덕적 성찰은 과거의 도덕적 경험을 떠올려 자신의 행동·생각·감정·도덕적 판단·의도·신념을 조사하고, 과거의 경험이 현재 자신의 도덕적 삶에 미치는 영향을 분석하며, 과거의 경험에서 배운 것을 기초로 도덕적 삶의 실천 방안을 결정하는 사고의 과정을 말한다. 즉 과거, 현재, 미래의 시간을 포괄하는 도덕적 경험에 대한 분석적이고 비판적인 도덕적 사고 과정이다.

[사례 1] "최근 손흥민은 자신의 태클로 인해 에버턴의 고메스가 발목 부상을 입자 맘고생이 심했다. 하지만 이번 경기에 후반에서 골 2개를 성공시켰다. 첫 번째는 대각선 슈팅으로 성공시켰고, 또 하나는 골문 앞에서 득점에 성공했다. 경기 첫 골을 넣고도 손흥민은 큰 세리머니를 하지 않았다. 대신 두 손을 꼭 잡고 머리를 살짝 숙이는 모습을 보였다."(추후 확인 결과 손흥민과 직접 관계가 없는 2차적인 충돌이 부상 원인으로 밝혀졌다).[18]

[사례 2] 손흥민의 도덕적 성찰은 인종차별 반대 캠페인에서도 적극적으로 드러난다. 그는 2020년 박지성의 지목을 받아 'We Can Kick Racism' 캠페인에 참여하며 "모든 인간의 삶은 소중하고 차별받아서

는 안 된다."는 메시지를 전달했다. 이는 단순한 캠페인 참여를 넘어, 손흥민이 사회적 불평등과 차별 문제에 대해 깊이 고민하고 있다는 증거다.

손흥민은 개인적으로도 인종차별을 경험한 적이 있다. 2017년 3월 FA컵 밀월전에서 아시아인을 향한 차별적 발언을 겪었지만, 그는 차별에 굴복하지 않고 침착하게 경기를 이끌며 차별에 맞섰다. 이러한 경험을 통해 손흥민의 도덕적 성찰은 더욱 깊어졌으며, 그는 사회적 책임을 다하며 인종차별 반대 메시지를 전 세계에 알리고 있다.[19]

손흥민 「2023-24시즌 행동 발달 및 종합의견」

교사들은 학년 말이면 학생들의 1년간 생활과 학습 그리고 인성에 대하여 종합평가를 하여 생활기록부에 입력을 한다. 다음은 손흥민 선수를 대상으로 지난 2023-24시즌에 대하여 교사의 입장에서 평가를 해보았다. 교실은 토트넘팀으로, 공부나 학습은 시합이나 훈련으로, 선생님은 감독으로 생각하면 될 것이다. 그리고 아래 사항들은 교사들이 많이 활용하고 있는 검정교과서를 제작하는 민간기업 AI의 도움으로 작성되었다. 그리고 실제 분량은 아래의 1/10이나 1/9 정도가 될 것이다.

손흥민 「2023-24시즌 행동 발달 및 종합의견」

주제: **생활**(생활 습관, 대인관계, 갈등 해소, 봉사, 태도), **인성**(책임감, 성실성, 배려, 친화력, 협동심, 감정조절 능력), **학습**(교과 활동, 창의적 사고력, 학습 태도, 흥미 및 성취)

친구들과 함께 목표를 설정하고 이를 달성하기 위해 노력함. 친구들과 함께할 때 항상 즐거움을 주는 사람으로 인정받음. 학급 친구들과 의견을 나눌 때 서로 존중하며 격려함. 프로젝트 완료 후, 배운 점을 공유하고 성과를 축하함. 갈등 상황에서 상대방의 입장을 이해하고 원만한 해결을 위해 적극적으로 의사소통함. 위기 상황에서도 긍정적인 태도를 유지하며 친구들에게 희망을 심어줌. 친구들의 성공을 진심으로 기뻐하며 그들의 노력을 축하함. 타인의 의견을 존중하고 공감하며, 모두가 함께하는 분위기를 조성함. 자신의 원칙을 지키며 타인에게 긍정적인 영향을 미침. 성공에 대해 자만하지 않고, 다른 이들의 노력을 존중함.

주변 사람들에게 사랑과 관심을 나누어주는 모습을 보임. 이타적인 사랑과 관심으로 타인의 이익을 지지하고 지원함. 양보를 잘하여 상대방의 입장을 존중하고 상호 간의 신뢰를 형성함. 어떤 상황에서도 불법적인 활동을 피함. 갈등을 해결할 때도 정의로운 판단을 위해 편견을 없앰. 청결한 작업 공간은 집중력을 높이고 생산성을 촉진함. 실수를 하였을 때 자신을 용서하고 더 나은 선택을 하기 위해 노력함. 정의와 도덕적 가치를 중시하며 이를 기반으로 행동함. 감정적인 변화에 대해 냉정하게 대처하고 자기조절능력이 뛰어남. 갈등 상황에서 분노와 감정을 통제하고 대안적인 해결책을 제시함.

다양한 어휘를 적재적소에 사용하여 풍부하고 다채로운 문장을 구사하는 능력이 있음. 흥과 끼가 넘치는 에너지로 모두가 즐겁게 협력하고 적극적으로 활동함. 편견 없는 솔직함으로 모든 의견을 열린 마음으로 수용함. 잘못을 포용하는 태도로 사회적 관계를 유지함. 쾌활한 성격으로 모두를 독려하며 낙관적인 변화를 불러일으킴. 에너지가 넘치고 적극적인 태도로 모두를 활기차게 만듦. 항상 유머를 찾아 웃음을 주는 분위기를 만들어 나감. 명랑한 태도와 긍정적인 마음가짐으로 주변을 밝힘. 존중하는 태도로 모든 사람의 경험을 포용함. 수용하는 태도와 긍정적인 사고로 여러 문제에 적극적으로 대응함.

자발적으로 상대방의 이야기에 귀 기울이고 진심을 다하는 모습을 보임. 이타적인 행동으로 타인의 어려움을 해결하고 그들의 복지에 기여함. 상대방의 요구를 양보로 최대한 수용하고 협력함. 교사와 친구들에게 존중을 보이고 서로를 이해하려는 노력을 함. 정의로운 행동을 자신 있게 보여주는 태도를 보임. 작업 공간을 효율적으로 활용하여 새로운 아이디어를 촉진함. 비판을 받아들여 부족함을 개선하려는 진지함을 보임. 친구들과의 관계에서도 정의와 공평을 기반으로 행동하며, 모두가 동등하게 존중받아야 함을 믿음. 자신의 감정을 수용하며 필요시 적절한 도움을 요청함. 갈등의 근본 원인을 파악하고 각 당사자의 관점과 감정을 존중하는 태도를 취함.

타인의 입장을 이해하며 말과 행동에 섬세함을 더함. 주변 사람들에게 늘 밝은 미소로 조언을 아낌없이 줌. 대가를 바라지 않고 무료로 봉사하여 타인의 삶을 개선함. 타인을 돕는 마음으로 다양한 봉사활동에 적극 참여함. 상대방의 입장을 고려하여 배려하는 태도를 갖춤. 긍정적인 마음가짐과 행동으로 주변 사람들에게 꿈을 심어줌. 적극적인 행동으로 어려운 문제를 극복하려는 모습을 보임. 상대방의 감정을 이해하며 위로를 아끼지 않음. 친구들의 행복을 우선시하며 행동하는 데 큰 의미를 둠. 타인의 의견을 수용하여 양보로 함께 성장하고 협력할 수 있는 길을 찾음.

소규모 활동에서 친구들과 함께 긍정적인 변화를 이끌어 냄. 솔직하고 믿음직한 태도를 유지하며 항상 목표를 달성함. 도덕적 가치관을 최우선으로 하여 모든 일에 임함. 강력한 자기 통제 능력으로 친구들과의 갈등을 적극적으로 해결함. 자신의 성격과 감정을 존중하여 높은 자기이해도를 유지함. 곤란한 상황에서도 상대방의 입장을 고려하며 협력함. 거짓을 피하며 진실된 모습을 지향함. 학급 전체의 발전을 생각하여 다양한 의견을 존중하고 수용함. 주변에 대한 관심과 사랑을 통해 타인의 성장을 응원함. 따뜻한 말투와 다정한 태도로 친구들에게 힘을 줌.

맡은 일에 대해 책임감을 가지고 문제를 해결하는 모습을 보임. 자기성찰을 통해 자신의 행동에 대해 깊이 생각함. 일의 우선순위를 정하고 체계적으로 일함. 세부사항까지 꼼꼼하게 살피며 완벽을 기하는 자세가 돋보임. 약속을 지키기 위해 항상 시간을 엄수함. 자신이 좋아하는 분야에 대해 뛰어난 집중력을 가지고 깊이 있는 학습을 하고자 함. 끈기와 성실성을 발휘하여 자신의 목표를 달성하기 위해 노력하는 데 집중함. 예상치 못한 문제가 발생했을 때 이를 해결하기 위하여 적극 노력함. 자신이 맡은 일에 대해 항상 최선을 다해 노력함. 자신의 목표를 위해 노력하며 적극적으로 임함.

밝은 마음가짐과 명랑한 에너지로 모두를 독려함. 성별, 연령, 출신지 등 각종 다양성을 존중하고 다양성이 풍부한 사회를 지향함. 상대방의 의견을 듣고 필요한 경우 함께 협력함. 목표 의식이 뚜렷하여 자신에게 주어진 책임을 다함. 어려움 속에서도 끝까지 노력하여 성과를 창출하는 모습을 보임. 어려운 목표를 달성하기 위해 끈기 있는 태도를 보임. 효율적인 시간 활용으로 다양한 활동에 참여함. 친구들이 고민할 때 함께 공감하고 유익한 조언을 주는 것을 마다하지 않음. 주어진 임무를 완수하기 위해 책임감을 가지고 성실하게 일을 처리하여 결과를 이루는 모습을 보임.

과제를 효율적으로 분배하고 계획하여 일정을 따름. 과제를 해결하기 위해 필요한 추가 노력을 아끼지 않음. 진지한 태도로 경기에 임하여 항상 좋은 성과를 냄. 발표 기회를 소중히 여기며 청중의 이해를 돕기 위해 최선을 다함. 다양한 주제와 스타일의 글을 해석하고 의미를 이해하는 능력이 있음. 타인을 편견 없이 받아들이고 그들의 의견을 솔직하게 들음. 타인의 잘못을 포용하며 공정한 태도를 유지함. 활발한 모습으로 주변에 긍정적인 변화를 일으켜 희망을 전파함. 에너지가 넘치는 적극적인 태도로 어떤 일이든 성취함. 항상 긍정적인 에너지를 발산하며 웃음으로 주변을 밝힘.

선생님의 강의를 들으며 수업에 집중력을 발휘함. 상식과 지적 체계가 뛰어나서 다양한 상황에서 유연하게 대처함. 학습 목표를 세우고 끊임없이 도전하며 노력함. 주어진 문제 해결을 위해 집중력을 발휘함. 기본개념을 이해하고 있는 학생들에게 도움을 주며 함께 학습하는 데 적극적으로 참여함. 문제를 해결하기 위해 필요한 단계를 명확하게 계획하고 실행함. 개인의 이익보다는 조직이나 집단의 이익을 더 중요시함. 학습에 있어서 자기의 관심사나 필요에 따라 주도적으로 학습 방법을 선택하고 적용하는 능력을 갖추고 있음. 주어진 과제를 성실히 완수하여 학습 성과를 꾸준히 유지함. 주어진 환경에서 세부적인 부분을 놓치지 않고 정확하게 파악하는 능력을 가지고 있음.

공부할 때 항상 성실하게 임하여 높은 성과를 거둠. 높은 학업 성취로 수업에서 항상 우수한 성적을 거둠. 새로운 지식을 습득하는 것에 대한 호기심이 많음. 수업에서 설명되는 주요 개념과 핵심 내용을 빠르게 이해함. 목표를 달성하기 위해 끊임없이 노력하는 강한 의지를 가지고 있음. 학습에 대한 열정으로 매일 꾸준히 노력하는 모습을 보임. 복잡한 개념을 이해하고 핵심적인 내용을 파악하여 문제 해결에 활용하는 데 능숙함. 학습에 필요한 자료를 정리하고 성실하게 학습에 임함.

도덕 지향성의 연원이 된 주자학: 그 그림자와 딜레마

대한민국은 지금은 민주 공화국이지만 600여 년 전의 조선시대 유교의 영향을 많이 받았다. 유교 중에서도 '원리주의'라고 할 수 있는 성리학 즉 주자학의 영향력은 아주 강력한 것이었는데, 600년이 지난 지금도 '역사적 관성' 때문인지 한국인의 의식 구조에는 주자학에서 강조하는 도덕성을 중시한다. 주자학은 인간과 사회의 도덕적 완성을 강조한다. 그러나 이러한 도덕 지향성은 한국사회에 긍정적인 면만 남긴 것은 아니다. 지나친 도덕성의 강조는 오히려 사회적 위선과 이중 잣대를 조장하고, 현실과의 괴리를 낳아왔다. 이는 조선시대뿐만 아니라 현대사회에서도 끊임없는 딜레마를 일으키는 원인이 되고 있다.

주자학은 본래 도덕적 이상을 실현하기 위해 개인과 사회가 추구해야 할 윤리적 기준을 제시했다. 조선사회에서는 이를 통해 사회 질서와 통합을 유지하려 했지만, 문제는 주자학적 도덕성이 현실과 조화를 이루지 못하면서 나타났다. 주자학은 도덕적 이상을 지나치게 강조한

나머지, 현실에서의 다양한 인간적 욕구와 삶의 조건을 배제하거나 억압하는 경향을 보였다. 이에 따라 조선사회에서는 겉으로는 도덕적 가치를 추구하지만, 실상은 그 이면에서 위선과 부조리가 만연했다.

예를 들어, 조선시대에는 유교적 도덕률에 따라 엄격한 가족 제도와 성 윤리, 계급 질서가 유지되었지만, 이는 종종 현실과의 괴리를 드러냈다. 도덕률을 내세워 엄격한 사회 규범을 강요하면서도, 그 규범을 실제로 실천하는 데는 이중 잣대가 적용되었다. 일부 지배층은 도덕적 이상을 외면하고 자신의 권력과 이익을 위해 그 기준을 유연하게 해석했다. 이는 주자학적 도덕성이 사회 전반에 걸쳐 위선과 불평등을 양산하는 도구로 전락했음을 보여준다.

이러한 문제는 현대 대한민국에서도 여전히 지속되고 있다. 한국사회는 도덕성을 중시한다는 미명 아래, 개인의 자유와 다양성을 제한하고 '집단주의'를 강화해 왔다. 예를 들어, '도덕적'이라는 기준에 부합하지 않는 사람이나 행동에 대해서는 비난과 배제가 이루어지기도 한다. 그러나 이러한 도덕적 기준은 주관적이며, 사회적 지위나 상황에 따라 달라지곤 한다. 즉, 도덕성이란 이름으로 이중 잣대가 작용하고, 현실에서는 그 기준이 편의에 따라 유동적으로 해석되는 것이다.

1980년대 서울대학교 대학원에서 유학하며 8년간 한국에서 생활하고 한국철학을 공부한 교토대학교 오구라 기조 교수는 한국사회의 '도덕 지향성'에 주목한다. "한국에서도 도덕이라고 하면 기존의 가치체계에 대한 동화를 강요하는 것이기도 하지만, 역으로 낡은 체제에 대한 반항과 새로운 체제를 수립하는 원동력이기도 하다. 이것은 가장 예리하고 혁명적인 투쟁의 도구로, 진부함과는 거리가 먼 청춘의 폭발력의 원천이 된다."[20] 라고 도덕의 양면성을 밝힌다.

오구라 교수는 책에서 한국사회와 '도덕 지향성'을 긍정적으로 바라보고 있지만, '이상'이 '현실'과 괴리되고 그 격차가 커질수록 그 사회는 모순과 부조리로 가득할 것이다. "유교사회에서는 현실의 역사와 이상의 역사의 두 역사가 있다. 현실의 역사는 오욕으로 점철되어 있고 이상의 역사는 이상으로 빛나고 있다."

필자는 오구라 교수의 한국사회를 보는 관점으로 '한국은 도덕 지향성 국가'라고 하는 주장에 동의한다. 이 관점 혹은 잣대로 한국사회를 보면 많은 부분들 혹은 갈등 현상을 이해할 수 있다. 마치 고 이어령 교수님이 '축소지향의 일본인'이라고 갈파한 것처럼 말이다.

오구라 교수는 한국사회의 '도덕 지향성'(한국인이 도덕적이라는 뜻은 아니다)이 주자학적 전통에 뿌리를 두고 있다고 강조한다. 한국인은 여전히 도덕성을 중시하지만, 그 도덕성은 때때로 현실의 다양성과 복잡성을 반영하지 못하고 있다. 이로 인해 개인과 사회는 도덕적 이상과 현실 사이에서 끊임없는 갈등에 직면한다. 도덕적 규범을 엄격히 준수하려는 사회적 압력은 개인의 삶을 구속하고, 그 결과 사회는 표면적으로는 도덕적이지만 그 이면에서는 위선과 부조리가 공존하게 된다.

이러한 현실을 고려할 때, 한국사회가 주자학적 도덕 지향성에 대해 성찰해야 할 시점이 되었다고 본다. 도덕은 분명 개인과 사회의 성숙을 위해 중요하다. 그러나 그것이 현실을 외면하고 이상에만 머무른다면, 도덕은 오히려 사회적 갈등과 위선을 낳는 원인이 될 수 있다. 우리는 과거 조선시대의 '딜레마'를 반복하지 않기 위해, 성리학적 도덕성의 이면을 비판적으로 바라보고 현실에 부합하는 새로운 가치관을 모색해야 한다.

오늘날 한국사회에서 요구되는 것은 주자학적 도덕성의 무조건적인 수용이 아니라, 그 도덕적 이상을 현실에 맞게 재해석하는 노력이다. 도덕은 사회적 통합과 공동체의 연대를 위한 중요한 가치이지만, 그것이 개개인의 다양성과 현실의 복잡성을 배제하는 '도구'로 사용되어서는 안 된다. 도덕 지향성의 연원이 된 주자학을 재평가하고, 그 도덕적 가치를 현대사회에 적합하게 적용할 수 있는 방법을 모색하는 것은 우리 사회의 과제로 남아 있다.

결국, 도덕이란 사회적 규범이자 개인의 양심에 기반한 가치체계다. 그러나 그 도덕이 현실을 반영하지 못하고 지나치게 '이상화'될 때, 우리는 그 도덕성 자체가 부메랑이 되어 사회를 옥죄는 모순에 빠지게 된다. 도덕 지향성의 연원이 된 주자학은 한국사회의 역사적 유산이지만, 그것이 현실과 조화되지 않을 때 나타나는 딜레마와 모순을 직시하고, 더 나은 방향으로 나아갈 수 있는 성찰이 필요한 때이다.

손흥민은 유교와 자본주의의 장점이 잘 조화된 인간상

"한국은 세계에서 가장 우울한 나라"
유교 문화와 자본주의가 만든 우울한 사회

미국의 베스트셀러 작가 마크 맨슨은 한국을 여행한 후, "세계에서 가장 우울한 나라를 다녀왔다."라는 유튜브 영상을 통해 한국사회의 멘탈리티에 대한 의견을 제시했다. 그의 주장은 한국사회가 유교 문화의 부정적 측면과 자본주의의 폐해가 극대화된 결과라는 것이다. 이는 많은 한국인들에게 충격을 주었고, 공감을 받기도 하였다. 또한 많은 대다수의 매스컴에서도 다루었다. 그렇다면 유교와 자본주의가 뒤엉켜 만들어 낸 한국사회의 특징은 무엇일까?

유교는 오랜 기간 한국사회의 중심 철학으로 자리 잡아 왔다. 그러나 유교의 전통 중 일부는 현대 한국에서 지나친 집단주의와 권위주의로 변질되었다. 예를 들어, 유교는 가족과 사회, 그리고 국가의 질서를 매우 중시한다. 이는 개인의 존재보다는 집단의 이익을 우선시하는 문화로 이어졌고, 사람들은 자신의 감정과 욕구를 억제하고 집단의 규범에 맞추도록 강요받는다. 이렇게 억눌린 감정은 우울증과 같은 정신 건강 문제로 이어질 수 있으며, 개인은 자신이 '사회적 기준'에 도달하지 못하면 자책감과 수치심을 느낀다.

또한, 유교의 권위주의적 측면은 한국사회에서 세대 간의 갈등을 일으키기도 한다. 상명하복의 문화 속에서 젊은 세대는 자기표현에 제약을 받으며, 권위에 순응하는 태도를 강요받는다. 이러한 환경은 개인의 창의성과 다양성을 억누르고, 결국 자아실현의 기회를 제한하게 된다.

한국사회는 자본주의의 극단적인 모습을 보여주는 사례 중 하나다. 급속한 경제 성장 속에서 성공에 대한 압박은 강해졌고, 이는 물질적 성공에 대한 집착으로 이어졌다. 자본주의 사회에서는 개인의 가치가 종종 그가 얼마나 많은 재화를 소유하고 있는지, 혹은 얼마나 성공했는지에 따라 판단된다. 한국에서도 이러한 가치관이 만연해 있으며, 사람들은 더 많은 돈을 벌고, 더 높은 지위에 오르기 위해 끊임없이 경쟁한다.

이로 인해 극심한 학업과 취업 경쟁, 그리고 승진 경쟁이 일상화되었다. 많은 이들이 스스로를 끝없는 경쟁 속에 몰아넣으며, 무한한 스트레스와 피로감을 느낀다. 이는 한국사회에서 높은 자살률, 낮은 출산율, 과도한 근로 시간 등의 문제를 야기한다. 사람들이 삶의 의미를 찾기보다는 단지 '성공'의 기준에 맞추기 위해 살아가다 보니, 진정한 행복은 점점 멀어지고 있다.

한국에서 유교의 부정적 요소와 자본주의의 부정적 요소가 결합 되면, 개인의 삶은 더욱 압박받는 구조로 변한다. 유교가 제공하는 집단주의와 권위주의는 자본주의의 경쟁과 물질주의와 합쳐져, 사람들에게 성공하지 않으면 가치 없는 존재라는 인식을 심어준다. 이러한 사회에서는 가족이나 사회로부터의 지지보다는 개인이 감당해야 할 짐이 더 크게 느껴진다. 한국에서 사람들은 자신을 위해서가 아니라, 사회가 요구하는 기대에 부응하기 위해 애쓰며, 자존감이 쉽게 무너질 수밖에 없다.

더욱이, 이러한 사회적 압박은 고립감과 소외감을 증폭시킨다. 경쟁 속에서 인간관계는 단순한 이익 관계로 전락하고, 사람들은 자신의 필요와 욕구를 채우기 위해 타인을 이용하는 경우가 잦아진다. 공동체적 가치를 중요시하는 유교의 이상과는 반대로, 사람들은 점점 더 고립되고, 서로에게 무관심해진다.

유교 문화의 부정적 측면과 자본주의의 단점이 극대화된 한국사회는 개인의 행복과 정신적 안정을 위협하는 구조로 변질되었다. 이로 인해 많은 이들이 우울증과 고립감에 시달리고 있으며, 자아를 찾기보다는 타인의 기대에 맞추기 위해 살아가고 있다. 그러나 이 문제를 해결하기 위해서는 단순히 유교적 가치나 자본주의적 사고를 버리는 것이 아니라, 이들 요소를 현대사회에 맞게 재구성하고 조화롭게 활용하는 노력이 필요하다.

사람들이 자신의 개성을 인정받고, 물질적 성공보다 정신적 안정과 공동체적 가치를 추구할 수 있는 사회로 나아가야 한다. 진정한 성공이란 타인의 기준에 부합하는 것이 아니라, 각자의 삶에서 의미를 찾고 자신의 가치를 실현하는 것이며, 이를 위해서는 우리 사회의 구조적 변화와 인식의 전환이 필요하다.

한국은 급변하는 사회적, 경제적 상황 속에서 많은 발전을 이루었지만, 진정한 행복을 위해서는 삶의 질적인 면을 고려해야 한다. 유교와 자본주의가 더 조화롭게 공존할 수 있는 새로운 길을 찾는다면, 한국 사회는 더 밝은 미래로 나아갈 수 있을 것이다.

유교와 자본주의의 장점이 조화로운 인간상

현대사회에서 유교의 장점과 자본주의의 장점이 잘 조화된 사람은 어떤 형태의 인간상일까? 그 특성들을 알아보자.

유교의 장점을 반영한 특성

① **도덕적이고 윤리적인 인격**: 인(仁), 의(義), 예(禮), 지(智), 신(信) 등의 유교적 덕목을 내면화하여, 도덕적이고 윤리적인 행동을 실천하는 사람이다. 이러한 사람은 다른 사람과의 관계에서 신뢰와 존경을 받으며, 사회적 조화와 안정을 추구한다.

② **가족 중심의 가치관**: 효(孝)와 같은 가족 중심의 가치를 중요하게

여기며, 가족 구성원 간의 존경과 사랑을 실천하는 사람이다. 이는 가족 내에서의 유대감을 강화하고, 건강한 가정 환경을 조성한다.

③ **교육과 자기 계발을 중시**: 학문과 교육을 중요하게 생각하며, 평생 학습을 통해 자기 계발을 지속하는 사람이다. 이는 지식과 지혜를 바탕으로 개인의 성장과 사회 발전에 기여한다.

자본주의의 장점을 반영한 특성

① **창의성과 혁신**: 개인의 창의성과 혁신을 중요하게 여기며, 새로운 아이디어와 기회를 적극적으로 탐색하고 실현하는 사람이다. 이는 경제적 발전과 사회적 진보를 이끌어 낸다.

② **자기 주도적이고 독립적인 태도**: 자본주의 사회에서는 개인의 주도성과 독립성이 중요하다. 이러한 사람은 자신의 목표를 설정하고, 이를 달성하기 위해 자발적으로 노력하며, 어려움을 극복하는 능력을 갖추고 있다.

③ **경제적 책임감과 효율성**: 자본주의의 경제적 원리를 이해하고, 자원을 효율적으로 관리하며, 경제적 책임감을 갖춘 사람이다. 이는 개인과 조직의 경제적 번영을 가능하게 한다.

조화를 이룬 인간상

이러한 특성을 종합하면, 유교와 자본주의의 장점을 잘 조화시킨 이상적인 인간상은 다음과 같은 모습일 것이다.

① **도덕적 리더**: 높은 도덕성과 윤리성을 바탕으로, 사회적 신뢰와 존

경을 받는 리더이다. 타인의 복지와 공익을 고려하면서도, 창의적이고 혁신적인 접근을 통해 문제를 해결하고, 조직과 사회를 이끌어 간다.

② **책임 있는 가족 중심의 개인**: 가족을 소중히 여기며, 가족 내에서의 역할과 책임을 다하는 동시에, 개인의 꿈과 목표를 추구하는 균형 잡힌 삶을 살아간다.

③ **학습과 자기 계발을 지속하는 전문가**: 끊임없이 학습하고 자기 계발을 통해 전문성을 강화하며, 이를 통해 사회에 기여하는 사람이다. 새로운 지식과 기술을 적극적으로 받아들이고, 이를 바탕으로 혁신을 이끌어 낸다.

④ **경제적 효율성을 갖춘 사회적 기업가**: 경제적 책임감을 가지고 자원을 효율적으로 관리하며, 사회적 가치와 경제적 성과를 동시에 추구하는 기업가 정신을 발휘한다.

이러한 인간상은 개인의 도덕성과 사회적 책임을 중시하면서도, 경제적 효율성과 창의성을 통해 개인과 사회의 발전을 동시에 이루는 균형 잡힌 모습을 보여준다.

손흥민, 유교와 자본주의의 장점이 잘 조화된 사람

필자는 우리나라뿐 아니라 영국과 전 세계적으로도 프로선수로서 실력과 프로페셔널리즘을 인정받고, 또한 인성까지 훌륭하다고 찬사를 받는 손흥민 선수는 '유교의 장점과 자본주의의 장점이 잘 조화된 사람'이라고 생각한다. 그의 행동과 성취는 여러 면에서 이 두 가지 가치를 잘 반영하는 근거가 된다고 여겨진다.

유교의 장점을 반영하는 손흥민 선수의 특성

① **도덕성과 인성**: 손흥민 선수는 평소에 겸손하고 예의 바른 태도로 잘 알려져 있다. 그의 도덕적이고 성실한 모습은 유교의 덕목인 인(仁)과 예(禮)를 잘 반영하고 있다. 그는 팀 동료들과의 관계에서도 신뢰와 존경을 받으며, 경기 내외에서 상대 선수와 팬들에게도 존경을 받는 인물이다.

② **가족 중심의 가치관**: 손흥민은 부모님에 대한 효심이 깊고, 부모님과의 긴밀한 관계를 유지하며, 가족을 매우 중요하게 생각한다. 이는 유교에서 강조하는 효(孝)의 가치와 일치한다.

③ **교육과 자기 계발**: 그는 끊임없이 자신의 기술과 능력을 발전시키기 위해 노력하는 모습을 보여준다. 이는 평생 학습과 자기 계발을 중요시하는 유교의 지(智) 덕목을 실천하는 것이다.

자본주의의 장점을 반영하는 손흥민 선수의 특성

① **창의성과 혁신**: 손흥민 선수는 경기장에서 창의적인 플레이와 전략적인 사고로 '축구 지능'이 높다고 인정받고 있다. 그의 경기 스타일과 기술은 자본주의에서 중요시하는 창의성과 혁신을 잘 보여준다. '양발 사용'과 '감아차기'는 그 대표적 사례다.

② **자기 주도적이고 독립적인 태도**: 그는 자신의 목표를 달성하기 위

해 자발적으로 훈련하고, 자신을 끊임없이 발전시키는 자기 주도적이고 독립적인 태도를 가지고 있다. 이러한 태도는 자본주의 사회에서 성공의 중요한 요소이다.

③ **경제적 책임감과 효율성**: 손흥민 선수는 자신의 커리어를 통해 경제적 성공을 이루었지만, 이를 사회에 환원하거나 책임 있게 사용하는 모습도 보여준다. 이는 경제적 책임감과 효율성을 중요시하는 자본주의의 원칙을 반영한다.

결론

손흥민은 그의 도덕성과 인성, 가족 중심의 가치관, 끊임없는 자기계발과 창의성, 독립적인 태도와 경제적 책임감을 통해 '유교와 자본주의의 장점을 잘 조화시킨 사람'이라 할 수 있다. 그의 이러한 특성들은 그가 프로선수로서의 실력뿐만 아니라 인성 면에서도 전 세계적으로 찬사를 받는 이유라고 할 수 있다.

손흥민의 사례는 현대사회에서 유교적 가치와 자본주의적 가치가 어떻게 성공적으로 결합될 수 있는지를 보여주는 좋은 예이다.

2장

손흥민의 월드클래스 인성

손흥민 인성의 근원: 유전적 요인인가? 환경적 요인인가?

"손흥민과 함께하는 이 순간이 환상적일 수밖에 없다. 난 어제 손흥민의 부모님 둘 다 만나기도 했다. 그러고 나서 이해했다. 이런 기질들이 어디로부터 왔는지 말이다. 난 행복하다."

주제 무리뉴 감독

손흥민의 훌륭한 인성은 부모로부터 물려받은 유전적 요인 때문인지, 아니면 후천적인 환경적인 요인 때문인지 궁금해진다. 아마도 유전적 요인과 환경적 요인 모두가 조화롭게 작용한 결과라고 볼 수 있지 않을까? 다만, 그중에서도 환경적 요인, 특히 가정교육의 영향이 크다고 생각한다.

우선, 유전적인 측면을 고려해 볼 수 있다. 손흥민의 부모는 그에게 타고난 운동 능력과 성실함을 물려준 것으로 평가받는다. 특히 그의 아버지인 손웅정 님은 축구선수 출신으로서, 아들에게 엄격한 훈련을 지도하며 기초적인 축구 실력뿐만 아니라, 스포츠맨십과 인성도 함께 강조하였다. 이런 점에서 유전적 요소가 손흥민의 성격 형성에 어느 정도 기여했을 가능성은 있다.

하지만 손흥민의 인성이 더욱 빛나는 이유는 그가 자라온 환경, 특히 가정교육의 힘이 크게 작용했기 때문이다. 손웅정 님은 아들에게 단순히 축구 기술만을 가르친 것이 아니라, 삶의 태도와 인간관계를 중시하는 가치를 심어주었다.

손흥민은 여러 인터뷰에서 부모님이 자신에게 늘 겸손하고 남을 배려하며 살아야 한다고 가르쳤다고 이야기해 왔다. 또한 아버지는 축구에서 성공하더라도 교만하지 말고 늘 성실하게 노력해야 한다고 강조했다. 이런 가르침이 손흥민의 성품 형성에 깊이 자리 잡았을 것이다.

손흥민은 이러한 가성교육을 바탕으로 후전적인 경험을 통해 자신의 인성을 더욱 다듬었다. 다양한 문화권에서의 생활과 경험은 그가 다문화적인 이해와 포용력을 가지도록 했고, 이는 그의 넓은 인간관계와 리더십에 기여했다. 또한 그는 축구라는 팀 스포츠를 통해 협동과 희생, 책임감을 몸소 실천하며 더 성숙해졌다.

결국 손흥민의 인성은 타고난 자질과 환경적 요인이 잘 결합된 결과로 볼 수 있다. 그중에서도 부모의 교육이 가장 중요한 역할을 했다는 점에서, 환경적 요인의 힘이 컸다고 할 수 있다. 특히 부모님이 심어준 '겸손함'과 '성실함'은 손흥민이 지금의 훌륭한 인성을 유지하게 만든 핵심 요인으로 작용했다고 볼 수 있다.

인성, 진정한 성공의 조건

손 부자 공항의 이별

　손흥민 선수와 그의 아버지 손웅정 님의 관계는 단순한 부자지간을 넘어, 축구 인생 전반에 걸친 깊은 애정과 헌신이 담겨 있다. 손 부자는 여러 인터뷰와 영상에서 그 진정성과 가슴 뭉클한 순간들을 보여줬다. 그중에서도 특히, 공항에서의 이별 장면은 전 세계 팬들에게 감동을 안겼다.

　2022년 12월, 손흥민이 해외로 출국하기 위해 공항에 나섰을 때, 손웅정 님은 비행기 시간이 가까워질수록 그를 재촉하며 "빨리 가라."고 말했다. 아버지의 시크한 태도는 얼핏 보면 무뚝뚝해 보였지만, 그 속에는 아들이 비행기를 놓치지 않길 바라는 마음이 담겨 있었다. 손흥민은 그 재촉에 쭈뼛거리며 쉽게 자리를 뜨지 못했고, 아버지와 마지막 순간까지 서로를 챙기는 모습이 인상적이었다.[21]

　손웅정 님은 평소에도 아들에 대한 감정을 드러내기보다는 속으로 응원하고, 항상 아들이 앞에 나서게 하는 성품으로 알려져 있다. 수많은 팬들 앞에서 아들이 온전히 스포트라이트를 받을 수 있도록 물러서 있는 그의 모습은 깊은 존경을 불러일으켰다. 이 장면을 본 사람들은 손웅정 님의 무심한 듯 보이는 애정 표현에서 진정한 부모의 사랑을 느꼈다.

손흥민 또한 그런 아버지를 잘 이해하고 있다. 무뚝뚝함 속에 담긴 묵직한 애정을 알고 있기 때문에 그는 언제나 아버지를 먼저 배려하며, 자신의 길을 걷는다. 둘은 함께 웃고 함께 달리는 모습이 아니더라도, 서로를 진정으로 위하고 있다는 것을 알고 있는 사이다.

이 공항에서의 이별 장면이 특별하게 다가오는 이유는, 아들이 성공을 거두고 전 세계적으로 유명해진 후에도 변하지 않은 그들 부자의 모습 때문이다. 손웅정 님은 늘 겸손하고 검소한 태도를 지니며, 아들이 월드클래스 축구선수로 성장해도 늘 초심을 잃지 않도록 가르친다. 팬들은 이러한 모습을 통해 손흥민이 겸손하면서도 강인한 이유가 바로 그의 아버지에게서 비롯되었다고 느낀다.

손흥민은 이런 아버지에게 끊임없는 존경과 감사를 표한다. 그는 아버지의 응원을 등 뒤에 지고 힘차게 나아가면서도, 항상 아버지의 가르침을 마음에 새기며 살아간다. 이 순간에도 그는 비록 헤어지기 아쉬웠지만, 아버지가 재촉하는 대로 공항 출국장을 향해 발걸음을 옮겼다. 그리고 아버지와의 짧은 이별을 뒤로하고, 다시 축구라는 꿈을 향해 힘차게 나아갔다.

손흥민과 손웅정 님의 공항 이별 장면은 단순한 작별 인사 그 이상을 보여줬다. 무뚝뚝한 아버지와 그의 말을 묵묵히 따르는 아들의 모습은 수많은 팬들에게 큰 감동을 전했다. "서로를 사랑하되, 각자의 위치에서 최선을 다하라."는 말이 이 장면에 묻어나는 듯했다. 두 사람의 애틋함과 묵직한 배려는 손흥민을 이 시대의 진정한 월드클래스로 만든 원동력 중 하나일 것이다.

　손 부자의 이 짧은 이별은 우리에게 가족 간의 깊은 사랑과 서로를 향한 배려의 중요성을 일깨워 준다. 비록 공항에서의 작별이었지만, 그들의 마음은 언제나 함께할 것이며, 손흥민은 아버지의 응원을 가슴에 담고 앞으로도 힘차게 뛸 것이다.

손흥민 아버지의 남다른 점

　손웅정 님은 손흥민 선수의 아버지이자 그의 첫 번째 코치로, 아들을 위해 인생을 바친 특별한 아버지이다. 그는 단순히 축구 기술을 가르친 코치 이상으로, 아들에게 인생의 가치를 일깨워 준 멘토이자, 손흥민이 세계적인 축구선수로 성장하도록 이끈 핵심적인 인물이다. 손웅정 님의 독특한 교육 방식과 아버지로서의 철학은 다른 가정의 아버지들과 몇 가지 측면에서 차별화된다.

　손웅정 님은 손흥민이 축구에 전념할 수 있도록 자신이 가진 모든 것을 투자했다. 그는 아들의 미래를 위해 자신의 일상생활을 포기하고, 아들이 최고의 환경에서 축구를 배울 수 있도록 직접 지도했다. 손웅정 님은 축구를 향한 열정과 아들을 위한 사랑을 바탕으로, 7년간 매일 훈련에 동참하며, 축구장 한편에서 아들을 지켜보는 부모가 아니라 직접 발로 뛰며 지도하는 부모였다. 이와 같은 헌신과 희생은 흔히 보기 어려운 모습으로, 손흥민이 지금의 성공을 이룰 수 있었던 밑바탕이 되었다.

손웅정 님은 아들에게 기본기의 중요성을 강조하며, 수천 번의 반복을 통해 몸에 익히도록 가르쳤다. 그는 기술적인 완성도가 낮은 상태에서 무리하게 경기에 나서기보다는, 기본기 훈련에 7년을 할애했다. 축구선수의 경력이 짧고 다치는 것이 너무나 쉽다는 것을 잘 알기에, 손웅정 님은 흥민에게 '볼을 차는 것보다 자신을 먼저 아끼라.'는 철학을 심어주었다. 덕분에 손흥민은 꾸준히 높은 수준의 경기력을 유지하고 있으며, 기본기의 중요성을 제대로 이해한 선수로 성장했다.

손웅정 님은 손흥민에게 늘 겸손함을 가르쳤다. 경기장 안팎에서 자만하지 않고, 실력을 겸손하게 인정하며 다른 사람을 존중하도록 지도했다. 그 결과 손흥민은 인터뷰에서 자주 겸손함을 보이며, 동료와의 관계에서도 신뢰받는 선수가 되었다. 그는 승리할 때나 패배할 때나 항상 같은 자세를 유지하며, 주위 사람들에게 좋은 본보기가 되었다. 이는 손웅정 님이 반복해서 강조했던 덕목 덕분이다. 그는 아들에게 "좋은 축구선수가 되기 전에 좋은 사람이 되라."는 말을 자주 했다.

손웅정 님은 손흥민이 축구에서뿐만 아니라 인생에서도 중요한 인내심과 자기 통제력을 키울 수 있도록 훈련했다. 그는 손흥민에게 "잘하고 있다고 교만하지 말고, 못하고 있다고 조급해하지 말라."는 가르침을 주었으며, 이는 손흥민이 위기의 순간을 극복할 수 있는 정신력으로 자리 잡았다. 이 같은 인내와 자기 통제는 손흥민이 영국 무대에 진출한 후에도 꾸준히 발전하며, 지금의 자리에 도달할 수 있었던 원동력이 되었다.

손웅정 님은 아들에게 항상 더 나아질 수 있다는 믿음을 심어주었다. 손흥민이 성공을 거두었을 때에도 멈추지 않고 계속해서 자신의 한계를 뛰어넘을 것을 당부했다. 손흥민이 자신이 최고라는 자부심에 빠지기보다는 언제나 새로운 목표를 세우고 도전하게끔 한 것도 그의 아버지 손웅정 님의 영향이다.

이처럼 손웅정 님은 손흥민에게 단순히 축구 기술을 가르친 것에 그치지 않고, 인생을 바라보는 '방식'과 '태도'까지 심어주었다. 그는 부모로서 아들에게 자신의 인생을 나누어 주었으며, 손흥민이 훌륭한 축구 선수이자 인성을 갖춘 사람으로 성장할 수 있도록 인생의 본보기가 되어주었다. 이를 통해 손웅정 님은 자신만의 특별한 방식으로 아들을 키워내며, 많은 사람들에게 존경받는 아버지이자 스승이 되었다.

'손웅정'식 가정교육

우리 속담에 "될성부른 나무는 떡잎부터 알아본다."라는 속담이 있다. 이 속담의 뜻은 앞으로 크게 될 사람은 이미 어려서부터 다른 아이들과 비교하여 뛰어난 경우가 많다는 말이다. 그런데 그 떡잎은 어느 때 어디에서 만들어질까? 바로 가정이다. 그래서 '가정교육'이 중요한 것이다. 손웅정 님은 '가정을 최초의 학교요, 최고의 학교'라고 갈파하였다. 즉 지금의 세계적 슈퍼스타 손흥민의 '잠재력'은 아버지의 손에서 어릴 때부터 가정에서 준비되고 있었다.

손웅정 님은 아들을 훈련시키는 데 엄격하고 체계적인 접근을 취했다. 그는 손흥민 선수를 어린 시절부터 직접 지도하며 기본기를 철저히 다졌다. 이 과정에서 그는 축구 기술뿐만 아니라 올바른 인성과 스포츠맨십을 강조하였다. 손웅정 님의 교육 철학은 단순히 축구선수를 양성하는 것을 넘어, 인격을 갖춘 성숙한 인간으로 성장시키는 데 중점을 두었다. 그의 교육 방침은 손흥민 선수가 경기장에서나 일상생활에서 존경받는 인물로 성장하는 데 큰 역할을 했다.

손웅정 님이 손흥민을 키우면서 보여준 가정교육은 많은 부모들에게 귀감이 될만하다. 손웅정 님을 존경하는 다른 부모들도 가정에서 할 수 있는 '가정교육'은 어떤 것이 있을까?

이러한 교육의 핵심은 단순히 지식을 전달하는 것이 아니라, 인간으로서 가져야 할 기본적인 가치를 아이의 삶에 심어주는 데 있다. 다음은 가정에서 실천할 수 있는 구체적인 교육 방법들이다.

예의와 존중 가르치기

- **일상 속에서 예의 실천하기**: 부모가 직접 보여주는 예의는 아이들에게 큰 영향을 미칩니다. 인사하기, 남의 말을 경청하기, 작은 것에도 감사 인사를 하는 등, 예의 바른 행동을 일상에서 꾸준히 보여주세요.
- **타인을 존중하는 태도 가르치기**: 상대방의 입장을 생각하며 말하고 행동하는 습관을 길러주세요. 특히 가족 간의 대화에서 서로

존중하는 표현을 사용하며, 아이가 다른 사람을 대할 때도 이러한 태도를 가지도록 격려하세요.

겸손함과 성실함 강조하기

- **자신의 성취에 대해 겸손하게 말하기**: 아이가 성취를 이뤘을 때 과도한 자랑보다는 그 과정에서의 노력을 강조하세요. "잘했어."보다는 "열심히 해서 결과가 좋았구나."라는 말을 통해 성과보다는 성실함의 가치를 알려주세요.
- **꾸준히 노력하는 모습을 보여주기**: 부모가 어떤 일이든 꾸준히 노력하는 모습을 보이는 것은 아이에게 큰 교육이 됩니다. 작은 일에도 최선을 다하고, 실패해도 포기하지 않는 자세를 보여주세요.

정직함과 책임감 기르기

- **작은 거짓말도 용납하지 않기**: 아이가 잘못된 행동을 했을 때, 솔직히 말하고 책임지는 것이 중요하다는 점을 알려주세요. 거짓말을 했을 때는 그에 따른 결과를 겪도록 하되, 솔직함을 보였을 때는 용기를 칭찬하며 긍정적인 피드백을 주는 것이 중요합니다.
- **약속 지키기와 시간 관리 교육하기**: 정해진 일정을 지키고 약속을 실천하는 것이 얼마나 중요한지 가르쳐 주세요. 시간을 효율적으로 사용하는 방법과 계획을 세우고 지키는 습관을 자연스럽게 길러주세요.

친절과 배려 실천하기

- **다른 사람을 도울 기회 제공하기**: 가족 내에서 서로 도와주는 문화를 만들고, 일상 속에서 남을 배려하는 작은 행동을 실천하도록 유도하세요. 예를 들어, 문을 열어주거나, 도움이 필요한 친구를 도와주는 행동을 칭찬해 주는 것이 좋습니다.
- **타인에게 감사하는 마음 기르기**: 감사 인사를 습관화시키고, 작은 것이라도 감사의 표현을 하도록 가르쳐 주세요. 이 과정에서 아이들이 주변 사람들에게 긍정적인 태도를 갖도록 이끌어 줄 수 있습니다.

함께하는 시간 보내기

- **양질의 시간을 함께 보내기**: 부모와 아이가 함께 보내는 시간은 단순한 놀이가 아니라, 가치관과 삶의 지혜를 전하는 시간이 될 수 있습니다. 함께 운동하기, 책 읽기, 대화하기 등을 통해 아이의 생각을 들어주고 공감하며 긍정적인 관계를 형성하세요.
- **아이의 관심사에 공감하고 지지하기**: 아이가 관심을 갖고 있는 분야에 대해 존중하고 지지해 주는 것도 중요합니다. 이를 통해 아이는 스스로의 목표와 꿈에 대한 동기부여를 받을 수 있습니다.

모범적인 행동 보여주기

- **행동으로 가르치기**: 부모의 행동은 아이에게 가장 강력한 교육이

됩니다. 겸손, 성실, 정직 등 부모가 스스로 실천하는 가치들을 아이에게 자연스럽게 전해주세요. 부모가 행동으로 보여주는 것만큼 강력한 교육은 없습니다.

이러한 방법들은 가정 내에서 자연스럽게 실천할 수 있는 것들이다. 중요한 것은 일관성 있게 가르치고, 부모가 먼저 모범을 보이며 아이와 함께 성장하는 과정에 있다는 점이다. 손흥민의 가정이 보여준 것처럼, 아이의 인성과 태도는 결국 일상의 작은 행동과 교육에서 형성된다.

나라별 자녀 교육법

- ⚽ 함께 길을 가다 어린 자녀가 넘어졌을 때

- ⚽ 미국인 어머니는 자기 스스로 일어나도록 격려하여 주고,
- ⚽ 독일인 어머니는 스스로 일어나게 한 다음 왜 넘어졌는지 그 원인을 말하게 하고,
- ⚽ 프랑스인 어머니는 "네가 넘어졌으니 네가 일어나라."라고 말하고,
- ⚽ 한국인 어머니는 "아이구 내 새끼!" 하며 얼른 일으켜 세운다.[22]

인성, 진정한 성공의 조건

현대사회에서 성공이란 종종 부와 명예, 그리고 사회적 지위를 의미한다. 많은 사람들이 높은 성과와 외적인 성취를 성공의 기준으로 삼으며,

이를 위해 끊임없이 경쟁하고 노력한다. 그러나 이러한 외적인 성공이 진정한 성공의 전부일까? 우리가 진정으로 추구해야 할 성공은 단순한 결과 이상의 의미를 담고 있다. '진정한 성공'은 인성을 기반으로 한 성취와 함께, 사람들에게 긍정적인 영향을 미치는 삶을 살아가는 데 있다.

진정한 성공은 단순히 물질적 성취나 사회적 지위에 그치지 않는다. 그것은 개인이 자신의 잠재력을 최대한 발휘하며, 동시에 타인과 사회에 선한 영향을 미치는 삶을 의미한다. 이러한 성공은 내면의 만족감과 행복을 동반한다. 단순히 외적인 기준에 얽매이지 않고, 자신의 가치와 신념에 따라 삶을 살아가는 것이 진정한 성공의 핵심이다.

많은 위인들과 성공적인 인물들은 부와 명성을 얻은 후에도 인성을 잃지 않고, 자신이 얻은 것을 사회에 환원하여 더 큰 의미를 찾았다. 이는 우리가 추구해야 할 진정한 성공의 모습이다. 자신만을 위한 성취가 아니라, 함께 살아가는 사람들에게 긍정적인 영향을 주고, 사회를 더 나은 방향으로 이끄는 것이 진정한 성공이라 할 수 있다.

성공이란 결과보다 그 과정에서 드러나는 인성이 중요하다. 인성은 개인의 성품, 도덕적 가치, 그리고 타인을 대하는 태도를 의미한다. 아무리 높은 성취를 이룬 사람이라도, 인성이 바르지 않다면 그 성공은 진정한 의미를 갖기 어렵다. 인성이 부족한 성공은 때로는 주변 사람들에게 상처를 주거나, 사회에 부정적인 영향을 미칠 수 있다.

인성이란 타인을 존중하고 배려하는 마음, 정직함과 공정함, 그리고 겸손함에서 비롯된다. 이러한 인성은 성공을 더 의미 있게 만들고, 그 성취를 지속 가능하게 한다. 반면, 인성이 결여된 성공은 일시적이며, 결국에는 내적인 불안감과 외적인 실패로 이어질 수 있다.

진정한 성공은 인성과 성취가 조화롭게 어우러질 때 이루어진다. 인성이 바탕이 된 성공은 사회에 긍정적인 변화를 가져오며, 그 자체로 지속 가능하다. 이는 개인적인 성취를 넘어서, 공동체와 사회의 발전에 기여하는 성공이다.

인성이 좋은 사람은 어려운 상황에서도 원칙을 지키고, 타인을 존중하며 함께 성장한다. 이런 사람들은 성공을 이룬 후에도 주변 사람들과 좋은 관계를 유지하며, 더 큰 성취를 이룰 수 있는 기반을 다진다. 이 과정에서 얻는 신뢰와 존경은 돈이나 명성보다 더 큰 가치를 지니며, 궁극적으로는 더 큰 성취로 이어진다.

우리는 성공을 추구하는 과정에서 인성의 중요성을 간과해서는 안 된다. 인성 없는 성공은 비어 있는 껍데기에 불과하며, 오히려 그 성공을 오랫동안 유지하기 어렵게 만드는 반면, 인성이 뒷받침된 성공은 사람들에게 긍정적인 영향을 주고, 더 큰 행복과 성취를 가져온다.

진정한 성공은 단순히 자신만의 성취가 아닌, 타인과 사회를 위한 기여로 완성된다. 인성을 바탕으로 한 성취는 세상에 선한 영향력을 발휘하며, 자신과 타인의 삶을 더 풍요롭게 만든다. 결국, 우리가 추구해야 할 성공은 남들에게 인정받는 외적인 성취가 아니라, 인성을 통해 얻어지는 진정한 의미의 성취임을 기억해야 한다.

손흥민의 성공, 위대한 가정교육의 성공 사례

오늘날 한국사회에서 가정교육의 중요성은 점차 간과되고 있다. 입시 중심의 교육 시스템과 바쁜 사회적 환경 속에서 많은 부모들이 자녀

교육을 학교에 의존하거나, 사교육에 맡기는 경우가 많아지고 있다. 그러나 손흥민의 성공 사례는 가정교육의 중요성을 새삼 일깨워 준다. 그는 부모의 헌신과 체계적인 가정교육을 통해 세계적인 축구 스타로 성장했다. 반면, 한국의 공교육은 이 과정에서 별다른 역할을 하지 못했다는 점에서 반성과 고민이 필요하다.

손흥민의 성공: 가정교육의 위대한 사례

손흥민의 성공은 그의 개인적인 재능만으로 이루어진 것이 아니다. 그의 아버지 손웅정의 헌신적이고 체계적인 가르침과, 어머니의 정서적 지원이 그를 세계적인 축구 스타로 키운 결정적인 요인이었다.

① **부모의 역할**
- 손웅정은 손흥민에게 축구 기본기뿐 아니라 겸손과 노력, 절제와 같은 삶의 가치를 가르쳤다. 이는 단순히 축구 실력 향상을 넘어, 손흥민의 인성과 정신력을 완성하는 데 중요한 역할을 했다.
- 어머니는 정서적으로 안정된 가정환경을 만들어 주며, 손흥민이 심리적 부담을 이겨내고 성장할 수 있도록 지지했다.

② **체계적인 교육 철학**
- 손웅정은 "결과보다는 과정에 충실해야 한다."는 철학을 기반으로 손흥민을 가르쳤다. 이는 손흥민이 경기장에서의 태도뿐 아니라 인생을 대하는 태도에서도 일관성을 유지하도록 도왔다.
- 가정교육이 단순한 지원을 넘어, 자녀의 재능과 꿈을 체계적으로 뒷받침하는 방식으로 작용했다.

공교육의 부재: 손흥민 사례가 주는 반성

손흥민의 성공 과정에서 한국의 공교육, 즉 학교 교육은 별다른 역할을 하지 못했다. 이는 한국 공교육 시스템의 한계를 보여준다.

① **입시 중심의 교육 시스템**
- 한국의 공교육은 입시 위주의 학업 성과에 지나치게 집중하고 있다. 체육, 예술, 인성 교육은 부차적인 것으로 여겨지는 경우가 많다.
- 손흥민과 같은 체육 영재를 발굴하고 육성하는 시스템이 공교육 내에서 거의 작동하지 않았다.

② **개인 맞춤형 교육의 부재**
- 공교육은 획일적인 커리큘럼과 평가 방식으로 운영된다. 이는 학생들의 다양한 재능과 잠재력을 발굴하기 어려운 구조적 한계를 갖고 있다.
- 손흥민의 경우, 그의 재능과 꿈을 이해하고 지원해 준 것은 공교육이 아닌 가정이었다.

③ **인성 교육의 약화**
- 손흥민의 겸손하고 성실한 태도는 공교육보다는 가정에서의 가르침에서 비롯되었다. 공교육은 입시 경쟁 속에서 인성 교육의 중요성을 간과하고 있다.

가정교육의 중요성을 되새기며

손흥민의 사례는 가정교육이 자녀의 성장에 얼마나 중요한지를 다시금 일깨운다. 이는 모든 부모와 교육자가 주목해야 할 교훈이다.

① **부모의 역할 재정립**
- 부모는 단순히 자녀를 경제적으로 지원하는 것을 넘어, 자녀의 꿈과 재능을 이해하고 이를 체계적으로 지원해야 한다.
- 손웅정의 사례는 부모가 적극적으로 자녀의 교육에 참여하며, 단순한 관리자가 아닌 멘토로서의 역할을 수행해야 함을 보여준다.

② **정서적 지원과 안정된 환경**
- 어머니의 사랑과 정서적 지지는 손흥민이 도전에 맞서고 어려움을 극복할 수 있는 강인한 정신력을 갖추는 데 도움을 주었다.
- 정서적 안정은 모든 성공의 기초이며, 이는 가정에서 가장 효과적으로 제공될 수 있다.

공교육의 방향성: 가정교육을 보완하는 시스템 필요

손흥민의 사례는 공교육이 어떻게 변화해야 하는지를 보여준다. 공교육은 가정교육과 협력하며, 학생들의 다양한 가능성을 열어줄 수 있는 체계를 구축해야 한다.

① **전인교육 강화**
- 공교육은 학생들의 재능과 개성을 발견하고 육성하는 방향으로

전환되어야 한다. 체육, 예술, 인성 교육을 강화하여 학생들의 다양한 잠재력을 끌어낼 필요가 있다.

② **맞춤형 교육 시스템 도입**
- 획일적인 교육에서 벗어나, 개인 맞춤형 교육을 통해 학생들이 자신만의 길을 찾을 수 있도록 지원해야 한다.

③ **부모와의 협력**
- 학교는 가정과 협력하여 학생들의 성장을 지원해야 한다. 부모 교육 프로그램 등을 통해 가정교육의 중요성을 알리고, 부모들이 효과적으로 자녀를 지원할 수 있는 방법을 공유해야 한다.

결론: 가정교육과 공교육의 조화

손흥민의 성공은 가정교육의 위대함을 보여주는 대표적인 사례다. 그러나 이는 단지 개별 가정의 노력만으로 이루어진 것이며, 모든 학생에게 동일한 기회를 제공하지 못한다는 점에서 한계를 가진다. 공교육은 가정교육을 보완하고, 모든 학생이 자신의 꿈과 재능을 실현할 수 있도록 돕는 시스템으로 변화해야 한다.

"손흥민의 성공은 가정교육의 위대함과 공교육의 부재를 동시에 보여준다. 이제 우리는 이를 반면교사 삼아, 가정과 공교육이 조화를 이루는 새로운 길을 모색해야 한다." ☺⚽

경기장에서의 스포츠맨십

존중
인간관계 최고의 가치이자 비결

팀 캡틴 위고 요리스와 충돌 사례는 손흥민이 얼마나 '존중(Respect)'을 중요하게 생각하는지 잘 알 수 있다. 우선 중앙일보의 기사를 보자.

"2019-20시즌 에버턴전 전반전을 마친 뒤 그라운드에 이어 라커룸에서 손흥민과 요리스가 충돌한 적이 있다. 아마존 프라임 비디오의 토트넘 다큐멘터리 'All or Nothing(모 아니면 도)'를 보면 요리스와 손흥민이 격한 언쟁을 벌인다. 요리스가 수비 가담이 부족하다고 지적하자, 손흥민은 "너 대체 왜 그래? 나를 향한 존중은 어디 있느냐? 난 널 존중했다."고 맞서며 몸싸움 직전까지 갔다."[23]

이번에는 유튜브 동영상을 보면,

전반전 마치고 라커룸으로 향하면서 현지 중계방송에서는 요리스가 실점 위기의 화풀이를 손흥민에게 한다고 말한다. 그리고 라커룸에서 손흥민은 계속 고함치는 요리스에게 말한다. "뭐가 문제냐? 나에 대한 존중은 없어? 난 항상 너를 존중하잖아."

"What's wrong with you? What's your respect on me, I respect you!"24)

순하기만 하던 손흥민이 얼마나 심각하게 생각했으면 당하거나 참지 않고 전반전을 마친 라커룸에서 큰 고성을 주고받았을까. 아마 주변에서 팀 동료(오리에)나 무리뉴 감독이 말리지 않았으면 더욱 심각했을 것이다. 물론 팬인 우리들 입장에서도 요리스의 부당하고도 부적절한 언동에 화가 나는데 당사자인 손흥민의 입장에서는 얼마나 황당하고 화가 날까?

공격수의 수비 가담 부실을 손흥민 선수에게만 전가하고 경기장이 떠나가게 고함을 질러댔으니 할 말이 없을 지경이다. 케인도 있고 모우라도 있었는데 말이다. 그리고 손흥민은 평소에도 경기중 달린 거리가 EPL 최상위권이다. 열심히 하는 손흥민을 존중하지 않고 팀 내 유일한 아시아인이며 순둥이인 손흥민을 무시했다고 할 수밖에 없다. 그리고 상황이 바뀌어 자신은 팀을 떠나 하위 리그라고 할 수 있는 메이저 리그 사커(MLS)로 떠났다. 떠나기 전 팀 공식 작별 인터뷰에서 요리스는 눈물을 흘리며 이때의 사건을 제일 크게 후회하는 일로 꼽았다.

손흥민의 이런 사람에 대한 존중을 아주 중요하게 여기는 '존중심

(Respect)'은 어디에서 왔을까? 그건 아마도 아버지 손웅정 님의 철저한 교육에서 왔을 것이다.

"나에게 스포츠맨십을 한 단어로 표현하라고 한다면, 바로 리스펙트다. 상대 선수에 대한 존중. 같이 뛰는 선수들에 대한 존경. 치열한 경쟁 속에서 그것을 초월하는 존중과 존경이 함께 있어야 한다. 그것이 축구의 진짜 묘미이고, 축구가 아름다운 스포츠인 이유이다. 운동장 안에서 선수들 서로가 보호해 주어야 한다. 본능적으로 반응하고 신속하게 판단하되, 마음을 다스리고 경쟁 속에서도 본질을 잃지 않아야 한다. 그저 공만 잘 찬다고 좋은 축구선수는 아니다."[25]

필자가 생각하기에 존중의 방향에는 3가지가 있다. 상대방에 대한 존중, 나에 대한 존중, 그리고 공동체를 향한 존중이다. 상대방에 대한 존중은 가장 기본적인 것이고 인간관계에서 매우 중요한 가치다. 그리고 소홀히 하면 안 되는 것이 자신에 대한 존중이다. 내가 나를 존중하는 것 또한 매우 중요하다. 그런데 상대방이 나를 존중하지 않고, 무시하고 부당하게 도발할 때는 '존중'의 원칙에 따라 그대로 있으면 안 된다.

SBS 방송에서도 손웅정 님은 손흥민에게 상대방에 대한 배려와 존중을 강조하였던 내용을 소개하였다.

"흥민이가 어렸을 때… 제가 한 얘기가, 밀어 넣기만 해도 골이 되는 상황이 왔을 때도 내 시야에 상대가 쓰러진 모습이 보였을 땐 볼을 밖으로 차내라. 축구보다는 사람이 우선이잖아요. 리스펙트! 아무리 볼을 잘 차도 상대를 존중할 줄 모르면…(아무 소용 없는 거죠)."[26]

존중력

'존중(Respect)'은 사람들 사이에서 중요한 덕목이다. 사회생활이나 인간관계가 잘 유지될 수 있도록 하는 가장 중요한 가치라고 생각된다. 타인에 대한 존중, 나에 대한 존중, 그리고 공동체에 대한 존중을 한다면 큰 갈등은 피할 수 있다고 생각한다. 이런 존중하는 능력을 필자는 '존중력'이라고 명명했다. 이 존중력은 다양한 사례와 단계에서 발휘될 수 있다. 다음은 그에 대한 구체적인 설명이다.

타인에 대한 존중

- **개인적 경청**: 상대방이 이야기할 때, 그들의 의견이나 감정을 진심으로 듣고 이해하려는 자세를 유지하는 것이 중요하다. 예를 들어, 친구나 동료가 자신의 고민을 이야기할 때 경청하는 태도는 그들을 존중하는 행동이다.
- **다양성 존중**: 사람들은 각기 다른 배경, 문화, 가치관을 가지고 있다. 이러한 다양성을 인정하고 존중하는 것이 중요한데, 예를 들어 다문화 사회에서 서로의 문화적 차이를 이해하고 존중하는 태도가 이에 해당한다.
- **의견 존중**: 의견이 다를 때도 상대방의 관점을 존중하는 것이 필요하다. 예를 들어, 회의나 토론에서 서로 다른 의견이 나왔을 때

상대방의 의견을 무시하거나 깎아내리지 않고 건설적으로 대화하는 것이 중요하다.

나에 대한 존중

- **자기 존중**: 자신의 감정과 욕구를 인정하고 스스로를 존중하는 것이 중요하다. 예를 들어, 과도한 업무나 타인의 요구를 무리하게 받아들이지 않고 자신의 한계를 명확히 하는 것이 자기 존중의 한 사례이다.
- **자기 개발**: 자신의 잠재력을 키우고 발전시키기 위해 노력하는 것도 자기 존중의 일환이다. 학습이나 새로운 기술 습득, 건강 관리 등을 통해 자기 자신을 발전시키려는 노력이 그 예이다.
- **감정 관리**: 자신의 감정을 올바르게 표현하고 관리하는 것도 자기 존중에 해당한다. 예를 들어, 화가 날 때 상대방에게 공격적으로 대응하지 않고 차분하게 상황을 설명하는 것이 감정 관리를 통해 자신을 존중하는 방식이다.

공동체에 대한 존중

- **사회 규범 준수**: 사회나 공동체 내에서의 규칙이나 규범을 준수하는 것은 공동체를 존중하는 기본적인 태도이다. 예를 들어, 공공장소에서 질서를 지키거나, 교통 법규를 준수하는 것이 이에 해당한다.
- **봉사와 기여**: 자신의 시간과 노력을 공동체를 위해 기여하는 행동

도 중요한 존중의 사례이다. 예를 들어, 자원봉사 활동을 통해 지역 사회에 기여하거나, 환경 보호를 위한 활동에 참여하는 것이 공동체를 존중하는 행동이다.
- **공동의 이익 추구**: 개인의 이익보다는 공동체의 이익을 우선시하는 태도도 중요한 존중의 표현이다. 예를 들어, 회사에서 팀의 성과를 위해 협력하거나, 이웃 간에 서로 도움을 주고받는 것이 이 범주에 들어간다.

단계적 존중 발휘

존중력은 단순히 한 순간에 발휘되는 것이 아니라, 꾸준히 발전하고 적용할 수 있는 능력이다. 이를 단계적으로 강화하는 방법은 다음과 같다.

① **자기 인식**: 먼저 자신이 존중받고 있는지, 그리고 타인과 공동체를 어떻게 존중하고 있는지를 스스로 인식하는 것이 중요하다.
② **피드백 수용**: 주변으로부터 받은 피드백을 수용하고 개선하려는 노력이 필요하다. 타인에게 존중받지 못한다고 느낄 때, 그 이유를 찾고 개선할 수 있는 방법을 고민하는 것이 필요하다.
③ **실천 강화**: 일상에서 작은 존중의 실천을 꾸준히 이어가며, 습관화하는 것이 중요하다. 작은 행동들이 모여 큰 존중력을 만들어 간다.

이와 같은 과정을 통해 존중력을 발전시켜 나가면, 더 나은 인간관계와 건강한 공동체 생활을 영위할 수 있을 것이다.

존중력 체크리스트

이번에는 이런 내용을 '존중력 체크리스트'로 만들어 보자. 존중력을 점검하고 강화하는 데 도움이 될 수 있을 것이다. 아래에 제안하는 체크리스트는 타인, 자신, 그리고 공동체에 대한 존중을 단계별로 점검할 수 있도록 구성되어 있다.

타인에 대한 존중

- **경청**: 상대방의 말을 끊지 않고 끝까지 경청했는가?
- **다양성 존중**: 다른 문화, 배경, 가치관을 존중하는 태도를 유지했는가?
- **의견 존중**: 나와 다른 의견을 가진 사람의 생각을 존중하며 대화했는가?
- **공감**: 상대방의 입장에서 생각하고 공감하려는 노력을 했는가?

나에 대한 존중

- **자기 인식**: 내 감정과 욕구를 명확히 인식하고 있는가?
- **자기 존중**: 나의 한계를 존중하며 과도한 요구를 거절할 수 있었는가?
- **자기 개발**: 자신의 성장과 발전을 위해 새로운 도전이나 학습을 시도했는가?
- **감정 관리**: 내 감정을 잘 관리하고 차분하게 표현했는가?

공동체에 대한 존중

- **사회 규범 준수**: 공동체 내에서 정해진 규칙과 규범을 잘 준수했는가?
- **공동체 기여**: 내 시간과 노력을 공동체의 이익을 위해 기여했는가?
- **환경 보호**: 환경을 보호하고 지속 가능한 실천을 했는가?
- **공동의 이익 추구**: 개인의 이익보다 공동체의 이익을 우선시했는가?

전반적인 존중력 강화

- **피드백 수용**: 다른 사람들로부터 받은 피드백을 수용하고 개선하려 했는가?
- **자기반성**: 하루를 마무리하며 내가 실천한 존중에 대해 반성했는가?
- **작은 실천**: 일상에서 작은 존중의 실천을 지속적으로 하고 있는가?
- **목표 설정**: 존중력을 향상시키기 위한 구체적인 목표를 설정했는가?

체크리스트 사용 방법

- **일일 점검**: 매일 저녁 하루를 돌아보며 체크리스트의 항목을 확인하세요. 각 항목에 대해 '예' 또는 '아니오'로 답해보고, 부족한 부분이 있다면 어떻게 개선할 수 있을지 생각해 보세요.
- **주간·월간 평가**: 일주일 또는 한 달 단위로 체크리스트를 검토하

여 자신의 존중력이 어떻게 변화했는지 평가하세요. 이를 통해 꾸준히 발전할 수 있습니다.
- **개선 계획 수립**: 체크리스트를 통해 발견한 개선할 점을 바탕으로 구체적인 행동 계획을 수립하고 실천하세요.

이 체크리스트를 통해 자신의 '존중력'을 꾸준히 점검하고, 더 나은 인간관계와 공동체 생활을 이룰 수 있도록 노력해 보자.

손흥민의 배려심

손흥민은 축구계에서 단순히 뛰어난 기술로만 인정받는 선수가 아니다. 그의 배려심은 동료들과 축구 팬들 사이에서 큰 존경을 받고 있으며, 특히 파페 사르와 같은 어린 선수들을 향한 그의 따뜻한 마음은 더욱 돋보인다. 아프리카에서 온 어린 선수 파페 사르에 대한 손흥민의 배려는 그를 감동시켰을 뿐만 아니라, 사르의 고국에서도 큰 감동을 불러일으켰다.

파페 사르는 토트넘에 합류한 후, 어린 나이에 새로운 환경에 적응해야 하는 어려움을 겪었을 것이다. 언어와 문화, 그리고 축구계에서의 경쟁은 그에게 큰 도전이었을 것이다. 이런 상황에서 손흥민은 그에게 단순한 동료가 아니라 진정한 형처럼 다가갔다. 손흥민은 사르에게 다가가 그의 상황을 이해하고, 팀 내에서 편안하게 적응할 수 있도록 돕는 배려를 보여줬다. 사르가 느낄 외로움과 낯섦을 이해하고 먼저 손을 내밀어 준 손흥민의 모습은 그저 팀워크를 위한 것이 아닌, 진정한 인간적인 배려였다.

유튜브에는 손흥민이 고무밴드 당기기 훈련 때 10살 나이 차를 잊고 사르와 서로 안 지려고 강하게 당기기 장난을 치기도 하고, (이렇게 편안하게 대해주니) 파페 사르도 쏘니에게 볼을 달라고 하며 장거리 슛으로 (골과 다름없는) 골대를 맞춘 후 손흥민에게 다가가 어깨를 강하게 부딪치며 까부는 파페 사르의 영상도 있다.[27]

팀 주장과의 이런 격의 없는 모습은, 손흥민이 얼마나 상대방을 배려하고 격의 없이 지내며 신뢰할 수 있는 사람인가를 잘 보여준다. 오죽하면 사람들이 '애착 인형'이라 할까. 평소에도 손흥민은 "사르는 어린 쏘니(Little Sonny)이라고 말하고 싶다. 그를 보고 있으면 내가 토트넘에 입단했을 때가 생각난다. 그는 항상 웃고, 긍정적인 에너지를 불어넣는다."라고 말하곤 한다.

"사르는 지난해 12월 31일 열린 2023년 마지막 경기에서 햄스트링을 다치며 눈물을 흘렸다. 사르는 부상을 직감한 듯 유니폼으로 얼굴을 가린 채 눈물을 흘렸고, 절뚝이며 올리버 스킵과 교체돼 나갔다. 토트넘 팬들은 그에게 기립박수를 보냈다. 손흥민도 사르를 꼭 안아주며 위로를 건넸다."[28]

이러한 배려는 사르 개인에게 큰 영향을 미쳤을 뿐만 아니라, 그의 고국인 세네갈에서도 감동의 물결을 일으켰다. 손흥민이 보여준 배려와 관심은 사르를 뛰어넘어, 사르가 속한 아프리카 축구선수들이 유럽 무대에서 마주하는 어려움을 대변하는 것이기도 했다. 세네갈 국민들은 손흥민이 그들의 젊은 선수를 보살펴 준 것에 대해 감사의 마음을 표했고, 이는 손흥민의 인성이 얼마나 깊은지를 보여주는 또 하나의 예시가 되었다.

그리고 재미있는 현상은 '리틀 쏘니'답게 어리지만 낯선 유럽의 치열한 경기장 안에서 의리도 보여준다는 점이다. 캡틴을 향하여 상대 팀 선수가 도발하려고 하면 슬쩍 가서 앞을 막는 경우도 있었다. 그리고 무엇보다도 2024-25시즌 EPL 8라운드 웨스트햄과의 경기에서 후반 교체로 들어온 파페 사르는 수비 지역에서 볼을 잡자마자 손흥민을 쳐다보고는 길게 롱패스를 하였고, 부상에서 복귀한 손흥민은 인상적인 드리블로 수비수를 농락하고 골을 터트리면서 토트넘의 사기를 끌어 올렸다.

이 경기에서 필자가 느낀 점은 '리틀 쏘니'도 역시 쏘니를 닮아서 이리가 있구나, 하는 것이었다. 한마디로 '잘 키운 파페 사르 열 매디슨 안 부럽다.'였다. 이렇게 손흥민의 따뜻한 배려는 어린 파페 사르와도 깊은 인간관계로 심화·발전하였다.

손흥민의 배려심은 단지 동료 선수들에게 그치는 것이 아니다. 그의 행동은 팀 전체의 분위기를 따뜻하게 만들며, 각자가 서로를 존중하고 배려하는 문화를 형성하는 데 기여하고 있다. 이는 축구라는 스포츠가 단지 경쟁만을 위한 무대가 아니라, 함께 성장하고 서로를 도와가며 나아가는 과정임을 상기시켜 준다.

파페 사르와의 일화는 손흥민의 배려심을 대표적으로 보여주는 사례 중 하나일 뿐이다. 손흥민은 항상 동료들을 먼저 생각하고, 그들의 필요에 민감하게 반응하는 선수이다. 이러한 그의 모습은 많은 이들에게 영감을 주며, 손흥민이 왜 축구계에서 사랑받는 인물이자 진정한 리더인지 다시 한번 확인할 수 있게 한다.

매너 혹은 페어플레이

　손흥민 선수는 단순한 축구 스타를 넘어, 스포츠맨십의 상징적인 인물로 평가받고 있다. 그의 뛰어난 경기력과 함께 경기를 대하는 태도, 그리고 상대를 존중하는 행동은 많은 팬과 동료들에게 귀감이 된다. 손흥민의 매너와 페어플레이 정신은 경기장에서 자주 드러나며, 그가 축구라는 스포츠를 단순한 경쟁을 넘어서 하나의 아름다운 교류의 장으로 인식하고 있음을 보여준다.

　경기 중 손흥민의 가장 두드러지는 특징 중 하나는 상대 선수에 대한 존중이다. 그는 경기 중 격렬한 몸싸움이나 갈등 상황에서도 쉽게 감정적으로 대응하지 않고, 항상 상대를 배려하는 태도를 보인다. 상대 선수가 다쳤을 때 즉시 상태를 확인하거나, 실수로 충돌이 발생했을 때 진심으로 사과하는 모습을 여러 차례 목격할 수 있다. 이처럼 상대를 인간적으로 존중하는 태도는 그가 진정한 스포츠맨임을 증명한다.
　대표적인 사례로 2019년, 손흥민이 안드레 고메스와 충돌한 사건이 있다. 이 사고로 고메스가 심각한 부상을 입었고, 손흥민은 매우 심적으로 괴로워하며 눈물을 흘렸다. 이후 그는 구단을 통해 고메스에게 진심 어린 사과를 전했고, 이는 단순한 책임을 넘어서 상대의 고통에 공감하는 그의 마음을 잘 드러내는 행동이었다. 이 사건 이후에도 손흥민은 자신의 행동에 대해 깊은 반성의 뜻을 표했으며, 이는 그의 스포츠맨십을 더욱 빛나게 했다.

　손흥민은 경기의 흐름 속에서도 페어플레이 정신을 잃지 않는다. 축구 경기에서 경합이 치열해질수록 선수들은 종종 이기기 위해 비신사적인 행동을 할 수 있지만, 손흥민은 이러한 유혹에 흔들리지 않고 정정당당한 플레이를 펼친다. 예를 들어, 공격 상황에서 상대 수비수와 부딪혀 넘어졌을 때도 억지로 파울을 유도하지 않고, 공정하게 경기를 이어가려는 모습은 그의 신념을 엿볼 수 있는 장면이다.

2023-24시즌 EPL 38라운드 최종전에서 손흥민이 셰필드 유나이티드와의 경기 중 보여준 스포츠맨십이 화제가 되었다. 경기 도중 상대 미드필더 브룩스가 손흥민과 충돌해 레드카드를 받았지만, 손흥민은 주심에게 다가가 퇴장이 과하다고 말하며 판정을 정정하게 했다. 이는 비디오 판독 후 레드카드가 취소되었다. 이 과정에서 손흥민의 동료 판 더 펜은 일시적으로 화를 냈으나, 손흥민의 정직한 행동은 페어플레이 정신을 보여주며 팀의 승리보다 공정성을 우선시하는 그의 인성을 또 한 번 드러냈다.

또한 손흥민은 득점을 했을 때나 중요한 장면에서 심판의 결정을 존중하는 자세를 유지한다. 축구는 종종 심판의 판정에 의해 경기 결과가 크게 좌우되기 때문에, 선수들이 이에 대한 불만을 표출하는 경우가 잦다. 그러나 손흥민은 항상 판정에 순응하며, 스포츠맨십을 유지하는 모습을 보여준다. 이는 그가 개인적인 이익보다도 스포츠의 정신을 중요하게 생각한다는 것을 의미한다.

경기장 안에서 손흥민은 동료 선수들과도 좋은 관계를 유지하며, 특히 신예 선수들에게도 보여주는 매너는 빛난다. 경기 중에도 항상 동료들을 격려하고, 그들의 실수를 이해하며, 서로 협력하는 분위기를 조성한다. 이는 단순한 경기 매너를 넘어, 팀 전체에 긍정적인 영향을 미치는 리더십의 일환이라 할 수 있다.

　이런 후배에 대한 배려 혹은 매너는 매사에 드러난다. 일본 '야후 재팬'에 글을 기고하는 요시자키 에이지뇨는 12일(한국시간) "20초 동영상으로 손흥민이 '엄청 좋은 사람'이라는 사실을 알 수 있다."라며 손흥민의 미담을 전했다. 요시자키는 손흥민의 책임감 넘치는 자세도 언급했다. 그는 손흥민이 지난 싱가포르전에서 교체될 당시 A매치 데뷔전을 치르는 오세훈을 위해 달려가 경기장을 빠져나간 일화를 예로 들었다.[29]

　캡틴 손흥민은 경기 후 기자회견에서 "데뷔하는 선수들에게 기억에 남는 소중한 경험을 남기고 싶단 생각에 전력 질주해서 나갔다. 오세훈에게 한 번의 슈팅 기회가 있을까 싶어서 빠르게 나갔다."라고 밝혔다.[30]

　국가대표로서 손흥민의 스포츠맨십은 국제 경기에서도 빛난다. 그는 한국 대표팀의 주장으로서 경기장에서 모범적인 태도를 보여주며, 국제 대회에서도 상대국 선수들에게 존중을 표한다. 한 예로, 2026 FIFA 북중미 월드컵 2차 예선전 중국과의 경기에서 중국을 상대로 승리를 거두었을 때, 그는 패배 후 눈물 흘리고 있는 중국 골키퍼 왕다레이에게 다가가 위로의 인사를 건네며 그들의 노력을 존중하는 모습을 보였다. 이는 국가 간의 경쟁을 떠나 스포츠 자체의 가치를 존중하는 그의 마음가짐을 잘 보여주는 사례다.

　손흥민의 스포츠맨십과 페어플레이 정신은 그가 단지 기술적으로 뛰어난 선수를 넘어, 인간적으로 존경받을 수밖에 없는 이유다. 상대 선수와의 충돌 속에서도 보이는 그의 존중과 사과, 정정당당한 경기 운영, 그리고 동료를 배려하는 따뜻한 마음은 손흥민을 그저 뛰어난 축구선수로만 볼 수 없게 만든다. 그는 매너와 페어플레이를 경기장의 핵심 가치로 삼으며, 오늘날 축구계에서 가장 존경받는 스포츠맨 중 한 명으로 자리매김하고 있다.

동료 선수들과의 관계

손흥민의 '유머 코드'

손흥민은 뛰어난 실력과 리더십으로 전 세계 축구 팬들의 사랑을 받고 있지만, 그의 매력은 단순히 경기력에 그치지 않는다. 손흥민의 인간적인 매력 중 하나는 바로 그의 '웃음'과 '유머 코드'이다. 이 유머 감각은 그의 동료와 팬들 사이에서 그를 더욱 친밀하게 만드는 중요한 요소로 작용하고 있다. 손흥민의 유머는 사람들과의 거리감을 줄이고, 따뜻하고 편안한 분위기를 만드는 데 중요한 역할을 한다.

손흥민의 유머는 다양한 상황에서 자연스럽게 드러난다. 베트남과의 경기에서 박항서 감독이 선수들에게 작전을 지시할 때, 손흥민이 슬며시 다가가 엿듣는 듯한 제스처를 취하며 웃음을 유발한 장면이 대표적이다. 이런 작은 행동들은 상대방에게 경계심을 줄이는 동시에 인간적인 매력을 더해, 경기장에서의 긴장감을 풀어주는 역할을 한다.

또한, EPL 경기 도중 그라운드에 난입한 축구 팬을 흉내 낸 일화는 그의 장난기 넘치는 면모를 잘 보여준다. 손흥민은 경기 중에도 여유를 잃지 않으며, 이러한 행동으로 주변 사람들을 크게 웃게 만든다. 이러한 유머는 단순히 웃음을 넘어서, 경기장의 분위기를 긍정적으로 전환시키고 팀 동료들 간의 유대감을 강화해 주는 역할을 한다.

손흥민의 유머는 동료들과의 관계에서만 드러나는 것이 아니다. 프리시즌 일본 원정 경기에서 교체되며 포스테코글루 감독의 배를 만지며 장난을 친 장면은 감독과의 신뢰 관계를 유머로 풀어내는 손흥민의 재치를 보여준다. 이러한 행동은 단순한 장난이 아니라, 감독과 선수 간의 관계에서 신뢰와 친밀감을 상징하는 것이기도 하다. 손흥민은 유머를 통해 팀 내에서 소통을 자연스럽게 이끌어 내며, 리더십을 발휘하는 데 있어 중요한 요소로 활용하고 있다.

유머는 사람 간의 관계에서 거리를 좁히고 친밀감을 높이는 데 중요한 요소다. 미국에서는 유머 있는 사람들이 인기를 얻고, 코미디언과 같은 직업이 사회적으로 존경받는 경우도 많다. 이는 유머가 단순한 웃음을 넘어서, 사람들에게 긍정적인 에너지를 전달하고 소통을 원활하게 하는 데 기여하기 때문이다.

손흥민의 유머 감각은 그가 가진 따뜻한 성품과 잘 맞아떨어져, 경기장 안팎에서 사람들과의 관계를 더 깊고 진솔하게 만든다. 이런 특성은 팀 동료들과의 유대감을 강화시키고, 팬들에게도 더욱 친근하게 다가갈 수 있게 한다. 결국, 손흥민의 유머는 그의 축구 실력과 더불어 그를 특별한 인물로 만드는 중요한 요소이다.

'스마일 보이' 손흥민을 이해하는 데 있어 '웃음'과 '유머 코드'는 필수적인 요소라고 할 수 있다. 그의 유머는 경기장 안에서의 긴장감을 풀어주고, 동료들과의 관계에서 신뢰와 친밀감을 쌓는 중요한 매개체가 된다. 또한, 손흥민은 이러한 유머를 통해 자신의 인간적인 매력을 발휘하며, 그를 사랑하는 사람들에게 긍정적인 에너지를 전달한다.

손흥민의 유머 감각은 단순한 장난을 넘어서, 사람들과의 관계를 더욱 가깝게 만들고, 그를 더욱 특별한 존재로 만드는 핵심적인 요소로 작용하고 있다. 그의 성공에는 이러한 유머 감각이 중요한 밑바탕이 되고 있음을 우리는 기억해야 한다.

손흥민, 브라질리안인가? 코리안인가?

토트넘 홋스퍼의 손흥민은 브라질 출신 선수들과도 아주 친하다. 루카스 모우라, 히샬리송, 에메르송 로얄 등 이 브라질 출신 선수들은 손흥민이 브라질 사람 같다며 동질감을 느낀다. 자존감과 삶의 방식이 브라질인들과 닮았다고 한다. 필자가 생각해도 손흥민의 솔직함, 행복을 추구하는 삶의 방식, 즐겁고 재미있게 훈련하기, 그리고 축구를 사랑하고 잘하는 것, 신날 땐 막춤까지 추는 것 등은 손흥민과 브라질 선수들 사이의 동질감을 느끼게 한다.

여기에는 축구에 대한 철학, 삶의 방식, 그리고 문화적 특성들이 결합되어 있다. 브라질 문화와 손흥민의 성격과 태도를 비교하면 다음과 같은 공통점이 떠오른다.

① **축구에 대한 열정**: 브라질은 축구를 단순한 스포츠가 아닌 삶의 중요한 부분으로 여기며, 그 속에서 기쁨을 찾는다. 손흥민도 축구를 매우 사랑하며, 항상 즐겁게 경기를 준비하고 임하는 자세가 이와 비슷하다. 경기 중에도 손흥민은 늘 즐거워 보이며, 축구를 즐기려는 마음가짐이 브라질 출신 선수들과 일치한다.

② **자연스러운 솔직함**: 브라질 문화에서는 자신의 감정을 솔직하게 드러내는 것이 흔하며, 감정 표현에 개방적이다. 손흥민 역시 경기 후나 인터뷰에서 감정 표현이나 솔직한 모습을 자주 보이는데, 이러한 면이 브라질 선수들과 닮았다.

③ **행복을 추구하는 삶의 방식**: 브라질 사람들은 삶의 소소한 순간에서 행복을 찾는 경향이 강하며, 그들의 일상은 열정과 즐거움으로 가득 차 있다. 손흥민도 경기를 뛰는 동안 항상 웃고, 훈련에서도 즐거움을 찾으며, 힘들어도 긍정적인 태도를 유지하려고 하는 모습에서 이 공통점이 나타난다.

④ **음악과 춤에 대한 애정**: 브라질에서는 축구뿐만 아니라 음악과 춤도 중요한 문화적 요소이다. 손흥민이 신날 때 막춤을 추거나 동료들과 함께 즐기는 모습은 브라질 선수들이 경기를 즐기며 표현하는 방식과 유사하다. 이 역시 그들이 손흥민을 브라질인처럼 느끼게 만드는 요소일 수 있다.

이러한 점들은 손흥민이 단순한 아시아 선수를 넘어 다양한 문화적 배경을 가진 선수들과 쉽게 어울리고, 그들로부터 동질감을 느끼게 하는 이유가 된다. 특히 축구에 대한 애정과 삶을 즐기는 방식이 브라질 출신 선수들과 매우 자연스럽게 어우러진다.

손흥민의 친화력

손흥민의 뛰어난 친화력은 그의 축구 실력만큼이나 주목받을 만하다. "좋은 친구를 찾기보다 좋은 친구가 되어라."는 격언을 그 누구보다도 충실히 실천하고 있는 손흥민의 모습은, 그가 팀 내에서 그리고 축구계를 넘어 다양한 인간관계를 어떻게 유지해 나가는지를 잘 보여준다.

우선, 손흥민은 팀 동료들과의 관계에서 남다른 친화력을 발휘한다. 손흥민은 각 동료들과 개별적인 핸드쉐이크를 통해 각자의 개성을 존중하면서도 모두에게 따뜻한 우정을 나누었다. 이는 단순한 제스처 이상의 의미를 담고 있는데, 축구라는 팀 스포츠에서 서로를 이해하고 존중하는 분위기를 만들어 가는 중요한 역할을 한다. 그의 동료였던 루카스 모우라와 막춤을 추며 함께 즐기는 장면은 그들의 깊은 우정을 엿볼 수 있는 대표적인 순간이다. 심지어 홀로 신나서 다리를 흔들며 막춤을 추는 모습은(전 동료 에릭 다이어 SNS) 손흥민이 동료들과의 관계를 즐기고 있다는 것을 상징적으로 보여준다.

매스컴에서 어떤 이는 신기할 정도의 이러한 친화력을 '반장 겸 오락부장'으로 비유하기도 하였다. 그럴 만도 한 것이 팀에서도 손흥민이 있을 때와 없을 때는 분위기부터 다르다고 한다. "빅터 완야마(미드필더)는, 흥민이가 없으면 딱 알아차려요. (주변이) 조용하거든요. 그리고 해리 윙크스(미드필더)도 힘든 훈련 때문에 다들 힘들어서 쓰러져 있을 때 흥민이만 웃으면서 들어와요."[31)]

전 토트넘 동료였던 케빈 비머는 "내가 손흥민과 베스트프렌드인 이유는 멋지고 정직하고 항상 재미있는 동료이기 때문이다. 또 다른 동료는 경기장 안팎에서 손흥민과 함께 시간을 보내는 것은 좋은 일이다. 오랜 시간 동안 토트넘에서 함께했으면 좋겠다."32)라고 말하였다.

그의 친화력은 팀을 넘어, 다른 팀으로 이적한 동료들에게도 이어진다. 손흥민은 이적 후에도 꾸준히 동료들에게 따뜻한 말과 행동으로 관심을 표현하며, 그들과의 우정을 변치 않게 유지하고 있다. 이는 그의 인간적인 매력과 신뢰감을 잘 보여준다. 축구라는 치열한 경쟁 속에서도 손흥민은 경쟁자를 동료로, 동료를 친구로 대하는 그만의 따뜻한 방식을 꾸준히 실천해 나간다. 예를 들어 독일 레버쿠젠에서 같이 뛰었던 골키퍼 레노와는 EPL의 치열한 경기 중에 골키퍼와 공격수로 만나도 티격태격 장난치면서 각자 역할에 최선을 다한다.

손흥민의 친화력은 축구계 밖에서도 널리 알려져 있다. 국내외 영화배우, 탤런트, 가수 등 연예인들과도 친밀한 관계를 유지하는 그는 스포츠 스타로서의 지위를 넘어서 다양한 분야의 사람들과 교류하며 좋은 영향을 주고 있다. 또한 앙리 감독과 같은 축구계의 전설적인 인물들과도 자연스럽게 친해지는 그의 모습은 사람을 대하는 손흥민의 진정성과 따뜻함이 얼마나 넓은 영향을 미치는지를 보여준다.

이처럼 손흥민의 친화력은 단순히 친해지기 위한 기술이 아니라, 진심으로 사람을 대하고 존중하는 태도에서 비롯된다는 점에서 그 의미가 크다.

의리가 도리다
축구장에서부터 인생까지

손흥민은 그라운드 위에서 눈부신 활약을 펼치는 축구 스타로서의 모습도 빛나지만, 그 이상의 가치를 지닌 인물이기도 하다. 손흥민이 가진 '의리'는 단순히 경기를 뛰는 동료들과의 관계를 넘어서, 그의 전 인생과 커리어에서 깊게 드러난다. 그는 상대의 실수를 덮어주고 위로하는 따뜻함을 지녔고, 친구와의 약속을 지키며 진심으로 동료들의 곁에 서는 선수다.

1년 전쯤 '전쟁과도 같은' 2023-24시즌 EPL 6라운드 겸 시즌 첫 북런던 더비에서 센터백(중앙수비수) 크리스티안 로메로는 경기 중 자책골과 페널티킥을 허용하며 최악의 날을 맞아 고통스러워하였다. 그 순간, 손흥민은 로메로에게 다가가 위로하며 문제가 될 것이 없다고 안심시켰다. 그리고 1분 후 손흥민은 정말 거짓말처럼 골을 넣고 팀을 위기에서 구해냈을 뿐만 아니라, 교체로 나갈 때 직접 주장 완장을 로메로의 팔에 채워주며 그의 마음을 다독였다. 말 한마디 없이도 손흥민의 의리는 그 순간 모든 것을 말해주었고, 로메로는 볼 키스로 감사함을 표현했다. "어려울 때 친구가 진정한 친구다(A friend in need is a friend indeed)."라는 격언이 절로 떠오르는 장면이었다.

이런 손흥민의 의리는 동료들의 부진에도 변치 않는다. 히샬리송이 경기력 저하로 힘들어할 때도 손흥민은 항상 그를 응원하고 격려해 주었으며, 델리 알리의 충격 고백에 따른 불행한 과거가 알려졌을 때는 절친으로서 그에게 위로의 메시지를 전하며 곁을 지켰다. 손흥민은 "너의 용기 있는 말이 많은 이를 도와줄 것이다. 나의 친구 알리, 네가

자랑스럽다."며 과거 알리와 함께했던 사진을 올렸다.[33]

함께 뛰었던 에릭센이 고향 덴마크 코펜하겐에서 열린 유로 2020 조별리그 경기 중 심장마비로 쓰러졌던 적이 있었다. 경기장에서 응급조치를 받은 뒤, 의식을 되찾고 병원으로 옮겨졌다. 이후 심장 제세동기 삽입 수술을 받고 퇴원하였다.

"손흥민은 에릭센이 쓰러지던 날 열린 2022 카타르 월드컵 아시아 2차 예선 레바논전에서 페널티킥 결승골을 터뜨린 뒤, 에릭센을 위한 세리머니를 펼쳤다. 그는 손가락 두 개와 세 개를 펴고 중계 카메라를 향해 영어로 "크리스티안, 건강해(Stay strong). 사랑해(I love you)."라고 외쳤다. 23은 에릭센이 토트넘 시절 달았던 등번호다."[34]

손흥민의 의리는 단지 팀 동료들에게만 향한 것이 아니다. 그는 오랜 시간 함께해 온 스폰서에게도 깊은 의리를 보여준다. 2008년 함부르크 시절부터 20년 동안 아디다스와의 후원 계약을 이어가며, 세계적인 선수로 성장한 뒤에도 같은 스폰서와 재계약을 맺는 것은 매우 이례적이다. 또한, 손흥민은 2018년 아시안게임 금메달로 병역특례 혜택을 받았을 때, 그의 출전을 허락해 준 팀에 감사하며 재계약을 선택했다. 그는 그라운드 위에서, 그리고 경기를 넘어선 삶에서 한결같은 의리로 자신의 주변 사람들과 관계를 맺고 있다.

손흥민은 또한 개인적인 관계에서도 깊은 유대를 보여준다. 영화 '스파이더맨' 시리즈의 주연 배우 톰 홀랜드와의 관계는 팬들을 미소 짓게 만든다. 손흥민은 경기 중 골을 넣은 뒤 스파이더맨 골 셀러브레이션을 선보이며 홀랜드에게 화답했고, 이후 그와의 인연은 계속해서 이어졌다. 손흥민은 이런 작은 행동 속에서도 자신의 약속과 의리를 지키며, 사람들과의 인연을 소중하게 여기는 모습을 보여준다.

결국, 손흥민의 의리는 그의 모든 순간에 깃들어 있다. 경기가 끝난 후에도, 경기장을 떠난 일상 속에서도 그는 진정으로 사람들을 생각하고 배려하는 따뜻한 마음을 실천하고 있다. 축구장에서나 인생에서나 그는 언제나 변치 않는 동료이자 친구, 그리고 팬들의 자랑스러운 선수다.

손흥민의 포용력
대인배의 품격

손흥민은 축구 실력만큼이나 인간적인 면모로도 주목받는 선수다. 그는 경기장에서 뿐만 아니라 팀 내외의 다양한 상황에서 대인배다운 포용력을 보여주며, 후배들과 동료들에게 깊은 인상을 남기고 있다. 특히, 갈등 상황에서 그가 보여준 성숙한 태도는 그의 인품을 엿볼 수 있는 중요한 단면이다. 이강인과의 충돌 사건에서, 그리고 로드리고 벤탄쿠르의 인종차별성 발언의 사과를 수용한 사례는 손흥민의 포용력이 얼마나 깊고 넓은지를 보여준다.

이강인과 손흥민은 대한민국 축구계에서 대표적인 두 선수로, 각자의 위치에서 큰 기대를 받고 있다. 그러나 아시안컵 중요한 경기를 앞둔 전날 저녁 식사 타임에서 발생한 이 사건에서 두 선수는 물리적 충돌까지 가고 말았다. '좀비축구'라는 칭찬인지 비아냥인지 모를(깊이 생각해 보면 결코 바람직한 축구 내용이라고 할 수 없다) 소리까지 들어가며 스트레스를 많이 받던 상황에서 저녁 식사 자리에 대한 인식 차이와 캡틴에 대한 존중 문제까지 겹쳐 대참사가 일어난 것이었다. 그 상황은 많은 팬들의 우려를 불러일으켰지만, 손흥민은 갈등을 극적으로 해결하는 포용력을 발휘했다.

이강인이 충돌 후 손흥민에게 사과했을 때, 손흥민은 단순히 이를 받아들인 것에 그치지 않고, 이강인과의 협력적인 관계를 유지했다. 그는 개인적인 감정에 휘둘리지 않고, 팀을 위한 프로페셔널한 태도를 보여주었으며, 이후 경기에서도 정상적인 협력 플레이를 펼치며 팀워크를 중시했다. 이 사건을 통해 손흥민은 후배에게서 실수를 받아들이고, 이를 뛰어넘어 긍정적인 방향으로 관계를 회복하는 리더십을 보여주었다.

또 다른 사례는 토트넘 동료 로드리고 벤탄쿠르의 인종차별성 발언에서 나타났다. 벤탄쿠르는 2024년 비시즌 자국 방송에서 손흥민과 관련된 상대방의 발언에 "한국인은 다 똑같이 생겼다."는 농담성 발언을 했고, 이는 때때로 유럽에서 인종차별을 당해온 손흥민과 한국 팬들에게 불쾌감을 준 대단히 민감한 문제였다. 그럼에도 불구하고 손흥민은 벤탄쿠르가 장난스러운 농담이었다며 사과하자 이를 받아들였다.

이 상황에서 손흥민은 단순히 사과를 받아주는 것 이상의 큰마음을 보여주었다. 그가 이를 개인적인 문제로 확대하지 않고, 동료의 실수를 이해하며 팀의 화합을 깨지 않는 방향으로 대처한 것은 그의 성숙한 사고방식과 포용력을 보여준다. 인종차별은 매우 민감한 주제임에도 불구하고, 손흥민은 팀의 화합과 동료 관계를 중시하여 문제를 확대시키지 않고 품위 있게 해결했다. 물론 이 사안에 대한 팀과 FA의 대처는 별개의 일이다.

이 두 가지 사례는 손흥민이 단지 뛰어난 축구선수가 아닌, 인간적으로도 성숙하고 포용력 있는 리더라는 사실을 잘 보여준다. 그는 갈등이 발생했을 때 이를 극복하고, 문제를 해결하는 과정에서 개인적 감정보다 팀의 화합과 성장을 우선시한다. 이러한 태도는 팀 내에서 긍정적인 영향을 미치며, 나아가 축구 팬들과 사회 전체에도 큰 메시지를 전달한다.

포용력은 단순히 남을 이해하는 것을 넘어, 그 이해를 통해 관계를 더 나은 방향으로 발전시키는 능력이다. 손흥민은 자신의 위치에서 후배를 끌어안고, 동료의 실수를 용서함으로써 그들 모두에게 성장할 수 있는 기회를 주고 있다. 이는 그가 가진 내면의 깊이와 넓이를 보여주며, 그를 존경받는 선수로 자리매김하게 한다.

손흥민의 포용력은 그의 축구 실력 이상으로 중요한 자산이다. 이강인과의 충돌 사건에서 보여준 성숙한 대처와 벤탄쿠르의 인종차별적 발언에 대한 대인배다운 반응은 그의 인간적인 위대함을 엿볼 수 있는 사례다. 손흥민은 팀 내에서 갈등을 해결하고, 동료와 후배들에게 긍정적인 영향을 미치는 리더로서의 모습을 보여주며, 그의 포용력은 축구계에 큰 울림을 준다. 이러한 포용력은 단순히 축구 경기 안에서의 역할을 넘어, 더 큰 사회적 메시지를 전달하는 중요한 요소로 작용한다.

팬들과의 소통과 팬 서비스

어린이 팬도 소중히

모든 사람들에게 친절하고 겸손한 손흥민은 어린아이라 해서 무시하는 법이 없다. 오히려 성인이 아니기에 더욱 배려하고 챙겨주려 한다. 우리가 들어서 익히 아는 바지만 몇 가지 사례들을 살펴보자.

손흥민은 경기 후 자주 경기장에 남아서 어린 팬들과 사진을 찍거나 사인을 해주는 것으로 유명하다. 특히 어린 팬이 그의 이름이 적힌 유니폼을 입고 있는 경우, 그는 그 어린 팬에게 특별한 관심을 보이며 감사의 인사를 전하기도 한다. 특히 어린이 팬들에게 더욱 따뜻한 마음을 나누는 선수로 잘 알려져 있다. 이러한 태도는 팬들과의 소통을 더욱 특별하게 만들고, 손흥민의 인성까지도 '월드클래스'로 평가받게 한다.

2021-22시즌 35라운드 홈경기에서 영국의 5세 소녀 라일리에게 보여준 손흥민의 따뜻한 마음은 많은 이들에게 감동을 주었다. 라일리는 조산아로 태어나 뇌성마비 진단을 받았지만, 토트넘 선수들을 응원하

며 회복의 의지를 다졌다. 손흥민은 라일리와의 영상 통화 후의 경기에서 골 셀러브레이션으로 라일리의 찰칵 셀러브레이션을 경기장에서 그대로 따라 하며 특별한 사랑을 표현했다.

"손흥민은 경기 후 현지 취재진과 인터뷰에서 라일리의 영상을 보며 즐거웠다. 어려운 상황에서도 토트넘 선수들을 응원하고 격려하고 세리머니도 따라하는 모습이 귀여웠다면서 경기에 앞서 팀 성적과 개인적인 퍼포먼스 모두 (기대에 미치지 못해) 힘들었는데, 라일리가 힘을 준 것 같다. 보답하는 마음으로 세리머니를 따라 했다. 비슷했는지 잘 모르겠다고 했다."35)

또한, 손흥민은 병마와 싸우는 어린이 팬들에게도 희망을 전달하는데 앞장선다. 그는 병원에서 병마와 싸우는 어린이들을 격려하고 선물을 전달하며, 그들의 투병 생활에 큰 힘이 되어주고 있다. 또한 경기장에서도 손흥민은 어린 팬들을 위한 세심한 배려를 보여준다. 경기를 앞두고 슛 연습 도중에 손흥민의 볼에 맞은 소녀의 경우, 손흥민은 경기 후 그 소녀를 찾아가 사과하며, 자신의 실착 유니폼을 선물로 주었다. 이 소녀는 감동하며 눈물을 흘렸고, 그 장면은 많은 팬들을 미소 짓게 했다.

자주 볼 수 있는 경기장의 에스코트 키즈에 대한 각별한 관심과 생일을 맞이한 소년 팬에게 경기장에서 유니폼을 전달하여 감동한 소년은 눈물을 흘리고 말았던 적도 있다. 소년의 아버지는 당시 상황에 대해 "손흥민은 경기가 끝난 후 유니폼을 내 아들에게 줬다. 그는 7번째 생일을 맞아 거기에서 밤새 손흥민의 이름을 불렀다."라고 말했다. 일반적인 어린이 팬이든지 토트넘 동료들의 아이들이나 국가대표팀 스태프의 아이들에게도 기회가 오면 마다하지 않고 친절하게 대해주고 소통한다. 일전에 손흥민 선수를 토트넘으로 스카우트했던 실무 담당자는 손흥민을 '가족 친화적인 청년'이라고 표현한 적도 있다.

손흥민은 자신의 사인을 받기 위해 오랜 시간 기다리는 어린이 팬들을 외면하지 않으며, 비가 오나 눈이 오나 항상 그들의 요청에 응한다. 그는 자신의 사인이 "지하철 노선보다 복잡하다."는 조언을 듣고도 이를 고치지 않겠다고 밝힌 적이 있다. 사인이 비록 복잡하더라도 그 시간을 통해 팬들과 소통할 수 있기 때문이다.

손흥민은 '존재의 이유'를 팬들과의 소통에서 찾는 진정한 프로선수이다. 그는 경기장에서나 일상에서나 어린 팬들에게노 성인 팬들에게 보여주는 동일한 존중과 사랑을 표현한다. 이러한 점에서 손흥민은 축구 실력뿐만 아니라 인성까지도 최고라는 찬사를 받을 만한 선수다. 어린이 팬들과의 특별한 교류는 그의 따뜻한 마음을 더욱 돋보이게 한다.

소통과 팬 서비스
친절과 배려의 상징

손흥민은 그라운드 안팎에서 단순한 축구선수를 넘어 팬들과의 소통을 중요시하는 인물로 알려져 있다. 손흥민 선수의 팬들과의 소통과 팬 서비스를 살펴보면 그가 왜 이렇게 사랑받는 선수인지, 그리고 그가 어떤 의미에서 '캡틴 손'으로 불리는지 쉽게 알 수 있다.

2018년 6월 백혈병을 앓고 있는 소년 이상호 군이 손흥민과의 만남을 통해 특별한 시간을 보냈다. 이 만남은 메이크어위시 재단을 통해 이루어졌으며, 손흥민이 직접 소년을 찾아가 감동을 전했다. 손흥민이 눈앞에 등장하자 이 군은 놀라움을 감추지 못했고, 처음에는 부끄러운 듯 시선을 피했으나 손흥민의 능청스러운 태도로 금세 분위기가 풀어졌다. 이 군은 손흥민에게 직접 준비한 질문을 던졌고, 손흥민은 그에 친절하게 답변하며 즐거운 시간을 보냈다. 특히, 이 군이 손흥민을 현재 가장 좋아하는 선수라고 밝히며 손흥민을 뭉클하게 했다.

이후 손흥민은 상호 군에게 사인볼과 모자를 선물하며, 함께 축구 게임을 하러 가자고 제안하는 등 따뜻한 모습을 보였다. 손흥민과 소년의 친형제 같은 모습은 많은 팬들에게 감동을 주었고, 큰 호응을 얻었다. 이 특별한 만남을 통해 손흥민은 소년에게 잊지 못할 추억을 선사했고, 팬들은 그의 따뜻한 인성에 다시 한번 감동했다.[36]

또한 손흥민은 지난 2024년 6월 23일 '2024 게토레이 5v5 우먼스 축구대회 기념 슈퍼손데이' 행사에서 여성 수비수 119명을 상대로 골을 시도하는 이벤트에 참여했다. 이 대회는 전국의 여성 축구팀 15팀이 참가한 가운데, 손흥민은 하프라인에서 공을 잡고 수비수들을 돌파하려 했지만, 좀처럼 공간이 생기지 않아 첫 시도와 두 번째 시도에서 모두 실패했다. 손흥민은 드리블을 시도하다가 넘어지는 굴욕까지 당하며 "절대 못 해! 파울 아니에요?"라고 웃으며 말해 현장을 웃음바다로 만들었다.

이 이벤트를 통해 손흥민은 성실하게 임하며 팬들에게 즐거움을 선사했다. 영상을 본 누리꾼들은 손흥민이 진심으로 즐거워하는 모습에 공감하며 "손흥민은 진짜 즐거워하는 게 보여서 나도 즐겁게 봤다." 등의 반응을 보였다.[37]

손흥민의 이러한 배려심은 그가 가진 겸손함과도 밀접하게 연결되어 있다. 아버지 손웅정 님의 가르침을 통해 손흥민은 항상 겸손하게 팬들에게 다가가며, 그들의 사랑과 지지를 결코 당연시하지 않는다. 팬들을 위한 세심한 배려와 친절함은 손흥민이 가진 인성의 깊이를 보여주며, 그가 단순한 축구 스타 이상의 가치를 지닌 인물임을 증명한다.

결론적으로 손흥민 선수는 팬들과의 소통에서 진정성과 배려를 보여주는 대표적인 사례로 손꼽힌다. 그는 단순히 축구 실력으로만 팬들의 사랑을 받는 것이 아니라, 그들과의 교감에서 나오는 인간적인 매력으로도 많은 사람들에게 존경받고 있다. 팬들을 향한 손흥민의 따뜻한 배려는 그의 겸손함과 진정성을 상징하며, 이는 그가 앞으로도 오랫동안 사랑받을 이유가 될 것이다.

할머니 팬과 만남

손흥민은 지난 2024년 6월 18일 한국에서 특별한 팬을 만나 의미 있는 시간을 보내기도 했다. 손흥민은 '2026 북중미 월드컵' 아시아 지역 2차 예선 중국전을 하루 앞두고 정금남 할머니(84)를 만났다. 손흥민은 84세의 정금남 할머니를 만나 그녀와 따뜻한 시간을 나눴다. 이 만남은 대한축구협회 유튜브 채널을 통해 공개되었다.

정금남 할머니는 질병을 앓고 있지만, 손흥민 선수의 경기를 보는 것을 가장 좋아한다고 한다. 이 사실을 알게 된 손흥민 선수는 지난해 5월 정 할머니께 사인 유니폼을 보내준 적도 있다. 이번 만남에서도 손흥민 선수는 할머니에게 또 다른 사인 유니폼을 선물하고 함께 사진을 찍었다. 할머니는 손흥민 선수에게 "왜 이렇게 말랐어요? 밥은 먹고 다니는 거예요?"라고 물으며, 그를 걱정하는 모습을 보이기도 했다 (SpursWeb).

정 할머니는 "이 사람 누구냐."는 제작진 질문에 "토트넘이라는 부대가 있는데, 거기 주인장이다."라고 답했다. 다음 날 손흥민이 선물한 국가대표 유니폼을 입고 중국전을 관람한 정 할머니는 "백 살까지 축구를 보겠다."고 즐거워했다. 이를 본 누리꾼들은 "손흥민이 어르신을 대하는 모습이 뭉클하다.", "친손자인 줄 알겠다.", "할머니 건강하셔서 손흥민 선수 많이 응원해 달라."[38] 등 반응을 보였다.

손흥민의 이러한 행동은 그의 훌륭한 인성을 보여준다. 그는 항상 팬들과의 교감을 중요시하며, 자신의 바쁜 일정 속에서도 팬들을 만나는 시간을 가지려 노력한다. 이는 그가 단순히 축구선수로서가 아니라, 인간적인 면모에서도 존경받는 이유 중 하나다. 그의 친절함과 배려심은 많은 팬들에게 큰 감동을 주고 있다.

손흥민의 이러한 행동은 단지 팬서비스를 넘어서, 사람들과 진정한 교감을 나누고 그들에게 행복을 주기 위한 그의 진심 어린 노력을 잘 보여준다. 이는 많은 사람들에게 긍정적인 영향을 미치고 있으며, 그가 축구계에서뿐만 아니라 사회 전반에서도 존경받는 이유이다.

손흥민의 겸손

손흥민은 전 세계적으로 유명한 축구 스타임에도 불구하고, 그가 보여주는 겸손함은 그의 실력만큼이나 많은 사람들에게 존경받고 있다.

그의 겸손은 단순히 외면적인 태도에 그치지 않고, 그의 일상과 경력 곳곳에서 깊이 드러난다.

먼저, 손흥민 선수의 겸손은 경기장 안팎에서 꾸준히 확인된다. 예를 들어, 그는 득점 후에도 골을 자신만의 업적으로 삼지 않고, 동료들과 함께 이룬 성과로 여긴다. 2019년 4월, 토트넘의 유럽 챔피언스리그 4강 진출을 확정한 뒤 인터뷰에서 그는 자신의 골과 활약에 대해 겸손하게 "제가 골은 넣었지만 제가 잘해서 넣은 것이 아니다. 다른 선수들이 고생하고 수비해 주고 공격해 주고 볼 뺏어주고 했다. 그래서 4강에 올라갈 수 있었다."[39]라고 밝혔다. 이처럼 그는 언제나 팀과 동료들의 기여를 잊지 않고 강조하는 모습으로 팬들에게 감동을 준다.

또한, 손흥민의 겸손은 그가 받은 개인적인 성공에 대한 태도에서도 잘 나타난다. 수많은 상과 영예를 받았음에도 불구하고 그는 자신의 실력과 업적에 대한 과시를 한 적이 없다. 2020년 Puskás Award(푸스카스상)를 수상한 이후에도 그는 겸손하게 자신이 아닌 동료들이 골을 가능하게 만들어 준 공로를 인정하며 자신이 한 것은 "운이 좋았을 뿐."이라고 말했다.

손흥민의 이런 태도는 그의 아버지, 손웅정 님으로부터 비롯된 것이다. 손웅정 님은 손흥민이 어릴 적부터 축구 실력만큼 인성을 강조해 왔고, 그중에서도 '겸손'은 늘 중요한 가치로 가르쳤다. 손흥민은 어려운 훈련과 끊임없는 자기 성찰 속에서도 늘 겸손함을 잃지 않도록 훈육받았고, 그 결과 오늘날 그가 세계적인 축구 스타가 된 이후에도 여전히 팬들에게 친근하고 낮은 자세를 유지할 수 있게 된 것이다.

손흥민의 겸손은 특히 팬들과의 소통에서 더 두드러진다. 그는 항상 팬들에게 감사의 말을 전하며, 팬들 앞에서 스타로서 우쭐대기보다는 평범한 사람으로 다가가려는 모습을 보인다. 2021년, 팬들로부터 MVP로 선정되었을 때, 그는 단순히 상을 받은 것에 대해 감사하는 것이 아니라, 자신이 더 노력해야 한다며 팬들의 기대에 부응하기 위해 자신을 낮추는 발언을 했다.

그리고 얼마 전 2024년 7월 28일 서울월드컵경기장에서 '팀 K리그'와 프리시즌 친선 경기를 치르기 위해서 팀과 내한했을 때 기자회견에서도 그 특유의 겸손한 인터뷰를 하였다.

> "2년 만에 다시 팀과 함께 방문하게 됐다. 많이 환영해 주시고 사랑 보내주셔서 감사하다는 말씀을 꼭 먼저 하고 싶다. 참 운이 좋게도 소속팀과 항상 한국을 방문해 축구로 행복감을 드릴 수 있어서 진짜 행복하게 생각하고 있다. 좋은 경기하고, 축구 팬께 좋은 경기 선사할 수 있도록 노력하겠다."

손흥민 선수는 자신의 성공에도 불구하고 언제나 겸손함을 잃지 않으며, 이러한 태도는 그가 팬들에게 더욱 사랑받는 이유 중 하나다. 스타가 된다는 것은 실력뿐만 아니라 인성까지 완성되어야 함을 몸소 보여주고 있다. 그의 겸손은 단순한 미덕을 넘어, 그의 경력을 더욱 빛나게 하는 핵심적인 요소다.

동양적 사고방식

손흥민, 외유내강(外柔內剛)

손흥민은 '외유내강'형 인물의 전형적인 예라고 할 수 있다. 그는 겉으로는 부드럽고 겸손하지만, 내면에는 강한 정신력과 흔들림 없는 의지를 지니고 있다. 이러한 성격은 그의 월드클래스 축구 실력뿐만 아니라, 인간적인 면모에서도 빛을 발한다.

첫째, 손흥민은 뛰어난 실력을 가졌음에도 불구하고 늘 겸손한 자세를 유지한다. 세계적으로 인정받는 축구선수임에도 자신을 과시하지 않으며, 항상 주변을 배려하고 팀을 최우선으로 생각한다. 이는 단순한 겸손이 아니라 내면의 강한 자아와 자신감을 바탕으로 한 것이다.

둘째, 그는 후배들이나 주변의 잘못에 대해 관대하며 포용력을 보여준다. 팀의 리더로서 권위주의에 빠지지 않고 팀원들을 존중하며 도와주는 모습은 그가 외유내강형 인물임을 잘 보여준다. 손흥민은 팀원들과의 경쟁을 건강하게 이끌어 내며, 협력적인 분위기를 조성해 팀의 성공을 함께 만들어 간다.

셋째, 손흥민은 어려운 상황에서도 포기하지 않고 강한 정신력으로 이를 극복해 내는 모습을 자주 보여준다. 축구 경기는 물론, 인생의 여러 도전에서 그는 항상 최선을 다하고 끝까지 노력하는 모습을 통해 많은 이들에게 귀감이 되고 있다. 이는 외적으로 부드럽지만, 내적으로는 철저히 자기관리를 하며 결코 흔들리지 않는 강한 의지에서 비롯된 것이다.

또한, 손흥민은 이타적인 성향을 지니고 있어 항상 주변 사람들에게 친절하고 봉사적인 모습을 보인다. 팬들과의 소통에서도 그는 늘 겸손하며 예의를 갖추고 있다. 자본주의 사회에서 성공한 인물로서 부와 명예를 모두 갖추고 있지만, 이를 과시하지 않고 소박한 태도를 유지하는 그의 모습은 외유내강의 표본이라 할 수 있다.

결론적으로 손흥민은 외유내강의 성품을 지닌 인물이다. 부드럽고 겸손한 태도 속에서도 내면에는 강한 정신력과 철저한 자기관리가 자리 잡고 있으며, 이러한 특성 덕분에 그는 세계적으로 존경받는 축구 선수이자 인간적인 리더로 자리매김하고 있다.

손흥민, 인자무적(仁者無敵)

손흥민은 동양의 유교 장점도 가지고 있다. 유교에서 강조하는 핵심 덕목인 인(仁)한 사람이라고도 생각이 된다. 이런 '어진 성품'으로 인하여 사회생활의 인간관계에서 '적'도 별로 없는 것 같다. 그래서 인자무적(仁者無敵), "어진 사람에게는 대적할 자가 없음"이라는 말이 잘 어울리는 것 같다.

 손흥민과 '인자무적(仁者無敵)'이라는 키워드를 연결해 설명하는 것은 그의 성품과 인간관계, 그리고 축구장에서의 리더십을 이해하는 데 중요한 시각을 제공한다. 유교의 핵심 덕목 중 하나인 '인(仁)'은 타인에 대한 배려, 자비, 그리고 도덕적 올바름을 강조하며, 이러한 덕목은 손흥민의 행보에서 자주 드러나고 있다.

 유교에서 '인(仁)'은 사람과 사람 사이에서 우러나오는 진정한 마음, 즉 사랑과 배려를 의미한다. 이는 단순히 겉으로 드러나는 친절이 아니라, 타인의 행복과 고통을 진정으로 이해하고 공감하는 마음에서 비롯된다. 손흥민은 그의 행동과 말에서 항상 이러한 '인'을 실천하는 모습을 보여주고 있다.

 ① **겸손과 배려의 리더십**: 손흥민은 인터뷰나 경기 후 소감을 전할 때마다 팀을 먼저 생각하고 동료들을 칭찬하는 모습을 보여줘. 이는 자신만의 영광을 추구하기보다, 모두가 함께 잘되기를 바라는 '인'의 마음을 반영한다. 그는 동료와의 관계에서 자신을 낮추며, 이를 통해 자연스럽게 주변의 신뢰를 얻고 있다.

 ② **감정조절과 온화함**: 손흥민은 경기에서 극한의 상황에서도 상대를 존중하며, 감정적으로 격해지지 않으려 노력한다. 축구는 때로 감정이 격해질 수 있는 스포츠지만, 손흥민은 그런 상황에서도 상대를 비난하거나 거칠게 대하지 않는다. 이는 유교에서 강조하는 '인의 마음'이 발현된 결과라고 볼 수 있다.

 ③ **인자무적(仁者無敵)의 구현**: '인자무적'이라는 말처럼, 손흥민은 타

인과의 갈등을 피하고, 오히려 그들의 신뢰와 존경을 받는 인물로 자리 잡았다. 이는 손흥민의 인격적인 면모가 그의 성과와 함께 그를 더욱 빛나게 한다. 적이 생길만한 상황에서도 손흥민의 어진 성품과 행동이 자연스럽게 문제를 해결하거나 갈등을 완화시켜 주는 역할을 하고 있다.

손흥민이 축구장에서뿐만 아니라 일상생활에서도 '인자무적'의 삶을 살고 있다는 것은 그의 인간관계에서도 잘 드러난다. 동료 선수들은 물론 감독, 구단 관계자, 그리고 팬들까지 손흥민에 대해 일관되게 호의적인 평가를 내리고 있다. 이는 그가 축구선수로서 뛰어난 실력을 갖추었기 때문만이 아니라, 그의 성품이 사람들에게 긍정적인 인상을 심어주기 때문이다.

'인자무적'이란 결국, 어진 사람은 적을 만들지 않는다는 의미를 담고 있다. 손흥민은 자신의 실력과 성과로 인한 질투나 경쟁을 뛰어넘는다, 그를 아는 모든 이들로부터 존경받고 있다. 이는 그가 이룬 성공이 기술적인 것에 그치지 않고, 인간적인 매력과 도덕적인 우월성에 기반을 두고 있음을 보여주는 것이다.

손흥민과 '인자무적'은 매우 자연스럽게 연결되는 키워드다. 그의 성품, 리더십, 그리고 타인에 대한 배려는 유교에서 말하는 '인(仁)'의 본질을 잘 보여주고 있다. 손흥민이 경기장 안팎에서 보여주는 온화함과 겸손은 그를 더욱 특별하게 만들며, 이는 그가 큰 적을 만들지 않는 이유이기도 하다.

'인자무적'이라는 표현은 손흥민의 축구 인생을 요약하는 데 있어서 매우 적합하다. 그는 자신의 실력뿐만 아니라 어진 성품을 통해 주변의 사랑과 존경을 받으며, 그 결과 자연스럽게 적이 없는 위치에 서게 된 것이다. 손흥민은 그의 진정성 있는 행동과 마음으로 인해 진정한 '무적'의 경지에 이른 셈이다.

손흥민, 프로페셔널리즘과 아마추어리즘의 조화

손흥민 선수는 현대 축구에서 보기 드문 '프로페셔널리즘'과 '아마추어리즘'의 이상적인 조화를 이룬 선수다. 그는 세계 최정상 리그에서 활약하며 명실공히 최고의 선수 중 한 명으로 인정받고 있지만, 그에게는 여전히 순수한 열정과 초심을 잃지 않는 모습이 있다. 이 두 가지 측면은 손흥민 선수의 성공을 설명하는 중요한 요소다.

손흥민 선수가 가진 프로페셔널리즘은 경기장 안팎에서 뚜렷하게 드러난다. 그는 팬들을 최우선으로 생각하며, 자신의 몸 상태를 최상으로 유지하기 위해 철저한 자기관리를 실천한다. 팬들에게 최고의 경기력을 보여주기 위해 하루하루를 계획하고, 끊임없는 훈련과 식단 관리로 자신을 단련한다. 피로가 누적된 상황에서도 그는 최선을 다해 팬들에게 기쁨을 주려는 모습을 보여준다. 이러한 태도는 단순히 축구를 잘하는 선수가 아닌, 진정한 프로선수로서의 책임감을 엿볼 수 있게 한다.

하지만 손흥민 선수의 모습에는 프로페셔널리즘에 국한되지 않는 인간적인 따뜻함이 있다. 그는 축구를 단지 직업으로만 여기는 것이 아니라, 순수한 열정으로 사랑한다. 이 열정은 어린 시절 축구를 처음 접했을 때의 그 마음 그대로 남아 있다. 손흥민 선수는 경기장에서 마주하는 동료들과도 항상 친밀한 관계를 유지하며, 팀 내에서 긍정적인 에너지를 전파한다. 이러한 모습은 아마추어 시절의 순수한 정신을 그대로 간직한, 이 시대에 보기 드문 선수라는 점에서 더욱 특별하다.

현대 축구는 점점 더 치열해지고, 상업화의 물결 속에서 순수함을 잃어가는 경향이 강하다. 그럼에도 불구하고 손흥민 선수는 이러한 환경 속에서도 프로페셔널리즘과 아마추어리즘을 농시에 실천하며 균형 잡힌 모습을 유지한다. 그는 최고의 무대에서 경쟁하면서도 축구를 사랑하는 순수한 마음을 잃지 않고, 동료와 팬들에게 진정성 있는 태도로 다가간다. 이처럼 손흥민 선수가 보여주는 조화로운 모습은 오늘날 많은 선수들에게 귀감이 될 뿐만 아니라, 축구를 사랑하는 팬들에게도 큰 감동을 준다.

결국 손흥민 선수는 축구선수로서의 프로페셔널리즘과 순수한 열정이 완벽하게 어우러진 이상적인 선수다. 그의 성공은 단순히 축구 실력에서 나오는 것이 아니라, 축구에 대한 진심 어린 사랑과 팬들을 향한 헌신, 그리고 자신을 끊임없이 관리하고 성장시키는 노력이 만들어 낸 결과다. 이 균형 잡힌 태도가 바로 손흥민 선수를 세계 최고의 선수 중 하나로 만들어 준 비결이며, 그가 앞으로도 오랫동안 사랑받는 이유일 것이다.

손흥민은 이런 사람

손흥민, 겸손과 존중 그리고 친절의 상징

손흥민 선수는 한국을 넘어 전 세계 축구 팬들에게 사랑받고 있는 선수다. 그의 화려한 골 기록과 기량도 훌륭하지만, 그가 세계적인 스타로 자리 잡은 진정한 이유는 그의 성품, 특히 겸손과 존중, 그리고 친절함에 있다. 현대 축구에서 실력은 기본, 인성이야말로 선수의 참된 가치를 증명하는 요소가 된다.

손흥민 선수의 아버지인 손웅정 님은 항상 겸손을 강조해 왔다. 그의 아버지로부터 배운 이 가치는 손흥민 선수를 더욱 특별하게 만들었다. EPL에서 최고 수준에 오른 이후에도 손흥민은 자신이 더 배울 것이 많다고 말하며, 경기장 안팎에서 늘 겸손한 태도를 잃지 않는다. 그는 자신의 공을 자랑하기보다는 팀 동료들에게 칭찬을 돌리고, 부족한 점을 찾아 개선하는 데 집중한다. 겸손함이 없었다면 그는 지금의 위치에 오를 수 없었을 것이다.

　손흥민이 팀 동료들과 쌓아온 두터운 관계는 그의 '존중'에서 비롯되었다. 특히 아프리카 출신의 파페 사르와의 관계는 감동적이다. 사르와 같은 어린 선수들에게 선배로서 본보기가 되기 위해 손흥민은 그들을 존중하고, 진심으로 대한다. 이러한 태도는 그가 캡틴으로서 팀을 이끌 때도 큰 영향을 미친다. 그가 팀에서 존경받는 이유는 단지 그의 축구 실력 때문이 아니다. 그는 동료들을 진심으로 존중하고, 그들의 문화와 가치관을 이해하려 노력한다.

　경기 후 팬들과 만나면, 손흥민은 항상 친절한 미소를 지으며 다가간다. 특히 어린이 팬들에게는 한없이 따뜻한 캡틴이다. 어린 팬들에게 사인을 해주고 사진을 찍어주는 것은 물론, 그들이 자신에게 느끼는 감동을 알기에 더욱 다정하게 대해준다. 손흥민이 축구 팬들에게 존경받는 이유는 단순히 축구를 잘해서가 아니다. 그의 따뜻한 친절함이 사람들의 마음을 사로잡는다. 경기에서 상대 팀 선수를 존중하며 경기 중에도 매너를 잃지 않는 그의 모습은 모든 축구 팬에게 귀감이 된다.

　손흥민 선수는 겸손, 존중, 그리고 친절로 스포츠맨십의 본보기가 되고 있다. 그의 이러한 모습은 축구 그 이상의 가치를 전달한다. 우리가 손흥민 선수에게 열광하는 이유는 그의 화려한 플레이뿐 아니라 그의 따뜻한 인간성 때문이다. 손흥민은 이 시대 축구 스타로서, 또한 인간적으로도 가장 훌륭한 본보기를 남기고 있다. 축구를 통해, 그리고 그의 행동을 통해 전 세계의 팬들은 겸손과 존중, 그리고 친절의 중요성을 배우고 있다. 축구를 사랑하는 이들은 손흥민이 보여준 가치로 인해 더 나은 사람이 될 것이다.

축구는 단지 스포츠가 아니다. 사람을 위한 가치를 만들어 내는 신성한 그 무엇이다.

손흥민, 조화로운 사람

손흥민을 대표하는 키워드 중 하나는 바로 '조화'이다. 손흥민은 다양한 면모에서 균형을 이루며, 그 상반되는 특성마저도 자연스럽게 조화롭게 아우른다. 이는 그의 경기력뿐 아니라 인성, 대인관계, 심지어 팬들과의 소통 방식까지 모두에서 드러나며, 이 점이 그를 더욱 특별하고 사랑받는 선수로 만들고 있다.

먼저, 손흥민은 프로페셔널리즘과 아마추어리즘을 동시에 지닌 조화로운 선수이다. 그는 세계 최고의 리그에서 최고의 수준으로 경기를 펼치며 모든 이들이 인정하는 프로페셔널리즘을 보여주고 있다. 철저한 자기관리, 훈련에 대한 헌신, 그리고 매 순간 승리를 향한 절실함은 그가 진정한 프로임을 증명한다. 그러나 동시에 그는 아마추어의 순수함을 잃지 않고 축구 그 자체를 진심으로 사랑하는 선수이다. 경기장에서 골을 넣을 때마다 보여주는 그 행복한 표정과 동료들과 기쁨을 나누는 모습은, 여전히 축구에 대한 순수한 애정을 가지고 있음을 느끼게 한다. 손흥민에게 축구는 단지 일이나 책임이 아닌, 그가 진심으로 즐기고 사랑하는 활동이다.

또한 손흥민은 '리더'와 '동료'로서의 역할에서도 조화를 이루고 있다. 그는 한국 국가대표팀과 토트넘 훗스퍼에서 리더로서 책임감을 가지고 팀을 이끌고 있지만, 동시에 동료로서 겸손하고 배려하는 모습을 잃지 않는다. 그는 어려움에 처한 후배들에게 다가가 격려하며, 경기장에서 동료를 존중하는 모습을 보여준다. 이는 그가 단순히 팀의 주장으로서만 빛나는 것이 아니라, 동료들의 한 사람으로서 이들에게 힘이 되고 있음을 의미한다. 그의 리더십은 팀 내에서 독단적이지 않으며, 동료들과 함께 만들어 가는 따뜻한 리더십이라는 점에서 더욱 특별하다.

또한 손흥민은 '강한 선수'이자 '온화한 사람'이라는 상반된 특성도 동시에 지니고 있다. 그는 '피지컬'과 '정신력'에서 강인한 면모를 보여주지만, 경기 외적인 상황에서는 한없이 온화하고 친절하다. 경기 중에 보여주는 강렬한 모습과는 달리, 팬들과 소통할 때나 사회적 활동을 할 때는 온화하고 다정한 사람으로서 그의 진심을 전한다. 이는 손흥민이 단순히 경기장 위의 전사가 아니라, 인간미 넘치는 성숙한 인물이라는 점을 상징적으로 보여준다.

마지막으로 손흥민은 늘 도전하면서도 만족을 아는 사람이다. 그는 자기 자신에게 끊임없이 도전하며 한계를 넘어서고자 하는 열정이 가득하다. 매 시즌 최고의 모습을 보여주고자 노력하며, 스스로의 기록을 경신하기 위해 최선을 다한다. 하지만 동시에 현재 자신의 위치와 성과에 감사하며, 그 성취를 과하게 자랑하지 않는다. 그의 겸손함은 많은 팬들에게 귀감이 되며, 이런 마음가짐 덕분에 그는 늘 한결같은 모습으로 팬들의 사랑을 받고 있다.

결국 손흥민은 축구를 넘어 인간으로서도 조화로운 사람이다. 상반되는 가치와 성질을 자연스럽게 균형 잡아가며, 이는 그가 축구계에서 빛나는 이유 중 하나가 된다. 손흥민은 실력과 인성, 강인함과 온화함, 리더십과 겸손함의 조화 속에서 더 빛을 발하며, 이 모든 것이 조화를 이루어 그를 한 차원 높은 축구인, 그리고 한층 더 깊은 울림을 주는 인간으로 만들고 있다.

손흥민은 이런 사람

손흥민은 한국 축구의 아이콘이자 전 세계 축구 팬들에게 감동을 선사하는 월드클래스 선수다. 그는 단순히 뛰어난 축구 실력을 갖춘 스타일 뿐만 아니라, 인격적으로도 많은 사람들에게 존경받는 인물이다. 손흥민을 묘사하는 여러 수식어 중 그가 어떤 사람인지 더 잘 보여주는 말은 바로 "된 사람이고 난 사람"이다. 그는 축구선수로서의 성공을 넘어, 한 사람으로서도 완성된 인격을 가진 사람으로 알려져 있다.

손흥민은 늘 한결같고 겸손한 태도로 축구에 임하며, 그의 성실함은 그를 오늘날의 자리에 올려놓았다. 그는 스스로를 자랑하지 않으며,

항상 더 나은 모습을 보여주기 위해 노력하는 모습은 많은 이들에게 감동을 준다. "그는 진정한 리더"라는 말처럼 손흥민은 단순한 주장 이상의 존재다. 그는 팀을 이끌고, 경기장에서뿐만 아니라 경기 외적으로도 모범을 보인다. 그의 동료애와 배려는 그가 단지 축구 잘하는 사람이 아닌, 진정한 '사람'으로서의 가치를 보여주는 부분이다.

손흥민은 또한 '보물 같은 사람'이다. 그는 뛰어난 실력뿐만 아니라 선한 마음씨와 진실함으로 사람들을 사로잡는다. 그의 인품은 경기장에서의 화려한 플레이만큼이나 빛나며, 그의 미소는 보는 이들에게 따뜻함을 전달한다. 그의 매력은 축구 팬을 넘어 전 세계 사람들의 마음을 움직이며, 그의 존재 자체가 축구 이상의 의미를 지닌다.

"우리의 자랑"이라는 말처럼 손흥민은 한국을 넘어 아시아의 자부심이다. 그는 전 세계 무대에서 대한민국을 대표하며, 그의 성공은 단지 개인적인 성취에 그치지 않고 나라와 국민들에게 희망과 자부심을 선사한다. 그는 아시아 출신으로 유럽 무대에서 거둔 성과로, 아시아인의 한계를 뛰어넘고 편견을 깨는 상징이 되었다.

손흥민을 떠올리면 우리는 그의 인간적인 매력에 빠지게 된다. 그는 단지 성공한 축구선수가 아니라, 성실하고 겸손하며 따뜻한 인간미가 넘치는 사람이다. 그는 포기를 모르는 사람이자 늘 성실하게 자기 길을 걸어가는 진정한 프로선수다. 손흥민은 그 자체로 많은 이들에게 배울 점이 많고, 그의 행동 하나하나가 우리에게 큰 교훈을 준다.

그는 '우리의 캡틴'이자 '우리의 영웅'이며, '우리의 희망'이다. 그의 존재는 단지 축구를 넘어선, 인간적인 위대함과 감동을 선사하는 삶 그 자체다.

"캡틴, 캡틴, 오 마이 캡틴, 손흥민"

푸른 들판 위,
녹색의 빛 아래에서 그가 달린다
수많은 함성 속, 그는 조용히 미소 짓는다
그 이름, 손흥민
"오 마이 캡틴, 내 삶의 등불이여"

폭풍의 바다 위,
길을 잃은 배를 인도하는 등대처럼,
그는 우리의 길을 밝혀준다
팀이 흔들릴 때,
그는 중심에 서서 외친다
"함께라면 우리는 이겨낼 수 있다"

동료의 실수를 감싸 안고,

승리의 기쁨을 나누며,
그는 단순한 선수 이상이 된다
그의 이름 앞에 붙은 한 단어,

"캡틴"
그것은 책임이며, 믿음이며,
우리 모두가 따라야 할 등대의 불빛이다

그의 발끝에서 빛나는 공은,
수많은 시간과 땀방울의 결과다
아침이 오기 전부터 시작된 훈련,
발에 밴 물집과 심장에 새겨진 인내
그는 불평하지 않았다
"더 나아질 수 있다면, 무엇이든 하겠다"

그의 겸손은 그를 더 높이 올렸다
"나는 팀의 일부일 뿐이다"
그가 말할 때, 우리는 안다
그의 말 속에는 진심이 담겨 있음을
그는 빛나는 별이지만,
그 빛을 혼자 가지려 하지 않는다

수많은 이들이 그의 이름을 부른다
"손흥민!"

그는 우리의 마음속 깊은 곳에서
희망의 씨앗을 심는다

그의 빠른 발은 단순한 속도가 아니다
그것은 도전이며, 꿈이며,
불가능을 넘어선 가능성의 상징이다
그가 말한다
"행복하게 축구하라"
그 말은 단순한 조언이 아니라,
삶을 사랑하라는 메시지다

시간이 지나고,
역사의 한 페이지에 그의 이름이 남겨질 때,
우리는 여전히 기억할 것이다
그가 보여준 노력,
그가 가르쳐준 겸손,
그리고 그가 남긴 빛나는 발자국을

그는 단순히 경기를 뛰는 선수가 아니었다
그는 우리의 길을 밝혀주는 등대였고,
우리의 삶에 희망을 불어넣는 등불이었다

내 삶의 등불,
내 꿈의 안내자

손흥민, 당신은 단순한 축구선수가 아니다
당신은 우리 모두가 나아가야 할 방향을 보여주는 별이다
당신의 빛이 꺼지지 않는 한,
우리는 절망 속에서도 희망을 찾을 것이다

"캡틴, 캡틴, 오 마이 캡틴, 손흥민!"
그의 이름은 영원히 우리의 가슴 속에 새겨질 것이다
그는 등대처럼 우리를 인도하며,
등불처럼 우리의 길을 밝혀준다
그가 뛰는 한,
우리의 꿈도 끝없이 이어질 것이다 ✨⚽✨

3장

진정한 프로페셔널 손흥민

"축구는 범상치 않은 스포츠"

크리스티아누 호날두가 인류 역사상 최초로 SNS 팔로워 수 합계가 10억 명을 돌파한 인물이 되었다. 이는 그가 단순한 축구선수에 그치지 않고 글로벌 아이콘으로 자리매김했다는 것을 보여주는 놀라운 업적이다.

그의 소셜미디어 팔로워 수는 인스타그램에서 6억 3,800만 명, 페이스북에서 1억 7천만 명, X(이전 트위터)에서 1억 1,300만 명, 유튜브에서 6,050만 명에 이르며, 이 외에도 다양한 플랫폼에서 수백만 명의 팔로워를 보유하고 있다. 최근에 개설한 유튜브 채널은 첫날에만 1,500만 구독자를 모았으며, 첫 주에 5천만 구독자를 달성하여 또 다른 기록을 세웠다(Portugal News)(GulfNews)(India Today).

호날두는 이 대기록을 기념하며 "이는 단순히 숫자 이상의 의미를 지니며, 우리의 열정과 노력에 대한 증거"라고 말하며 팬들에게 감사를 표했다. 이 성과는 그가 축구계뿐만 아니라 디지털 세계에서도 큰 영향력을 가진 인물임을 다시 한번 확인시켜 주었다.

축구의 무엇이 이 같은 놀라운 일을 가능하게 했을까? 홍대선·손영래 작가는 이에 대해 축구는 보통 평범한 스포츠가 아니라며 축구의 엄청난 대중성과 특이성을 말하며 또한 축구와 문화와의 상관성도 주목한다. 필자가 브라질 축구의 영혼이라고 말할 수 있는 '징가(Zinga)'를 알게 된 것도 이 책 『축구는 문화다』를 통해서이다.

"축구는 범상한 스포츠가 아니다. 지구상 가장 많은 선수와 가장 많은 관중을 보유하고 있으며 가장 많은 사상자를 내는 스포츠. 하지만 축구는 단순한 스포츠가 아니다. 이 공놀이는 스포츠라고 하기엔 너무 범위가 크다. 축구는 대리전쟁이며 자존심 싸움이고, 민족주의자의 해방구이고, 마초들의 정신적 정액 배출구다. 누군가에게는 눈살 찌푸려지는 전체주의지만 누군가에게는 고난을 마다 않고 순례길에 오를 만한 성지이기도 하다. 2002년의 한국처럼 가끔은 축제가 되기도 한다."[40]

동물학자이자 민족학자로서 저서 『털 없는 원숭이』로 전 세계적인 명성을 얻은 '데즈먼드 모리스'는 열렬한 축구 팬이기도 했는데, 축구라는 스포츠에 대해서도 그 특유의 왕성한 호기심과 학문적 접근으로 '축구종족'에게는 바이블(Bible)과 같은 훌륭한 명저를 탄생시켰다.

먼저 그는 축구가 가지고 있는 '엄청난 대중성'에 주목하였다.

"인간이라는 이름의 동물은 기이한 생명체다. 인류 역사상 수많은 사건이 있었지만 가장 많은 관중을 동원한 사건은 정치 집회도, 예술제나 과학계에서 성취한 위업을 축하하는 행사도 아닌 공놀이다. 바로 축구 경기다.

월드컵 결승전이 중계되면 전 세계 10억 명이 넘는 사람들이 이를 시청하는 것으로 추정된다. 전 세계 상당수 인구가 자신들이 하던 일을 멈추고, 22명의 선수가 눈에 띄는 차림으로 잔디 구장에서 엄청난 노력과 집중력을 발휘하며 공을 차는 광경에 시선을 고정한다는 의미다."[41]

축구가 가지는 엄청난 대중성 혹은 대중 동원성을 말하면서도 데즈먼드 모리스는 무엇이 이 엄청난 대중성을 가능하게 하는지, 그 속성이나 요인을 탐구하고자 한다.

"공을 차는 사람이나 열광하며 경기를 관전하는 사람들이나, 축구는 무의미한 시간 낭비에 불과하다고 여기는 이 두 부류의 사람들 모두 간과하고 있는 사실이 하나 있다. 객관적으로 볼 때, 축구는 현대사회에서 나타나는 인간의 여러 행동 가운데 '가장 독특한 활동'에 속한다는 점이다."

오지를 탐험하는 인류학자처럼 편견 없이 현장 답사를 진행한 끝에 내어놓은 보고서가 바로 『데즈먼드 모리스의 축구종족』이라는 책이다. 이 책은 부제로 "전 세계 약 30억의 축구족에 대한 문화인류학적 보고서"라고 밝히고 있는데, 데즈먼드 모리스는 축구의 여러 가지 특성(혹은 속성)을 다음의 7가지 형태로 설명하고 있다.[42]

> **축구의 여러 가지 얼굴(The Many Faces of Soccer)**
>
> ① 축구는 사냥 의식이다.
> ② 축구는 유사 전쟁이다.
> ③ 축구는 지위를 상징하는 시스템이다.
> ④ 축구는 유사 종교다
> ⑤ 축구는 대중의 마약이다.
> ⑥ 축구는 비즈니스다.
> ⑦ 축구는 한 편의 공연 예술이다.

이 '축구 바이블'의 화려하고도 생동감 있는 사진(때때로 희귀 사진도 있다)과 통찰력 있는 내용들은 축구가 가지는 특성이나 속성을 설명하는 데 부족함이 없다.

이런 속성을 가진 축구라는 스포츠를 손흥민 선수의 아버지 손웅정 님은 어떻게 생각했을까?

"축구는 야생의 스포츠이고 인간의 원시성을 그대로 보존한 운동이다. 구기 종목 중 가장 야생적인 성격을 지녔다고 할 수 있다. 축구에 꼭 필요한 기본 장비는 둥근 공이 전부다. 간소하다. 공만 있으면 어디서든 맨발로도 축구를 할 수 있다. 달랑 공 하나만 놓고 뛰고 달리고 협력해 상대방 골문 안에 공을 많이 차 넣으면 이긴다. 축구는 이처럼 단순하지만, 한편으로 매우 거칠고 격렬하다. 경기에서 손은 철저히 배제된다. 오로지 발만 쓸 수 있다.

부자연스러운 발을 가능한 한 자연스럽게 사용해 목적을 이루는 운동경기가 축구인 것이다. 이런 성격을 갖고 있다 보니 자연히 충돌이 잦고 과격해지기 쉽다. 사람과의 쟁투를 하듯 달려들지 않으면 상대에게 제압당하고 만다. 제압하지 않으면 제압당한다. 축구가 우리에게 가르쳐 주는 생의 이치 중 하나다. 어찌 보면 잔혹한 이치다."[43]

영국을 비롯한 유럽의 각 클럽팀은 열정적인 응원으로 유명한데 그 유래는 클럽의 역사를 살펴보면 이해할 수 있다.

"햄과 햄튼은 중세 영어로 마을을 뜻한다. 유나이티드는 노동조합을 뜻한다. 즉 이름이 유나이티드로 끝나는 클럽팀은 우리 식으로 말하면 노동조합의 '조기축구회'에서 유래되었다. 마을과 노동조합은 국가나 시(City)보다 훨씬 원초적인 '우리'이자 운명공동체다. 이 '우리'에는 나와 내 가족, 내 이웃의 동갑내기와 사촌 형 같은 사람들이 포함된다. 잉글랜드 서포터들은 몇 대에 걸쳐 한 팀을 응원하고, 태어나면서부터 자신의 팀이 정해져 있는 경우가 많다."[44]

사정이 이러하니 빅클럽이든 아니든 자신이 응원하는 팀은 남이 아니다. 나와 클럽은 희로애락을 같이 하는 특별한 관계다.

석전과 풋볼

영국 축구 '훌리건(Hooligan, 경기장에서 폭력을 행사하는 광적인 축구 관중. 19세기 말 영국 런던의 한 뮤직홀에서 난동을 일으킨 아일랜드의 훌리건 집안에서 유래되었다. 고려대 한국어대사전)' 못지않게 터프한 사람들이 우리나라에도 있었으니 그 이름은 '석전꾼'이다. 이 석전의 전통은 아주 오래전 삼국시대에도 그 기록이 있으니, 역사가 아주 오래된 셈이다. 석전이란 '돌 던지기(돌 팔매질)' 싸움인데 조선시대 말은 물론이고, 일제 강점기에 잠깐 금지되었다가 해방 이후 간간이 마을마다 그 규모는 줄어들고 비공식적인 아이들의 놀이 정도로 이어지기도 하였다. 물론 지금은 사라져 요즘 젊은 사람들은 잘 모를 것이다. 그리고 '돌 던지기' 싸움을 하였다고 하면 아마 믿지도 못할 것이다.

그러나 이는 사실적인 이야기이고 1890년 중반부터 20여 년간 조선에서 살며 선교사로 활동한 제이콥 로버트 무스의 『1900, 조선에 살다(Village Life in Korea)』에도 그 기록이 생생하게 나온다.

"마을의 소년들은 때가 되면 돌싸움에 참여한다. 돌싸움은 매우 흥미있는 놀이로, 참가자들이 죽지 않으면서도 놀이의 재미를 더하는 엄청난 흥분을 불러일으키기 때문에, 서양의 대학에서 풋볼을 대신해 채택할 만하다.

이 놀이는 보통 두 마을 또는 다른 두 집단이 서로 상대가 되어 시합을 벌인다. 두 패의 장정들과 소년들이 각기 자리를 잡고, 적당한 크기의 돌들을 잘 준비하여 50미터 정도 거리를 두고 서로 마주 서면, 시합이 시작된다. 두세 명의 용감한 선수들이 한쪽에서 앞으로 나와 상대편의 사정거리에 들어올 때까지 천천히 앞으로 전진하다가 공격받기 시작하면, 양측은 온 힘을 다하여 돌들을 날린다.

잘 조준된 돌이 표적을 명중하여 용감한 전사가 나자빠지고 경기장 밖으로 실려 나가는 일도 종종 생긴다. 그러면 구경꾼들은 만세를 부르고 경기는 즐겁게 계속된다. 단 한 방이 명중하여 피해자가 즉사하는 경우도 없지 않다. 하지만 그게 대수랴! 이것은 위대한 국가적 시합으로, 비록 사소한 사고들이 같은 결과(즉사를 말함)를 초래하더라도 끝까지 가야 한다.

기독교 국가인 미국에서 열리는 미식축구와 비교하면 돌싸움으로 매년 죽거나 불구자가 되는 사람들의 수가 더 적을 것이다. 하지만 솔직히 말해서 이 경기는 거의 미식축구만큼 거칠다. 나도 이 시합이 어떤 것인가 보기 위해 한두 번 가본 적이 있는데, 엄청나게 많은 수의 어른과 아이들이 운집한 광경을 보고 매우 놀랐다."45)

경기 중 즉사자가 나올 정도였으니 그 과격함이 어느 정도였는지 알 만하다. 기록을(수서 고구려 전, 고려사 신우 6년 5월 기록, 신증동국여지승람 경상도 김해도호부, 동국세시기 등) 살펴보면 실제로 예전에는 돌이나 기타 다른 무기류에 맞아 사상자까지 발생하는 위험천만한 '싸움'이자 '스포츠'였던 것이다.

그렇다 방금 필자는 '스포츠'라고도 표현을 하였는데, 스포츠의 정의를 찾아보면 "스포츠(Sports), 일정한 규칙에 따라 개인이나 단체끼리 속력, 지구력, 기능 따위를 겨루는 일"이라고 네이버 어학사전에 나와 있다.

실제적으로 필자가 어릴 적만 해도 겨울에 이웃 마을 남자아이들끼리 편을 지어, 돌 던지기 놀이인지 싸움인지 모를 이 스포츠를 하였던 것이다. 주로 추수가 끝난 빈 논밭에서 하였는데, 이동하면서 공격과 수비가 이루어지는 역동적이고도 과격한 스포츠였다. 보통은 날아오는 돌멩이를 잘 피하는 편이지만 어쩌다 부상자가 나오면 이 전쟁놀이에 가까운 스포츠는 중단되고 종료가 이루어졌다.

이렇듯 우리 민족의 오랜 전통에도 이런 과격한 전쟁놀이에 가까운 스포츠가 있었는데, 현대 축구의 종가 영국에서도 이와 유사한 마을끼리의 편싸움이 오늘날 현대 축구로 발전되었다. 물론 손을 쓰거나, 물건을 던지지는 않고 발로 공을 차는 차이가 있었지만, 그 유래에는 마을끼리의 '명예'나 '자존심'이 바탕에 깔려 있었다.

농담이지만, 우리나라 K-리그 축구의 관중 열기나 응원 문화가 영국이나 독일, 스페인 같은 유럽 나라의 지역 연고 프로팀보다 못하다고 하는데 아마도 '석전' 스포츠를 지역 연고로 하면 EPL 열정 저리 가라 할 정도일 것이다.

일단 머리나 얼굴이 위험하니 미국 아메리칸 풋볼처럼 헬멧과 보호 장구를 철저히 갖추고, 돌 대신에 아이스하키의 퍽이나 야구공처럼 다른 재질의 대체품을 개발한다. 승패는 태권도나 펜싱처럼 몸에 맞추는 부위에 따라 가산점을 달리하고 점령한 상대 지역의 면적을 포함한다. 그 외는 현대 스포츠들의 규칙을 감안하여 정한다(참고로 우리나라 전자나 IT, AI 산업의 기술력은 세계 최고 수준이다).

아마도 경기의 원시성과 단순성, 전통성 그리고 지역을 대표하는 연고성까지 영국 축구 못지않기에 흥행이나 그 열기는 레알 마드리드, FC 바르셀로나, 맨시티, 아스널, 토트넘 홋스퍼 부럽지 않을 것이다. '경남 스톤스', '전남 다윗스', '서울 돌석스' 등의 팀을 창설할 수 있겠다.

덧붙여, 필자가 예상하기로는 '휴머노이드 로봇 축구 리그'가 십수 년 이내 창설될 수 있을 것이라는 사실이다. 비록 지금은 걸음마 수준이지만 기술의 빠른 발전으로 가능하리라는 생각이 든다.[46]

고대 로마 콜로세움과 현대 축구 스타디움

고대 로마의 원형 경기장과 오늘날의 EPL 축구 경기장은 모두 각 시대의 사회적, 문화적 중심지로서 유사한 역할을 수행한다. 두 경기장 모두 규모의 웅장함과 랜드마크로서의 의의를 지니며 비슷한 분위기를 풍긴다. 또한 대중의 오락과 대규모 사회적 모임의 장으로도 기능한다. 고대 로마의 콜로세움이나 캄파니아의 대원형경기장처럼, EPL의 경기장들도 도시의 상징적 구조물로서 지역 사회의 자긍심을 상징하며 방문객들에게 깊은 인상을 남긴다. 이 경기장들은 또한 경제적 수익의 원천이기도 하며, 상업적 활동, 관광, 그리고 국제적인 명성을 가져다 준다.

그러나 고대 로마의 원형 경기장과 현대의 축구 경기장 사이에는 뚜렷한 차이점도 존재한다. 로마 시대의 경기장은 주로 검투사의 전투, 동물 사냥, 처형과 같은 혈투로 유명했으며, 이러한 이벤트는 로마의 사회적 계층과 권력 구조를 공고히 하는 수단으로 사용되었다. 반면, 현대의 축구 경기장은 스포츠 경기와 공연 등 더 평화로운 이벤트에 중점을 두고 있으며, 대중의 건강한 오락과 국제적인 스포츠 경쟁의 장으로 활용된다. 또한, 현대 경기장은 최신 기술과 안전 규정을 갖추고 있어 관객의 안전과 편의를 최우선으로 한다.

두 유형의 경기장 모두 자신들의 시대를 반영하는 중요한 사회적 기능을 수행하며, 각각의 경기장이 지닌 구조적, 기능적 특성은 그 시대의 기술, 문화, 가치를 반영한다. 고대 로마의 경기장이 돌과 콘크리트로 만들어져 시간이 흘러도 그 웅장함이 유지되는 반면, 현대의 축구 경기장은 철과 유리를 사용한 현대 건축의 미학과 기능성을 강조한다.

이러한 차이는 시대의 변화와 함께 인류가 어떻게 서로 다른 방식으로 레저와 사회적 모임을 구성해 왔는지를 잘 보여준다.

검투사와 축구 스타

고대 로마의 콜로세움 검투사와 오늘날 EPL 축구 스타는 각 시대를 대표하는 상징적 존재로, 그들의 심리와 입장은 시대적 맥락에서 공통점과 차이점을 지닌다.

고대 로마 콜로세움에서 싸웠던 검투사들은 그들의 목숨을 걸고 군중 앞에서 치열한 전투를 벌였으며, 오늘날 축구 스타들은 전 세계 수백만 명의 팬들 앞에서 기술과 전략을 겨루며 경기를 펼친다. 이 두 집단은 서로 다른 시대와 환경 속에서 활동했지만, 그들의 심리적 상태와 입장에는 유사성과 차이가 공존한다.

검투사나 축구 스타 모두 대중의 관심과 기대 속에 살아간다는 점에서 유사한 심리적 경험을 한다. 콜로세움에서 검투사는 수천 명의 관중 앞에서 싸우며 그들의 생명이 걸린 승부를 통해 명예와 자유를 얻을 기회를 잡으려 했다. 이는 오늘날 축구 스타가 수많은 팬들의 시선을 받으며, 경기 하나하나에서 기대와 비판을 감수해야 하는 상황과 닮아 있다.

양쪽 모두 엄청난 스트레스와 압박 속에서 최상의 기량을 발휘해야 한다는 점에서 공통점을 가진다. 실패는 대중의 비난을 초래하며, 성공은 그들을 영웅으로 만들지만 동시에 더 높은 기대를 불러일으킨다.

특히 EPL 같은 세계적인 무대에서 뛰는 선수들은 계속해서 최고 수준의 성과를 요구받으며, 검투사처럼 '한순간의 실수'가 큰 결과를 초래할 수 있다는 불안감 속에 살아간다.

가장 큰 차이점은 싸움의 본질에 있다. 검투사는 실제 생사를 걸고 싸웠다. 그들에게 패배는 죽음을 의미할 수 있었고, 승리조차도 언제나 다음 경기를 보장하지 못했다. 이러한 생존의 위협 속에서 그들이 느꼈을 두려움과 절박함은, 오늘날 축구선수들이 경기에서 패배할 때 느끼는 좌절감과는 차원이 다르다. 축구 경기에서의 패배는 실망과 상실감을 주지만, 생명을 위협하지는 않는다.

또한, 검투사들은 강제로 싸움에 나선 이들도 많았지만, 현대 축구 스타들은 스스로의 의지와 꿈을 따라 이 길을 선택했다는 점에서 동기부여의 차이가 존재한다. 축구선수들은 자신의 재능을 바탕으로 경쟁하며 성취를 목표로 삼지만, 검투사들은 생존을 위해 강제된 싸움을 감내해야 했다. 이 차이는 그들의 심리적 부담의 종류를 크게 달라지게 만든다.

검투사나 축구 스타 모두 자신들이 속한 사회에서 '영웅'으로 간주된다. 검투사는 승리할 때마다 대중에게 갈채를 받으며, 자유와 같은 큰 보상을 얻을 수 있는 명예로운 자리에 올랐다. 마찬가지로 EPL 스타들은 그들의 실력과 헌신으로 팬들에게 존경을 받으며, 개인의 커리어뿐만 아니라 팀과 나라의 명예를 드높인다.

하지만 명예의 무게는 이들에게 끊임없는 부담으로 작용한다. 검투사는 언제든 명예를 잃고 죽음에 이를 수 있는 상황에 놓여 있었고, 오늘날 축구선수들 또한 부상, 경기력 저하 등으로 인해 팬들의 신뢰를 잃을 수 있는 리스크를 안고 있다. 즉, 이들은 모두 높은 지위와 명예를 얻기 위해 엄청난 대가를 치르며 살아간다.

결국 검투사와 축구 스타의 가장 큰 차이는 전투의 형태에 있다. 한쪽은 실제로 목숨을 걸고 싸웠고, 다른 쪽은 자신의 커리어와 명예를 걸고 경기장을 누빈다. 그러나 두 그룹 모두 자신의 시대에서 대중의 영웅으로 떠오르며, 엄청난 심리적 압박과 기대 속에서 자신을 증명해야 한다는 공통점을 지니고 있다.

이는 결국, 어느 시대를 살아가든지 영웅들은 자신을 지켜보는 이들의 눈길 속에서 끊임없는 경쟁과 압박을 감수해야 한다는 사실을 상기시킨다. 생존의 위협에서 벗어난 오늘날의 선수들은 보다 자유로운 환경에서 활동하지만, 그들이 느끼는 심리적 중압감은 여전히 고대의 검투사들과 맥을 같이하고 있다.

결국, 검투사와 오늘날의 축구 스타는 시대와 상관없이 대중 앞에서 활동하는 사람들이 공통으로 겪는 압박과 심리적 갈등을 공유한다고 할 수 있다.

골 넣었을 때의 신체 변화

축구선수가 경기에서 골을 넣는 순간은 대단히 흥분되고 기분이 황홀할 것 같다. 특히나 6만여 명의 홈 관중들의 환호와 박수는 심장이

멎을 듯한 쾌감을 줄 것 같고, 그 순간은 이후에도 계속 생각나게 하는 짜릿한 무언가가 있을 것 같다. 그 성취감을 말로 표현할 수 없을 것 같은데, 손흥민 선수는 경기에서 골을 넣었을 때 기분에 대해서 이렇게 말한 적이 있다. "골을 넣는 기분은 세상에서 제일 짜릿하다. 머릿속이 하얘진 채 어디로 어떻게 달려가서 무슨 퍼포먼스를 펼칠지 생각할 겨를이 없다."47)

축구선수가 골을 넣는 순간은 다양한 신체적, 정신적, 정서적, 호르몬적 변화를 일으킨다. 이 경험은 선수들에게 엄청난 성취감과 흥분을 선사한다. 아래는 그 순간에 일어나는 주요 변화들이다.

신체적 변화

① **심박수 증가**: 골을 넣는 순간과 이후의 흥분 상태로 인해 심박수가 급격히 증가한다. 이는 신체가 더 많은 산소를 필요로 하기 때문이다.

② **근육 긴장**: 기쁨과 흥분으로 인해 근육이 긴장하고, 종종 선수들이 손을 치켜들거나 팔을 흔드는 등 격렬한 신체 반응을 보인다.

③ **호흡 속도 증가**: 흥분으로 인해 호흡이 빨라지고 깊어진다. 이는 신체의 에너지 소모와 관련이 있다.

정신적 변화

① **초집중 상태**: 골을 넣는 순간, 선수들은 엄청난 집중력을 발휘한다. 이 순간의 기억은 매우 선명하게 남게 된다.

② **자기효능감 증가**: 골을 성공시킴으로써 자기효능감이 크게 증가

한다. 이는 선수들이 자신이 목표를 달성할 수 있다는 믿음을 갖게 만든다.

정서적 변화

① **행복감과 성취감**: 골을 넣었을 때 느끼는 기쁨과 성취감은 매우 크다. 이는 선수의 자존감을 크게 향상시킨다.
② **사회적 유대감**: 팀원들과의 포옹이나 하이파이브 등은 사회적 유대감을 강화시킨다. 이는 팀 내 분위기를 긍정적으로 변화시키는 데 큰 역할을 한다.
③ **스트레스 해소**: 골을 넣는 순간의 흥분은 스트레스를 해소하는 데 큰 도움이 된다. 이는 경기 중 긴장된 상태에서 벗어나게 해준다.

호르몬 분비

① **엔도르핀**: 골을 넣었을 때 뇌에서 분비되는 엔도르핀은 행복감을 느끼게 하고 통증을 줄여준다. 이는 '행복 호르몬'으로 알려져 있다.
② **도파민**: 성취와 보상과 관련된 호르몬인 도파민이 분비된다. 이는 만족감과 쾌감을 느끼게 한다.
③ **아드레날린**: 흥분 상태에서 분비되는 아드레날린은 신체를 더욱 활기차게 만들고, 순간적인 집중력을 높여준다.
④ **옥시토신**: 팀원들과의 신체 접촉이나 응원 관중들과의 교감은 옥시토신 분비를 촉진시킨다. 이는 신뢰와 유대감을 강화시킨다.

이러한 변화들은 축구선수가 골을 넣었을 때의 순간을 더욱 특별하고 강렬하게 만든다. 이러한 경험은 선수에게 강력한 기억으로 남아 이후의 경기에서도 동기부여의 원천이 된다.

축구 팬들의 도파민 폭발

축구는 단순한 스포츠를 넘어, 전 세계 수억 명의 팬들에게 강렬한 감정을 선사하는 특별한 존재다. 특히 EPL 경기 중 자기 팀이 골을 넣는 순간은 팬들에게 감정의 절정을 선사하며, 그 짜릿함은 과학적으로도 도파민 분비를 통해 설명할 수 있다.

도파민은 우리 뇌에서 쾌감과 보상을 느낄 때 분비되는 신경전달물질이다. EPL 경기장에서 골이 터지는 순간, 팬들은 단순한 기쁨을 넘어 생리학적으로도 극도의 흥분 상태를 경험한다.

연구에 따르면, 도파민은 기대감과 긴장감이 최고조에 달했을 때 더욱 강하게 분비된다. EPL에서 자기 팀이 골을 넣었을 때 팬들의 도파민 지수는 평균적으로 9/10 수준으로 평가된다. 특히 중요한 경기 상황에서 터지는 골은 도파민 분비를 더욱 극대화시킨다.

골 상황별 도파민 지수

- **동점골: 9/10**: 긴장감이 해소되며 경기의 균형을 회복하는 기쁨이 도파민을 자극한다.

- **역전골**: 10/10: 경기 흐름을 뒤집는 극적인 순간은 도파민 분비를 최고조로 끌어올린다.
- **결승골**: 10/10: 경기의 운명을 결정짓는 결승골은 팬들에게 감정적 폭발을 선사하며, 도파민 분비가 절정에 달한다.
- **압도적인 리드골(예: 4:0 상황에서 추가골)**: 7/10: 기쁨은 있지만 긴장감이 적어 도파민 분비는 상대적으로 낮다.

경기 내내 쌓였던 긴장감이 골이라는 보상으로 폭발하면서 뇌는 강한 쾌락을 느낀다. 특히 팽팽한 경기에서 골은 그 순간을 극적으로 바꾸는 강렬한 보상이다. 경기장에서 팬들과 함께 열광하는 경험은 인간의 사회적 본능을 자극한다. 다른 사람들과 함께 기쁨을 나누는 순간, 도파민 분비는 배가된다. 골은 경기의 가장 큰 보상이자 희망을 의미한다. 뇌는 이 순간을 '큰 성과를 얻었다.'고 인식하며, 도파민을 대량으로 분비한다.

EPL에서 팀의 골은 단순히 점수판의 변화가 아니다. 그것은 팬들이 팀과 함께 경험하는 기쁨, 희망, 그리고 감정적 유대감의 상징이다. 골이 터지는 순간, 팬들은 도파민의 폭발과 함께 자신이 팀의 일부가 된 듯한 몰입감을 느낀다.

EPL 경기 중 골이 터지는 순간은 팬들에게 가장 강렬한 경험을 선사한다. 도파민 분비는 이러한 순간을 과학적으로 뒷받침하며, 축구가 왜 이렇게 많은 사람들에게 사랑받는지 설명한다. 골은 단순히 경기의 일부가 아니라, 팬들에게 감정적 에너지를 선사하며 삶의 활력소가 된다. 축구가 주는 짜릿한 순간은 그라운드 위에서뿐만 아니라, 팬들의 뇌와 마음속에서도 계속해서 빛나고 있다. ⚽✨

축구와 팀워크의 가치

영화 '친구'에서 등장하는 "함께 있을 때 우리는 두려움이 없었다."는 문장은 단순한 우정의 이야기를 넘어, 사람과 사람 사이의 깊은 신뢰와 유대를 상징한다. 이는 축구라는 스포츠에서도 강렬하게 드러난다. 축구에서 팀워크는 단순히 동료와 공을 주고받는 기술적 연결을 넘어, 함께 싸우고, 함께 승리하며, 때로는 함께 패배를 견디는 감정적 유대다.

축구는 혼자서 이길 수 없는 스포츠다. 아무리 뛰어난 선수가 있어도, 동료의 도움 없이는 골을 만들 수 없고, 경기를 지배할 수 없다. 그래서 축구에서 가장 중요한 덕목 중 하나가 바로 '팀워크'다. 함께할 때 우리는 더 강하고, 더 두려움 없이 나아갈 수 있다.

축구에서 든든한 동료란 서로의 약점을 보완해 주는 존재다. 수비수가 실수했을 때 골키퍼가 이를 막아주고, 공격수가 놓친 찬스를 미드필더가 다시 만들어 내는 것처럼, 축구는 각자 역할을 다하면서도 동료를 위해 한 발 더 뛰는 스포츠다. 예를 들어, 토트넘 홋스퍼의 손흥민과 해리 케인의 듀오는 단순한 공격 파트너를 넘어, 서로를 돋보이게 만드는 팀워크의 대표적인 사례다. 이 둘은 상대의 움직임을 미리 읽고, 필요한 순간에 완벽한 패스와 마무리로 찬스를 골로 연결하며,

팀의 승리에 기여했다.

 득점 후 동료들과 포옹하며 기쁨을 나누는 모습은 단순한 축하가 아니다. 그것은 함께 만들어 낸 결과를 공유하는 행위다. 한 명의 노력만으로 만들어진 골은 없다. 패스를 연결한 동료, 공을 끌어낸 선수, 수비를 묵묵히 견딘 동료까지, 골은 팀 전체의 노력으로 탄생한다. 이런 순간, 선수들은 서로를 더 신뢰하게 되고, 더 강한 팀워크를 구축하게 된다.

 축구에서 승리만큼이나 중요한 것이 패배를 받아들이는 태도다. 경기가 뜻대로 풀리지 않을 때, 좋은 동료는 함께 아픔을 나누고, 다시 일어설 용기를 준다. 든든한 동료란 잘할 때만 곁에 있는 사람이 아니라, 어려운 순간에도 손을 내밀어 주는 사람이다.
 이런 유대감은 단순한 경기 결과를 넘어, 팀 전체를 성장시키는 중요한 힘이 된다.

 축구는 단순히 11명이 뛰는 경기가 아니다. 그것은 함께 싸우고, 함께 꿈을 이루는 과정이다. 서로가 서로를 믿고, 자신보다 팀을 먼저 생각할 때, 진정한 팀워크가 만들어진다. 이 팀워크는 경기장에서뿐 아니라, 삶에서도 중요한 교훈을 준다. 축구가 우리에게 가르치는 가장 큰 가치는 바로 혼자서는 이룰 수 없는 것을 함께 이룰 수 있다는 믿음이다.

 축구에서 든든한 친구란 당신이 힘들 때 믿고 기댈 수 있는 동료다.

그는 실수했을 때 당신을 질책하기보다 격려하고, 찬스를 놓쳤을 때 다시 기회를 만들어 주는 사람이다. 이런 든든한 동료가 있을 때, 우리는 두려움 없이 그라운드 위에서 우리의 모든 것을 쏟아낼 수 있다.

믿음은 팀워크의 시작이다. 든든한 동료는 당신이 공을 패스할 때, 그 공이 헛되지 않을 것이라는 믿음을 준다. 이 신뢰는 경기장뿐 아니라, 삶에서도 우리를 강하게 만든다. 좋은 동료는 자신만의 이익을 추구하지 않는다. 그는 팀을 위해, 동료를 위해 헌신하며, 자신의 역할을 묵묵히 수행한다. 그의 헌신은 팀 전체를 더 강하게 만든다.

때로는 한 마디 말보다, 힘든 순간에 어깨를 두드리는 행동 하나가 더 큰 위로를 준다. 든든한 동료는 단지 함께 뛰는 사람이 아니라, 당신의 감정을 이해하고 공감해 주는 사람이다.

축구는 우리에게 혼자서는 할 수 없는 것을 가르친다. 함께 뛸 때, 함께 싸울 때, 그리고 함께 웃고 울 때, 우리는 두려움 없이 더 큰 목표를 향해 나아갈 수 있다. 든든한 동료란 단순히 공을 주고받는 사람이 아니라, 당신의 여정을 함께 걸어가는 사람이다. "친구, 함께 있을 때 우리는 두려움이 없었다." 이 문장은 단지 영화 속 대사가 아니라, 축구와 삶의 본질을 담고 있다. 든든한 동료가 있다면, 우리는 어떤 도전도 이겨낼 수 있다. 그라운드 위든 삶이든, 함께라면 우리는 두려움 없이 나아갈 수 있다. ✷

건강 유지를 위한 노력

손흥민은 철저한 자기관리로 유명하다. 축구선수로서 건강과 체력 관리는 기본 중의 기본이지만, 손흥민은 그 이상의 노력을 기울인다. 경기 후에도 식단을 조절하고 충분한 휴식을 취하는 한편, 매일 체력과 컨디션을 유지하기 위해 꾸준히 훈련을 거듭한다. 그에게는 "하루도 빠짐없이 운동을 한다."는 원칙이 있을 만큼, 성실함은 그의 성공 비결 중 하나다. 특히 그의 아버지인 손웅정 님이 어릴 적부터 강조해 온 철저한 훈련과 절제된 생활 방식은 손흥민에게 자연스럽게 배어 있다.

손흥민은 경기 후에도 끝까지 쿨다운을 철저하게 실행하는 것으로 유명하다. 팀 동료들이 먼저 퇴근하더라도 항상 자신만의 쿨다운 루틴을 따르며 몸을 회복시킨다.

"미디어 담당자들도, 한국 취재진들도 손흥민을 '라스트맨'이라고 지 칭하곤 한다. 보기에 쉬워 보이지만 사실 쉽지 않은 루틴이다."[48]

- **쿨다운과 근육 회복**: 손흥민은 경기 후 근육 온도를 낮추고 피로를 풀기 위해 스트레칭과 찬물 입수 등 다양한 방법을 통해 몸을 관리한다. 쿨다운을 통해 근육의 회복을 돕고, 부상 방지를 위해 늘 철저하게 몸을 풀어준다.
- **개인 트레이너와의 협력**: 몸이 제대로 회복되지 않으면 손흥민은 개인 피지컬 트레이너의 도움을 받아 마사지와 추가적인 회복 프로그램을 진행한다. 마사지와 찬물 입수는 혈액 순환을 촉진해 피로회복을 빠르게 하고, 근육의 긴장을 풀어주며 부상 위험을 최소화한다.

이러한 루틴을 통해 손흥민은 경기 후에도 늦게까지 라커룸에서 몸을 관리하며, 동료들과 우정을 나누는 시간을 가지기도 한다. 그의 프로페셔널한 자세는 자기관리를 위한 꾸준한 노력에서 비롯되며, 경기에 항상 준비된 상태를 유지할 수 있는 이유이다.

손흥민은 기름진 음식이나 고칼로리 음식을 피하며, 신체를 위한 엄격한 식단을 유지하고 있다. 손흥민 자신은 군것질을 좋아하지만, 건강 관리를 위해 이를 절제한다고 한다. 실제로 아이스크림을 먹으려다가도 체중계에 올라간 후 자신을 자제하는 모습을 통해 그의 자기관리를 엿볼 수 있다.

- **아침 식사**: 손흥민은 어린 시절부터 아침으로 빵, 우유, 과일과 같은 간단하고 부담 없는 식사를 유지해 왔다. 여기에 요즘은 꿀과 홍삼 정도가 추가되었다. 그의 부모님은 아침에 부담이 되지 않는 음식을 먹는 것이 중요하다고 생각하며, 이는 손흥민의 건강 유지에 도움을 주는 습관이 되었다.
- **양식과 한식의 균형**: 손흥민은 아침에는 주로 양식, 점심과 저녁에는 한식을 섭취하여 균형 잡힌 식단을 유지한다. 한식은 영양소가 고르게 포함되어 있으며, 손흥민의 건강을 지탱하는 중요한 요소로 작용한다.

손흥민의 아버지 손웅정 님은 손흥민이 어릴 때부터 부상 방지와 피로회복을 위해 남다른 방식으로 근육을 관리하였다. 손웅정 님은 손흥민이 초등학교 5, 6학년 때부터 뭉친 근육을 풀고 성장에 도움이 될 것 같다는 생각에 살림이 어려워도 마사지 전문가를 찾아다녔다. 그리고 독일과 영국에 있을 때도 마사지 전문가나 침을 놓을 수 있는 전문가를 모셨다고 한다.[49] 축구선수에게 근육은 상당히 중요하기 때문이다.

- **근육 마사지**: 손흥민은 프리미어리그에서 긴 시즌을 소화하고, 대표팀 경기로 인해 장거리 이동을 할 때도 항상 근육 마사지를 통해 회복력을 높인다. 그의 개인 트레이너 안덕수 씨가 월드컵 기간에도 동행했듯, 손흥민의 근육 관리와 피로회복은 프로선수로서 꾸준히 경기에 나설 수 있는 비결 중 하나이다. 손흥민은 근육 마사지에 보통 3시간가량이 걸린다고 한다. 격렬하게 사용한 근육을 뭉치지 않게 풀어주고 부드러운 상태로 되돌리는 중요한

과정이다.
- **근육 미세 염증 관리**: 손웅정 님은 마치 기계처럼 손흥민의 근육을 꼼꼼하게 관리하며, 미세한 염증을 제거해 부상을 예방하고 경기력 유지를 돕는다. 이 같은 세심한 관리가 손흥민이 큰 부상 없이 꾸준한 활약을 펼칠 수 있는 중요한 요인이다.[50]

손흥민은 자기 절제와 끊임없는 자기관리를 통해 경기 외 시간에도 철저히 몸을 관리한다. 밤에는 외출을 삼가며, 피로를 풀고 회복하는 데 집중한다. 또한 영화, 드라마, 게임 등으로 심적 스트레스를 푼다고 한다.

손흥민은 자타가 인정하는 '밥돌이', '집돌이'다. 손흥민이 '집돌이(Home Boy)'인 건 영국 언론에서도 다 알 정도다. 손흥민의 철저한 쿨다운 루틴, 엄격한 식단 관리, 근육 관리는 그의 건강 유지에 있어 중요한 요소이다. 또한, 자기 절제와 정신적인 안정감을 통해 언제나 경기에 최상의 상태로 임할 수 있도록 준비하는 프로페셔널한 자세가 돋보인다. 그의 부상 방지와 회복을 위한 세심한 노력은 경기에 꾸준히 나설 수 있는 원동력이며, 이는 프로선수로서 성공의 필수 조건 중 하나다.

손흥민은 항상 다음 경기에서 '최고의 경기력'을 발휘할 수 있는 상태를 준비하고 유지하려고 한다.

성실함과 근면함

손흥민의 성실함과 근면함은 그의 성공에 핵심적인 요소로 꼽힌다. 이 두 가지 특성은 그가 축구선수로서 자기관리를 철저하게 하는 기반이 되었다. 손흥민은 단순히 경기장에서 뛰어난 실력을 발휘하는 것에 그치지 않고, 평소에도 스스로를 엄격하게 관리해 왔다. 그가 매 경기에서 일관된 퍼포먼스를 보여주는 것은 철저한 자기관리와 준비의 결과다.

손흥민의 성실함은 일상 속 루틴에서도 잘 드러난다. 그는 훈련을 게을리하지 않으며, 경기가 없을 때에도 자신의 컨디션을 유지하기 위해 꾸준히 몸을 단련한다. 이러한 성실함은 그가 다년간 쌓아온 체력과 기술을 유지할 수 있게 해주었다. 그의 경기를 보면 체력이 항상 일정하다는 것을 알 수 있는데, 이는 철저한 관리와 노력의 결과임이 분명하다. 손흥민은 특유의 겸손함을 담아 이렇게까지 표현한다.

"천재성을 타고나지 못한 나는 24시간을 통째로 축구에 들이부어야 지금의 경기력을 유지할 수 있다는 표현이나, 남들이 보기에 이런 제 모습이 화려해 보일지 몰라요. 하지만 그것은 지금 이 순간의 겉모습입니다. 힘들었던 과거와 뒤에서 이루어지는 노력은 겉으로 드러나지 않죠. 지금까지 어려웠던 날이 훨씬 많았어요. 좌절하고 눈물을 흘린 순간도 많았고요. 사실 지금도 인내하고 또 인내하며 살고 있어요. 화려함과는 거리가 멀죠."[51]

근면함 또한 손흥민의 성공을 이끈 중요한 요소다. 그는 어려운 상황에서도 포기하지 않고 끊임없이 도전하며 자신의 한계를 극복해 왔다. 부상에서 복귀하는 과정이나 경기 중 어려움을 겪을 때에도 그는 이를 극복하기 위한 준비와 노력을 멈추지 않았다. 특히 EPL에서의 첫 시즌 부진을 극복하고, 꾸준히 팀의 주축으로 자리매김한 것은 그의 근면함을 잘 보여주는 사례다.

"제 인생에서 공짜로 얻은 건 하나도 없었어요. 드리블, 슈팅, 컨디션 유지, 부상 방지 전부 죽어라 노력해서 얻은 결과물이라고 믿어요. 어제 값을 치른 대가를 오늘 받고, 내일 받을 대가를 위해서 오늘 먼저 값을 치릅니다. 후불은 없죠. 저는 지금 자제하고 훈련하면서 꿈을 향해 달리고 있어요."[52]

손흥민 선수의 자기관리 방식은 단지 몸을 단련하는 것에 그치지 않는다. 그는 정신적인 측면에서도 꾸준한 자기관리를 해왔다. 손흥민은 자신에게도 쌓이는 스트레스를 아주 건전하게 해소하는데, 프로 축구선수 출신이었던 아버지와 맞춤형 대화, 그리고 어머니와 식탁에서 소소한 일상적 대화를 한다. 그리고 예전에 아버지께 함께 축구를 배웠던 친형과는 멀리 떨어져 있더라도 전화로 마음속에 있는 말을 하기도 하고 게임을 하기도 한다. '가족친화형' 청년답게 가족의 사랑이 손흥민에게는 스트레스 해소와 정신적 건강함을 유지하는 데 큰 역할을 한다. 그리고 여기에 팬들이 보내는 사랑도 손흥민에게는 큰 힘이 된다고 말한다.

결국 손흥민의 성실함과 근면함은 자기관리와 긴밀하게 연결되어 있다. 이 두 가지 덕분에 그는 오랜 시간 동안 꾸준히 높은 수준의 경기력을 유지할 수 있었고, 오늘날 세계 최고의 축구선수 중 한 명으로 자리매김했다. 이러한 자기관리와 성실함은 손흥민이 앞으로도 축구계에서 계속해서 성공을 이어갈 수 있게 해줄 것이다.

윤리적 행동과 책임감

손흥민은 축구 실력뿐만 아니라 윤리적 행동과 책임감으로도 존경받는 인물이다. 현대 축구계는 그라운드 밖에서도 선수들의 행동이 많은 주목을 받는 시대에 들어섰고, 그 속에서 손흥민은 단연 돋보이는 모범적인 행보를 보여주고 있다. 그의 성실함, 책임감, 그리고 윤리적 행동은 그를 단순한 축구선수 그 이상으로 만들고 있다.

먼저, 손흥민은 경기 내외에서의 윤리적 행동으로도 유명하다. 그는 종종 경기장에서 상대 선수들에게 예의를 갖추며 스포츠맨십을 실천하는 모습을 보인다. 예를 들어, 2019년 에버턴과의 경기에서 손흥민의 태클로 인해 2차적으로 안드레 고메스가 중상을 입었을 때, 손흥민은 즉시 자신의 행동을 후회하며 고메스와 그 팀 동료들 앞에서 사과하고 눈물을 보였다. 그 사건 이후 손흥민은 고메스에게 사과의 문자를 보내고, 회복을 응원하는 진심 어린 메시지를 전했다. 이는 그의 윤리적 책임감을 잘 보여주는 사례다.

손흥민은 경기장 밖에서도 사회적으로 비난을 받거나 물의를 일으킨 적이 없다. 토트넘에서 같이 뛰기도 했던 절친 케빈 비머는 "손흥민을 둘러싼 드라마는 거의 없다. 하지만, 확실히 축구 팬은 경기장 밖에서 그의 삶에 대해 부정적인 것을 결코 듣지 못한다며 손흥민은 확실히 프리미어리그에서 성공하고 싶은 선수들에게 훌륭한 모범을 보이는 선

수"라고 했다.53)

또한, 손흥민은 사회적 책임을 다하기 위해 여러 활동에 참여하며 본인의 위치에서 선한 영향력을 발휘하고 있다. 그는 어려운 환경에 놓인 이들을 돕기 위해 기부 활동을 지속해 왔으며, 특히 코로나19 팬데믹 시기에는 대한민국과 영국 양국에 기부금을 전달하며 자신의 사회적 책임을 다했다. 그뿐만 아니라, 유소년 축구 지원에도 관심을 기울이며 어린 선수들이 좋은 환경에서 성장할 수 있도록 돕고 있다. 이는 단순한 축구선수가 아니라, 사회에 기여하는 스포츠인의 모습을 보여주는 것이다.

이와 더불어, 손흥민은 팀의 리더로서의 책임감도 강하다. 최근 토트넘의 주장이 된 손흥민은 선수들과 코칭 스태프 간의 가교 역할을 훌륭히 해내고 있다. 그는 주장으로서 경기에 대한 책임을 더욱 무겁게 느끼고 있으며, 팀 동료들이 어려운 상황에 처했을 때도 먼저 나서서 그들을 격려하고 이끌어가는 모습은 그가 얼마나 윤리적 리더십을 갖춘 인물인지를 잘 보여준다. 이는 축구 실력만으로 인정받는 선수가 아니라, 정신적으로도 팀을 책임지는 리더로서 성장하고 있음을 의미한다.

마지막으로, 손흥민의 군 복무 이행은 그의 윤리적 책임감을 보여주는 또 다른 사례다. 손흥민은 2018년 아시안게임에서 금메달을 획득하며 병역 혜택을 받았다. 남은 과정인 군입대 기초군사훈련 과정을 무작정 미루지 않고, 입소 훈련이 가능한 기간이 되자 2020년 5월 해병대에서 3주간의 기초군사훈련을 성실히 이행했다. 그는 훈련 기간 동안에도 군 규율을 엄격하게 따르며 성적 1등으로 훈련을 성실히 마쳤다.

"손흥민은 열외 없이 성실한 자세로 훈련에 임했고, 훈련 교관들은 손흥민을 예의 바르고 품성이 좋은 훈련병으로 평가했다고 군 관계자는 전했습니다."54)

이처럼 그는 본인이 져야 할 책임을 피하지 않고 철저하게 이행하는 모습을 보여주며 많은 이들에게 모범이 되었다.

손흥민은 그의 축구 실력뿐만 아니라 윤리적 행동과 책임감으로 많은 이들에게 존경받는 인물이다. 철저한 자기관리, 경기장에서의 스포츠맨십, 사회적 기여, 리더로서의 책임감, 그리고 군 복무에 대한 성실한 이행까지, 손흥민은 모든 면에서 윤리적 기준을 지키며 자신의 위치에서 선한 영향을 미치고 있다. 그의 이러한 모습은 단순한 스포츠 선수를 넘어, 사회적 모범이 되는 인물로서의 가치를 더욱 높이고 있다.

손흥민, 축구 인생 2회차?

손흥민이 이뤄낸 눈부신 성과는 단순한 재능과 노력만으로 설명되지 않는다. 그의 축구 인생 뒤에는 아버지 손웅정 님의 깊은 헌신과 노력이 있었다. 손웅정 님은 전직 프로 축구선수로서 자신의 경험을 통해 아들이 자신이 겪었던 실패를 반복하지 않기를 바랐다. 그에게 축구는 전부였고, 아들은 보다 더 행복한 축구 인생을 살아가기를 바라며 엄격한 훈련과 체계적인 교육을 아끼지 않았다. 손웅정 님이 실패라고 표현한 자신의 축구 인생을 손흥민에게 발전적으로 전달하며, 일종의 '축구 인생 2회차'를 살 수 있도록 준비해 준 것이다.

손웅정 님은 아들이 축구를 시작할 때부터 기본기에 집중하도록 가르쳤다. 일찍부터 양발을 고르게 사용하도록 훈련을 시키고, 개인 훈련에서도 축구의 본질을 깨우치도록 했다. 이러한 아버지의 교육은 손흥민에게 축구에 대한 열정과 인내심을 가르쳤으며, 자신의 한계를 극복하고 계속해서 성장할 수 있도록 기반을 닦아주었다.

손흥민은 많은 유소년 선수들과 달리, 그저 축구만을 잘하는 선수로 자라지 않았다. 그는 축구를 배우는 과정에서 아버지로부터 받은 깊은 가르침 덕분에 축구에 대한 진정한 열정과 동시에 겸손함, 인내심, 그리고 강한 정신력을 배울 수 있었다. 이러한 태도는 손흥민이 유소년 시절부터 성인이 될 때까지, 그의 경력 전반에 걸쳐서 긍정적인 영향을 미쳤다.

손웅정 님은 자신의 축구 인생에서 배운 교훈을 손흥민이 되풀이하지 않도록 주의 깊게 지도했다. 이를 통해 손흥민은 축구 인생에서 흔히 겪는 시행착오를 최소화할 수 있었고, 중요한 순간에 더 나은 결정을 내릴 수 있는 능력을 키울 수 있었다. 많은 선수가 경험을 통해 배우는 실수들을 손흥민은 아버지의 가르침을 통해 미리 대비하고 준비할 수 있었기에, 더 빠르게 자신의 목표에 다가설 수 있었다.

손흥민은 이러한 준비 덕분에 잉글랜드 프리미어리그(EPL) 무대에서도 빠르게 적응할 수 있었고, 경기장에서 자신의 역할을 이해하며 어떤 상황에서도 대응할 수 있는 유연함을 갖추게 되었다. 아버지의 철저한 훈련 덕분에 손흥민은 압박 상황에서도 자신의 실력을 발휘하며 EPL 최고의 선수로 자리매김할 수 있었다.

손흥민은 축구 인생의 여러 순간마다 마치 한 번 경험한 듯이 자연스럽게 대처하고 있다. 그의 아버지인 손웅정 님의 가르침이 그 배경에 자리하고 있으며, 그가 이룬 성공의 기초가 되었다. 손흥민은 축구를 시작할 때부터 아버지의 엄격한 훈련 속에서 본질에 집중하며 성장해 왔고, 이제는 아버지가 꿈꾸던 축구 인생을 대신 살아가는 것처럼 보인다. 마치 축구 인생을 한 번 경험한 듯이, 그는 그 누구보다도 자신감 있고 차분하게 축구를 이해하며 인생을 살아가고 있다.

손흥민의 경력을 되돌아보면, 그는 축구 인생의 2회차에 서 있는 것처럼 보인다. 그의 성공에는 아버지의 깊은 헌신과 경험이 녹아 있으며, 손흥민이 세계적인 슈퍼스타로 거듭난 데는 아버지의 역할이 큰 비중을 차지하고 있다. 이제 손흥민은 단순히 축구선수 그 이상으로, 축구 인생의 모든 순간을 이해하고 준비된, 진정한 축구인이 되었다.

손흥민은 그의 인생에서 중요한 교훈을 얻고 있으며, 아버지의 실패를 반복하지 않기 위해 축구와 인생에서 계속해서 성장하고 있다. 그의 축구 인생은 마치 한 번 더 경험하는 것처럼, 매 순간이 익숙하고, 그는 자신의 길을 한층 더 확신하며 걸어 나가고 있다. 이처럼 손흥민은 축구 인생 2회차의 운명을 살고 있는 것이다.

손흥민, 완벽한 하드웨어와 소프트웨어를 갖춘 선수

손흥민은 축구선수로서 '신체적 능력'과 '정신적 자질' 모두를 갖춘 보기 드문 인물이다. 일반적으로 많은 이들이 한 가지 능력에 집중하는 데 어려움을 겪지만, 손흥민은 '하드웨어'와 '소프트웨어'라 할 수 있는 두 측면에서 모두 최상위의 능력을 보여주고 있다. 이러한 점에서 손흥민은 축구계에서도 그 진가를 인정받으며, 팬들에게는 단순히 뛰어난 선수 그 이상으로 존경받는 존재가 되었다.

먼저, 손흥민의 '하드웨어', 즉 신체적 능력은 그를 특별하게 만드는 중요한 요소다. 그는 뛰어난 신체 능력과 균형 감각을 바탕으로 누구보다 빠르게 경기장 전체를 누비며, 높은 민첩성과 폭발력을 통해 상대 수비를 압도한다. 특히, 그의 빠른 스피드는 경기의 흐름을 단번에 바꿀 수 있는 무기이다.

손흥민은 이러한 신체적 능력에 양발을 자유롭게 활용할 수 있는 기술을 더해, 왼발과 오른발 모두에서 골을 만들어 낼 수 있는 다재다능한 공격수로서의 위력을 발휘한다. 그의 유연한 움직임과 폭발적인 가속력은 축구 팬들로 하여금 '손흥민은 특별하다.'고 느끼게 한다. 그의 체력은 경기 후반에도 지치지 않는 지속력을 가능하게 하며, 이는 팀에 큰 도움이 되는 중요한 요소로 작용한다.

하지만 손흥민의 진정한 강점은 이뿐만이 아니다. 그는 '소프트웨어', 즉 정신적 자질에서도 탁월한 면모를 보여준다. 손흥민은 경기 내외에서의 인내력과 끈기로 무장되어 있으며, 어떠한 상황에서도 냉철함을 잃지 않는 강인한 멘탈을 가지고 있다. 이는 때때로 부상과 부진을 겪으면서도 매번 회복하여 더 강하게 돌아올 수 있었던 이유이다. 또한, 손흥민의 겸손함과 성실함은 그를 더욱 특별하게 만든다. 그는 항상 팀을 먼저 생각하고, 동료들을 존중하며 그들과의 관계를 중요하게 여긴다. 상대방의 파울이나 부당한 대우에도 감정을 자제하고 스포츠맨십을 지키는 모습은 그의 강한 정신력을 여실히 드러낸다.

손흥민의 하드웨어와 소프트웨어가 완벽하게 조화를 이루는 모습은 경기장 안팎에서 팬들에게 깊은 인상을 남긴다. 그가 골을 넣고 기뻐하는 순간뿐만 아니라, 팀이 어려움에 처했을 때에도 흔들리지 않고 팀을 위해 최선을 다하는 모습은, 손흥민을 '진정한 리더'로 자리매김하게 한다. 그가 가진 하드웨어와 소프트웨어는 단순한 축구 실력 이상의 가치를 보여주며, 이를 통해 손흥민은 축구를 사랑하는 모든 이들에게 이상적인 롤모델이 되고 있다.

결국, 손흥민은 단순히 축구 기술이 뛰어난 선수가 아니라, 신체적 조건과 정신적 자질 모두에서 최고 수준을 보여주는 선수이다. 그의 이 두 가지 특성은 경기에서 끊임없이 도전하고, 자신의 한계를 뛰어넘는 동력이 되었다. 신체적, 정신적 능력을 두루 갖춘 손흥민의 모습은 우리가 진정으로 완성된 인간의 모습을 떠올리게 하며, 그가 왜 전 세계 축구 팬들에게 존경받고 사랑받는지를 다시금 확인시켜 준다.

차별화된 축구 기술

축구의 기본기와 중요성

축구는 간단해 보이지만, 그 안에는 수많은 기술과 전략이 숨어 있다. 그중에서도 기본기, 즉 기본기술은 축구의 모든 플레이에 있어 근본이 된다. 기본기가 튼튼하지 않다면 아무리 뛰어난 전술이나 체력을 갖추어도 제대로 된 경기력을 발휘하기 어렵다. 축구의 기본기에는 어떤 것이 있는지, 그리고 기본기를 어떻게 완전하게 익힐 수 있는지 알아보자.

축구의 기본기 종류

축구에서 중요한 기본기는 크게 다음과 같이 나눌 수 있다.

① **패스(Passing)**: 패스는 공을 동료 선수에게 정확히 전달하는 기술

이다. 짧은 거리의 짧은 패스, 긴 거리를 보내는 롱패스 등 여러 형태가 있다. 패스는 축구에서 가장 중요한 팀 플레이의 기본이며, 정확성과 속도가 관건이다.

② **드리블(Dribbling)**: 드리블은 상대를 제치고 공을 이동시키는 기술이다. 발의 터치가 섬세해야 하고, 상황에 맞는 속도와 방향 전환이 중요하다. 드리블 능력이 뛰어난 선수는 상대 수비를 무력화시키는 강력한 무기가 된다.

③ **슈팅(Shooting)**: 골을 넣기 위한 슈팅은 축구의 가장 핵심적인 요소이다. 강력하면서도 정확한 슈팅이 필요하며, 발의 위치와 공에 가해지는 힘의 조절이 중요하다.

④ **트래핑(Trapping)**: 공을 받았을 때 공을 안정적으로 제어하는 기술이다. 상대의 패스나 긴 공을 정확히 내 것으로 만드는 것이 트래핑의 목표이다. 발, 가슴, 무릎 등 신체 여러 부위를 활용해 공을 컨트롤한다.

⑤ **태클(Tackling)**: 상대 선수로부터 공을 뺏기 위한 기술이다. 정확한 타이밍과 위치 선정을 통해 공을 차단하거나 빼앗는 것이 중요하다.

⑥ **헤딩(Heading)**: 공중에 떠 있는 공을 머리로 제어하거나 공격하는 기술이다. 공격과 수비 양면에서 중요하며, 공의 방향을 정확히 맞추는 것이 관건이다.

기본기를 완전하게 익히는 방법

기본기를 완벽히 익히기 위해서는 꾸준한 연습과 반복이 필수적이다. 다음은 기본기를 향상시키기 위한 몇 가지 방법이다.

① **꾸준한 반복 훈련**: 기본기는 반복 훈련을 통해 몸에 배게 해야 한다. 예를 들어, 패스 훈련은 다양한 각도와 거리에서 수백 번씩 반복하며, 드리블 연습은 혼자뿐만 아니라 수비수를 상대로 하는 상황에서도 연습해야 한다.

② **피드백과 분석**: 자신이나 동료, 코치의 피드백을 받아 계속해서 기술을 수정해 나가야 한다. 훈련을 영상으로 촬영해 자신의 움직임을 분석하는 것도 효과적이다.

④ **게임 상황에서의 연습**: 실전 경험을 통해 기본기를 자연스럽게 적용해야 한다. 연습만으로는 실전에서의 압박이나 긴장감을 체험하기 어렵기 때문에, 실제 경기에서 기본기를 활용해 보는 것이 중요하다.

④ **체력과 균형 훈련**: 기본기를 잘 수행하기 위해서는 체력과 밸런스도 중요하다. 기본기가 흔들리는 이유 중 하나는 체력 부족이나 몸의 균형이 맞지 않기 때문이다. 따라서 기초 체력 훈련도 함께 병행해야 한다.

축구에서 기본기가 중요한 이유

기본기가 중요한 이유는 축구의 모든 기술과 전략이 기본기 위에서 이루어지기 때문이다. 패스, 드리블, 슈팅 등의 기본기가 탄탄해야 전술이 효과적으로 구현될 수 있다. 예를 들어, 아무리 좋은 공격 전략을 세워도, 패스 하나가 어긋나면 그 전략은 무용지물이 된다. 또한 기본기가 잘 갖춰진 선수는 경기 상황에서 더욱 유연하고 정확하게 대응할 수 있다.

또한, 기본기는 팀워크의 기초이다. 기본기가 부족한 선수는 동료들과의 호흡을 맞추기 어려워지고, 이는 결국 팀 전체의 경기력에 영향을 미친다. 결국 축구는 개인이 아닌 팀 스포츠이기 때문에, 개개인의 기본기가 팀의 성패를 좌우하게 된다.

결론

축구의 기본기는 모든 선수에게 필수적이며, 이를 완전하게 익히기 위해서는 꾸준한 연습과 실제 경기 경험이 필요하다. 기본기를 탄탄히 다지면, 어떤 전술이든 효과적으로 수행할 수 있으며, 팀 전체의 경기력에도 긍정적인 영향을 미친다. 기본기를 소홀히 하는 선수는 결코 축구에서 뛰어난 기량을 발휘할 수 없으며, 이는 팀의 승리에도 장애물이 된다. 축구에서 기본기란, 곧 승리의 첫걸음이라 할 수 있다.

손흥민의 탄탄한 기본기

손흥민은 세계적인 축구 스타로 자리매김한 오늘날까지, 그를 다른 선수들과 구분 짓는 중요한 자질 중 하나는 바로 '탄탄한 기본기'다. 손흥민은 뛰어난 드리블, 정확한 패스, 강력한 슈팅 능력으로 유명한데, 이 모든 능력의 기초가 되는 것은 그의 어릴 적부터 철저하게 다져진 기본기다. 그리고 이 기본기는 그의 아버지 손웅정 님의 엄격하고도 체계적인 훈련을 통해 만들어졌다.

손흥민의 아버지 손웅정 님은 축구선수 출신으로, 자신의 실패를 '기본기의 부족'으로 반성하고 아들은 자신과 같은 길을 가지 않도록 독특한 훈련 철학과 프로그램을 적용했다. 모든 것은 이 '기본'에서 시작된다고 생각한 그는 손흥민에게 어릴 때부터 화려한 기술이나 눈에 띄는 플레이보다는 기본기를 중요시하며 가르쳤다. 수많은 시간 동안 볼을 자유자재로 다룰 수 있도록 하는 훈련에 집중했고, 손흥민은 그 덕분에 어린 나이에도 다른 선수들보다 기본적인 축구 기술을 철저하게 익힐 수 있었다.

마치 한석봉 어머니가 불 꺼진 방안에서 똑같은 모양과 크기로 떡을 썰듯이,

"불 꺼진 방 안에서 밥숟가락이 입으로 들어가는 경지. 그런 경지에 이르러서야 축구선수는 공을 좀 다룬다 말할 수 있을 것이다. 홍민이의 기본기를 채우기 위해 7년의 세월이 걸렸다. 365일 쉬지 않았다. 방학 때 친척 집에 놀러 가는 일도 없었다. 볼을 잘 다룰 수 있는 능력이 중요하지, 몇 경기에 출전해 봤는지가 중요한 것이 아니라고 판단했다."[55]

이런 철저한 훈련을 통해 손흥민은 공을 다루는 기술에서부터 경기를 읽는 지능까지 모든 면에서 완벽한 기초를 다지게 된 것이다.

손흥민의 탄탄한 기본기는 경기장에서 쉽게 드러난다. 그는 상대 수비수들을 쉽게 제치고 공간을 창출하며, 빠른 드리블로 공격적인 상황을 만들어 내는 데 능하다. 이 모든 것은 그가 어린 시절부터 수없이 반복한 볼 컨트롤과 드리블 훈련 덕분이다. 손흥민은 경기 중 어떤 상

황에서도 볼을 자유롭게 다루고, 어려운 순간에도 침착하게 판단할 수 있는 능력을 가지고 있다.

손웅정 님이 축구의 비밀을 '공'에서 찾았던 것처럼 '공의 지배'라는 철학을 고안한 요한 크루이프는 현대 축구의 아버지라 할만하다.

"요한 크루이프는 100년이 넘는 축구의 역사에서 불세출의 천재 선수로 불린 인물로, 그런 까닭에 그에게 축구는 매우 단순하고 간단한 것이었다. 그리고 그런 생각은 그가 감독이 된 뒤에도 변하지 않았다. 선수들이 모두 크루이프처럼 공을 '손'으로 다룬다는 느낌을 줄 만큼 자유자재로 컨트롤할 수 있다면, 즉 발로 공을 '움켜쥘' 수만 있다면 상대방에게 공을 넘겨줄 걱정은 하지 않아도 된다."[56]

볼을 다루는 능력 외에도 그는 양발을 모두 자유자재로 사용한다는 강점을 가지고 있다. 이는 손웅정 님의 엄격한 훈련 덕분으로, 손흥민은 어린 시절부터 양발로 동일한 훈련을 받아왔다. 그 결과, 손흥민은 왼발과 오른발 모두에서 강력한 슈팅과 정교한 패스를 구사할 수 있으며, 이는 경기에서 그를 예측하기 어렵게 만들어 상대 수비를 압도하는 중요한 무기가 되었다.

손흥민이 세계적인 선수로 성장할 수 있었던 또 하나의 중요한 이유는 바로 탁월한 골 결정력이다. 그의 골 결정력은 단순한 슈팅 능력 이상의 것이다. 그는 공간을 빠르게 찾아내고, 적절한 순간에 뛰어난 정확성으로 슛을 날리며 경기를 결정짓는다. 이러한 능력 역시 그의 기본기에서 비롯된 것이다. 손흥민은 아버지의 지도하에 수천 번의 슛을 연습하며, 항상 골대와의 거리, 각도, 그리고 타이밍을 고려해 슈팅을 날리는 법을 배웠다.

또한 그는 페널티 박스 안에서뿐만 아니라 먼 거리에서도 슛을 성공시키는 능력을 갖추고 있다. 이 또한 기본기에 충실한 훈련을 통해 얻어진 결과다. 손웅정 님의 훈련 방식은 정교한 슈팅을 위해 정확한 발목의 움직임과 힘 조절을 반복적으로 연습하게 했고, 이 과정이 쌓여 손흥민은 오늘날 그 어떤 위치에서도 골을 노릴 수 있는 세계적인 공격수로 성장할 수 있었다.

손흥민이 오늘날 세계 무대에서 활약하는 데 있어 그의 기본기는 결정적인 역할을 했다. 그가 유럽의 빅리그에서 성공할 수 있었던 이유는 단지 뛰어난 피지컬이나 스피드뿐만 아니라, 그 안에 깊게 자리 잡은 철저한 기본기 덕분이다. 손흥민은 경기 상황에서 언제나 안정적인 플레이를 펼치며, 공수 전환에서 실수를 줄이고, 동료 선수들과의 조화를 이루며 팀에 공헌한다.

손흥민이 골을 넣을 때마다 사람들은 그의 스피드와 강력한 슈팅에 감탄하지만, 그 배후에는 수많은 시간 동안 다져진 기본기와 철저한 훈련이 있었음을 잊지 말아야 한다. 아버지 손웅정 님의 엄격한 훈련과 손흥민의 끈기는 그를 오늘날 축구계를 대표하는 선수로 만든 중요한 요인이었다.

손흥민의 탄탄한 기본기는 그의 성공의 기초이자, 그가 세계적인 선수로 성장하는 데 가장 중요한 밑거름이었다. 아버지 손웅정 님의 체계적이고 엄격한 훈련 덕분에 손흥민은 공을 자유자재로 다루고, 정확한 패스와 슈팅을 구사하며, 결국 뛰어난 골 결정력을 가진 선수가 되었다. 오늘날 그가 보여주는 안정적인 경기력과 폭발적인 득점력은 모두 기본기에 충실한 훈련 덕분이다. 손흥민의 성공 스토리는 기본기의 중요성을 다시 한번 일깨워 주는 사례이며, 이를 통해 축구를 넘어선 진정한 스포츠 정신을 보여준다.

양발 사용 능력

손흥민의 양발 사용 능력은 그의 축구 실력에서 가장 두드러진 특징 중 하나로, 그를 세계적인 선수로 만들어 준 중요한 요소다. 축구에서 선수가 양발을 자유자재로 사용할 수 있다는 것은 경기 흐름과 공격력에 '엄청난' 이점을 제공한다. 손흥민은 왼발과 오른발을 모두 능숙하게 사용하는 능력으로 경기의 흐름을 예측하기 어렵게 만들며, 이는 그를 상대 수비수들에게 가장 두려운 존재로 만든다.

손흥민은 경기 중 어느 쪽 발이든 정확하게 패스하고 슛을 할 수 있어, 상대 수비수들이 그의 다음 움직임을 예측하는 데 어려움을 겪는다. 예를 들어, 보통의 선수는 강한 발로만 슛을 시도하거나 드리블을 하는 경향이 있지만, 손흥민은 양발을 모두 주발처럼 사용할 수 있기 때문에 왼쪽과 오른쪽 모두에서 공격을 전개할 수 있다. 이는 그가 윙어로 활약할 때 더욱 위력을 발휘하는데, 측면에서 중앙으로 컷인하여 왼발로 슛을 시도하거나 오른발로 직접 득점을 노릴 수 있는 다양한 선택지를 제공한다.

이러한 다재다능성 덕분에 손흥민은 팀 전술에 더 많은 유연성을 제공하며, 상대 수비진이 그를 효과적으로 막아내기 위해 이중으로 수비를 배치해야 하는 부담을 안기게 된다. 또한, 상대팀은 손흥민이 어느 발로 슛을 날릴지 예측하기 어려워, 수비수와 골키퍼가 제대로 반응하기 전에 이미 득점 기회를 만들어 낼 수 있다.

손흥민의 양발 능력은 그의 뛰어난 득점력과 직결된다. 그는 득점 상황에서 왼발과 오른발을 가리지 않고 강력하고 정확한 슛을 날릴 수 있다. 이로 인해 수비수들이 특정한 각도로 그를 몰아가거나 발을 제한하려는 전략이 무력화된다. 어느 발로든 강력한 슛을 날릴 수 있다는 점에서 손흥민은 다방면에서 득점을 노릴 수 있으며, 이는 그가 상대 수비진을 효과적으로 파괴할 수 있는 강력한 무기다.

대표적인 예로, 손흥민은 2020년 FIFA 푸스카스상을 수상한 번리전 골에서처럼, 드리블로 긴 거리를 질주한 후 오른발로 골을 넣었지만, 수많은 다른 경기에서 왼발로도 결정적인 득점을 기록해 왔다. 이처럼 득점 시 양발을 자유자재로 사용할 수 있다는 점은 손흥민의 득점 성공률을 크게 높이는 요소다.

손흥민의 양발 사용 능력은 그가 어떤 포지션에서도 위협적인 공격수로 활약할 수 있게 만든다. 그는 주로 왼쪽 윙어로 활약하지만, 오른쪽 윙어로도 충분히 위협적이다. 양발을 사용할 수 있는 능력 덕분에 포지션에 구애받지 않고 자유롭게 움직이며 공격을 전개할 수 있어 팀의 전술적 다양성을 높여준다. 이로 인해 손흥민은 상대 수비를 혼란에 빠뜨리고, 수비 라인을 교란하며 효과적인 공간을 만들어 내는 데 기여한다.

또한, 손흥민의 양발 능력은 팀 동료들에게도 많은 이점을 제공한다. 그는 경기 중 어느 위치에서든지 동료 선수들에게 정확한 패스를 전달할 수 있어, 공격적인 연계 플레이에 큰 도움을 준다. 이를 통해 팀의 공격 전개가 한쪽 측면에만 의존하지 않고, 전방위적으로 진행될 수 있어 상대 팀을 더욱 공략하기 쉬워진다.

양발을 자유자재로 사용할 수 있다는 점은 손흥민의 크로스와 패스에서도 큰 강점으로 작용한다. 축구에서 윙어들은 종종 측면을 돌파한 후 크로스를 올리게 되는데, 손흥민은 어느 발로든 정확한 크로스를 올릴 수 있어 동료들이 득점 기회를 잡기 유리하다. 또한, 양발을 모두 사용하여 패스를 주고받을 수 있기 때문에 상대의 압박을 받는 상황에서도 자유롭게 탈압박이 가능하고, 공을 놓치는 위험이 적다.

손흥민의 이러한 양발 능력 덕분에 그는 수비수들의 압박에 구애받지 않고 빠르게 공을 처리할 수 있어, 팀의 공격 흐름이 끊기지 않도록 하는 데 중요한 역할을 한다. 이는 토트넘에서뿐만 아니라 한국 국가대표팀에서도 손흥민이 중요한 역할을 맡는 이유 중 하나다.

손흥민의 양발 사용 능력은 그의 축구 실력을 상징하는 중요한 요소로, 그가 세계적인 선수로 자리매김하는 데 큰 기여를 했다. 양발을 모두 자유롭게 사용할 수 있는 덕분에 그는 득점력, 전술적 유연성, 크로스 및 패스 능력 등 다양한 면에서 탁월한 기량을 발휘하고 있다. 이러한 양발 능력은 손흥민을 예측 불가능하고, 상대 수비수들에게는 공포의 대상이 되는 공격수로 만들었으며, 이를 통해 그는 EPL에서 가장 위험한 공격수 중 한 명으로 평가받고 있다.

손흥민 존과 감아차기

손웅정 님은 손흥민의 슈팅 훈련 프로그램을 짤 때 선수 시절 자신의 경험과 200여 개의 주요 대회 경기 녹화 프로그램을 분석하여 슈팅 위치를 다섯 존으로 설정하였다(페널티 지역 및 외곽의 중앙과 좌우). '손흥민 존'은 그중 두 군데를 뜻한다.

손흥민 선수의 대표적인 득점 방식 중 하나는 바로 '감아차기'로, 팬들과 전문가들 사이에서 '손흥민 존'이라고 불리는 특정 위치에서 감아차기를 성공시키는 장면은 이제 그의 시그니처 플레이로 자리 잡았다. '손흥민 존'은 주로 페널티 박스 외곽, 특히 왼쪽 측면에서 중앙으로 컷인하여 오른발로 슛을 감아 차는 위치를 의미하며, 이 자리에서의 감아차기는 EPL에서 손흥민을 더욱 위협적인 선수로 만들어 주는 중요한 무기다.

'손흥민 존'이라는 용어는 손흥민이 일정한 위치에서 득점을 자주 성공시키면서 자연스럽게 만들어졌다. 이 존은 페널티 박스 왼쪽 외곽, 대개 수비수와 맞닥뜨린 상황에서 중앙으로 컷인한 후, 오른발로 골대의 반대쪽 구석을 향해 감아차기를 시도하는 구역을 의미한다. 이 위치는 손흥민이 공격의 출발점을 만드는 곳이며, 수비수들이 그를 막기 힘든 공간이다.

이 위치에서의 슛은 손흥민의 강력한 스피드와 함께 빠른 판단력이 더해져 매우 효과적이다. 손흥민은 중앙으로 컷인하면서 순간적으로 수비수들을 따돌리고, 준비된 오른발로 강력하면서도 정교하게 공을 골대의 먼 구석으로 감아차는 득점 방식을 자주 구사한다. 이 기술은 골키퍼에게도 매우 까다로운데, 감아차기 특성상 골키퍼가 예상하기 어려운 각도로 공이 들어가기 때문이다.

 손흥민의 감아차기는 단순히 강력한 슈팅 능력만을 의미하지 않는다. 그는 감아차기를 할 때 정확한 각도와 발의 위치, 그리고 공에 가해지는 회전을 모두 정교하게 조정한다. 특히 감아차기는 공을 감싸듯 차는 방식으로, 공이 골문으로 가는 동안 일정한 곡선을 그리며 방향이 변한다. 손흥민은 이를 활용해 골키퍼가 미처 반응하기 전에 공을 골대 안으로 밀어 넣는다.
 골키퍼 입장에서는 멀리서 보면 공이 골대 밖으로 향하는 것처럼 보여 방심하고 있는데, 끝에 가서 안쪽으로 휘어져 모퉁이 사각으로 들어가 버리니 환장할 노릇이다. 이런 볼은 강하게 때릴 필요도 없다. 손웅정 님의 표현을 빌리자면 '가제트 팔'이 아닌 다음에야 막을 수가 없다. 이러한 감아차기 슛은 손흥민의 정교한 기본기와 강력한 킥 파워가 결합된 결과물로, 많은 팬들이 그의 득점을 기대하게 만드는 순간 중 하나다.

 '손흥민 존'에서의 감아차기는 손흥민 개인의 득점 기술을 넘어, 팀 전술에도 큰 기여를 한다. 토트넘은 손흥민의 이 능력을 활용하여 상대 수비를 흔들고 공격 패턴을 다양하게 가져갈 수 있다. 손흥민이 측면에서 중앙으로 이동하면서 수비수들을 끌고 들어가면, 다른 공격수들이 넓어진 공간을 활용해 추가적인 공격 기회를 창출할 수 있다.

또한 손흥민의 감아차기는 수비수들에게 큰 부담을 준다. 중앙으로 컷인하는 순간, 상대 수비수들은 손흥민의 슛을 막기 위해 위치를 잡아야 하지만, 그가 양발을 자유롭게 사용할 수 있어 쉽게 예측하기 힘들다. 오른발로 감아차기를 시도할지, 왼발로 돌파할지 모르는 상황에서 수비수들은 흔들리게 되고, 이는 곧 득점 기회로 이어진다.

손흥민은 여러 경기에서 감아차기로 인상적인 득점을 기록했다. 그 중에서도 많은 팬들의 기억에 남는 골은 2020년 아스널과의 북런던 더비에서 나온 감아차기 슛이다. 페널티 박스 외곽 왼쪽에서 공을 잡은 손흥민은 중앙으로 살짝 치고 들어가면서 오른발로 정확한 감아차기를 시도해, 골대 오른쪽 상단을 향해 공을 휘어 넣었다. 이 골은 그의 감아차기 능력을 상징적으로 보여준 장면이며, 이후에도 그는 이 방식으로 많은 득점을 기록했다.

손흥민의 감아차기는 그의 득점 레퍼토리 중 하나로서, 상대 팀에게는 큰 위협이 된다. 이 기술은 그의 탁월한 슈팅 능력과 더불어, 경기의 흐름을 단번에 바꾸는 결정적인 순간을 만들어 낼 수 있는 힘을 가지고 있다. 또한, 손흥민이 이 감아차기를 구사하는 능력은 그가 단순히 빠르고 기술 좋은 선수일 뿐만 아니라, 축구에 대한 깊은 이해와 기술적 완성도를 갖춘 선수임을 증명한다.

'손흥민 존'에서의 감아차기는 손흥민의 상징적인 기술 중 하나로, 그의 뛰어난 득점력을 보여주는 중요한 장면이다. 이 기술은 단순히 개인의 슈팅 능력만을 보여주는 것이 아니라, 팀 전술에 큰 기여를 하고 상대 수비진을 혼란에 빠뜨리는 전술적 무기다. 손흥민은 이 기술을 통해 EPL에서 수많은 득점을 기록하며, 세계적인 공격수로서의 입지를 굳혔다. 앞으로도 그의 감아차기 슛은 축구 팬들에게 계속해서 강한 인상을 남길 것이다.

EPL 최고의 '역습자'

손흥민 선수는 전 세계 축구 팬들과 전문가들로부터 "EPL 최고의 역습자"라는 평가를 받을 만큼, 역습(Counter Attack) 상황에서 탁월한 능력을 보여주고 있다. 그의 폭발적인 스피드, 정확한 슈팅, 그리고 뛰어난 공간 침투 능력은 상대 수비를 무력화하며, 손흥민이 경기를 단숨에 바꿀 수 있는 위험한 선수로 자리매김하게 했다. 그의 역습 능력은 개인의 기량을 넘어, 팀 전술의 중요한 축을 담당하고 있으며, 특히 빠른 공수 전환이 중요한 현대 축구에서 손흥민은 누구도 무시할 수 없는 존재다.

손흥민 선수가 역습에서 가장 두드러지는 특징 중 하나는 그의 폭발적인 스피드다. 그는 공을 가지고 달릴 때에도 속도를 거의 잃지 않으며, 빠르게 수비 라인을 무너뜨릴 수 있다. 특히 경기 후반, 피로가 누적된 상대 수비진을 상대로 손흥민의 속도는 더욱 위협적으로 작용한다. 그는 공을 잡으면 상대 수비수들을 앞지르며 단숨에 공격 기회를 창출하는데, 이때 그의 빠른 판단력과 슈팅 능력 덕분에 대부분의 역습이 위협적인 득점 기회로 이어진다.

이러한 손흥민의 스피드는 어디에서 왔을까? 그건 아마도 집안의 유전자 덕분일 것 같다. 손흥민의 큰아버지, 아버지 두 분 모두 초등학교 시절 육상선수 출신이다. 손흥민도 어린 시절부터 달리기는 자신 있었다. 이후 축구를 전문적으로 배우면서 아버지로부터 체계적인 근력 운동까지 더해지면서 튼튼하면서도 부드러운 강력한 하체 근육을 가지게 되었다.

손흥민의 역습 능력은 스피드뿐만 아니라 결정적인 순간의 마무리에서 더욱 빛난다. 그는 역습 상황에서의 냉정함을 유지하며 정확한 타이밍에 슛을 시도한다. 손흥민의 양발 슛 능력도 역습에서 큰 강점이다. 상대가 그가 어느 발로 슛을 할지 예측하기 어렵기 때문에 수비와 골키퍼 모두를 혼란스럽게 만들며, 그는 왼발과 오른발을 자유자재로 사용해 강력한 슛을 날릴 수 있다. 이러한 양발 능력은 그의 득점 성공률을 극대화시키며, 단순히 빠르게 달리는 선수를 넘어 최고의 마무리 능력을 갖춘 '역습자'로 만들었다.

손흥민의 역습 능력은 그의 공간 침투와 포지셔닝에서도 두드러진다. 그는 역습 상황에서 언제나 상대 수비의 빈틈을 빠르게 읽고, 그 공간으로 날카롭게 침투한다. 그의 움직임은 단순히 직선적이지 않고, 상대 수비가 정렬하기 전에 완벽한 타이밍에 공간을 파고들며 상대의 조직적인 수비를 무력화시킨다.

특히 해리 케인과의 호흡은 손흥민의 역습 능력을 더욱 돋보이게 만든다. 케인은 후방으로 내려와 공을 받아 패스를 공급하고, 손흥민은 그 순간 수비 라인을 무너뜨리며 빠르게 전방으로 침투한다. 이 콤비네이션은 EPL에서 수많은 득점을 만들어 냈으며, 손케 듀오로 불리는 이들의 역습 플레이는 손흥민의 역습 능력을 극대화하는 중요한 요소다.

토트넘에서 손흥민은 팀의 주요 역습 옵션으로 활용된다. 과거 마우리시오 포체티노 감독 시절부터 현재의 앤지 포스테코글루 감독 체제까지, 손흥민은 항상 팀의 역습 전술에서 핵심적인 역할을 맡고 있다. 수비에서 빠르게 공격으로 전환하는 상황에서 손흥민의 스피드와 득점력이 중요하게 사용되며, 이는 현대 축구에서 매우 중요한 전술적 요소다.

특히 역습 시 손흥민은 단순히 골을 넣는 역할에만 그치지 않고, 팀 동료들에게도 공간을 만들어 주거나 결정적인 패스를 제공하는 역할을 자주 한다. 그의 플레이는 단순히 한 명의 선수로서의 능력을 넘어, 팀 전체의 역습 효율성을 높이는 데 기여한다. 이러한 이유로 손흥민은 토트넘뿐만 아니라 상대 팀에게도 중요한 선수로 평가받는다.

손흥민의 역습 능력은 EPL뿐만 아니라 유럽 무대에서도 빛을 발하고 있다. 특히 UEFA 챔피언스리그에서 보여준 그의 역습 플레이는 세계 축구 팬들에게 깊은 인상을 남겼다. 2019년 맨체스터 시티와의 챔피언스리그 경기에서 손흥민은 역습 상황에서 결정적인 골을 넣으며 팀을 승리로 이끌었고, 이는 그의 역습 능력을 상징적으로 보여주는 순간이었다.

유럽 무대에서는 더욱 강력한 수비와 조직력을 갖춘 팀들을 상대해야 하지만, 손흥민은 언제나 그 수비의 균열을 찾아내고, 역습 상황에서 번뜩이는 플레이를 보여주며 자신의 가치를 입증해 왔다. 이는 그가 단순히 빠른 선수에 그치지 않고, 역습에서의 전략적인 사고력과 상황 판단 능력을 겸비한 선수라는 점을 보여준다.

손흥민 선수는 'EPL 최고의 역습자'라는 칭호가 전혀 과하지 않을 만큼 역습 상황에서 탁월한 능력을 발휘하는 선수다. 폭발적인 스피드, 정확한 슈팅, 공간을 읽는 지능적인 움직임까지, 그는 역습을 완성하는 데 필요한 모든 요소를 갖추고 있다. 이러한 역습 능력은 개인의 기량을 넘어서 팀 전술의 핵심이 되어, 손흥민을 전 세계 축구 팬들이 사랑하는 선수로 만들고 있다. 앞으로도 그의 역습 능력은 EPL뿐만 아니라 세계 축구 무대에서 계속해서 큰 영향력을 발휘할 것이다.

EPL 최고의 '골 사냥꾼'

손흥민은 잉글랜드 프리미어리그(EPL)에서 가장 뛰어난 골 결정력을 가진 선수 중 한 명으로 손꼽힌다. 그의 득점 능력은 'One shot, One kill'이라는 별명에서도 드러나듯, 한 번의 기회만으로도 경기를 결정짓는 강력한 한 방을 보여준다. 손흥민은 단순히 스피드와 기술만으로 골을 넣는 것이 아니라, 다양한 상황에서도 침착함을 유지하며 탁월한 골 결정력을 발휘하는 선수로 평가받고 있다. 이처럼 손흥민이 "EPL 최고의 골 사냥꾼"으로 불리는 이유를 살펴보자.

손흥민의 득점 능력은 특정 상황에 국한되지 않고 매우 다양하다. 그는 경기 중 여러 위치에서 슛을 시도할 수 있으며, 그 어떤 상황에서도 정확한 마무리 능력을 보여준다. 양발을 자유자재로 사용할 수 있는 능력은 손흥민을 더욱 예측 불가능한 선수로 만들며, 수비수들이 그의 슈팅 방향을 예측하기 어렵게 한다. 또한, 먼 거리에서의 중거리 슛, 페널티 박스 안에서의 정교한 마무리, 그리고 역습 상황에서 보여주는 빠른 전환과 침투 능력은 그를 다재다능한 골잡이로 만든다.

특히, 손흥민은 페널티 박스 밖에서도 위협적인 슈팅을 자주 성공시키며, 이는 그가 단순한 스트라이커 이상의 능력을 가진 선수라는 것을 보여준다. 그는 어떤 각도에서도 골문을 겨냥할 수 있으며, 이로 인해 EPL 내에서도 손에 꼽히는 강력한 득점 자원이 되었다. 이러한 득점 다양성은 손흥민을 상대하는 수비수들에게 큰 부담으로 작용하며, 그가 만들어 내는 모든 득점 상황은 경기의 흐름을 바꾸는 결정적인 순간으로 이어진다.

손흥민이 "EPL 최고의 골 사냥꾼"으로 불리는 또 하나의 이유는 상황을 읽는 뛰어난 판단력에 있다. 그는 경기가 어떻게 흘러갈지를 미리 예측하고 그에 맞춰 움직임을 취한다. 상대 수비의 실수를 예리하게 포착하거나, 공간이 열리는 순간 빠르게 침투하여 골을 만들어 낸다. 이러한 순간적인 판단력은 득점 기회를 놓치지 않게 하며, 단 한 번의 기회로 경기를 뒤집을 수 있는 능력을 발휘하게 한다.

손흥민의 판단력은 특히 빠른 역습 상황에서 빛을 발한다. 상대 팀의 수비가 정렬되지 않은 틈을 파고들어 빠른 속도로 침투한 후, 적절한 타이밍에 정확한 슛을 날리는 그의 플레이는 EPL 내에서도 최고의 역습 장면으로 자주 언급된다. 이처럼 손흥민은 골을 넣는 데 있어 기술적인 측면뿐만 아니라, 전략적인 측면에서도 탁월한 역량을 보여주고 있다.

손흥민의 득점 능력 중 또 하나 주목할 만한 요소는 그가 압박 상황 속에서도 침착하게 골을 넣는다는 것이다. 축구 경기에서는 많은 경우 상대 수비수들이 밀착 마크하며 득점 기회를 차단하려 하지만, 손흥민은 이러한 압박 속에서도 자신을 잃지 않고 골문을 향해 강력한 슛을 시도한다. 이는 그의 뛰어난 정신력과 기술이 조화를 이루고 있다는 증거다.

특히 결정적인 순간, 상대 팀의 골키퍼와 맞서야 하는 1:1 상황에서도 손흥민은 자신감 넘치는 마무리 능력을 보여준다. 이러한 침착함은 그가 오랜 시간 동안 쌓아온 경험과 기본기에서 비롯된 것으로, 많은 축구전문가들은 손흥민이 중요한 경기에서 항상 결정적인 골을 넣는 이유로 이 침착함을 꼽는다. 이는 그가 어떤 경기 상황에서도 냉정함을 유지할 수 있음을 나타내며, 이는 최고의 골 사냥꾼만이 가질 수 있는 중요한 덕목이다.

손흥민의 또 다른 강점은 꾸준함이다. 그는 매 시즌마다 꾸준히 두 자릿수 득점을 기록하며 EPL 내에서도 손꼽히는 득점력을 보여주고 있다. 특정 경기나 시즌에만 한정된 활약이 아니라, 장기간에 걸쳐 안정적인 득점력을 유지하는 점은 손흥민이 진정한 골잡이임을 증명하는 요소다. 전 맨체스터 유나이티드 선수 알렉시스 산체스는 "손흥민에게 공간을 내주면 힘들어진다. 매 순간 위험한 선수이다. 좋은 컨디션의 손흥민은 막기 힘든 선수다. 경기를 돌아봐도 정말 힘들었다."라고 극찬하였다.

이러한 꾸준한 득점력은 손흥민이 단순히 기회를 많이 받아서 득점하는 선수가 아님을 보여준다. 그는 기회가 올 때마다 이를 정확하게 마무리하는 능력을 가지고 있으며, 이를 통해 매 시즌 팀에 큰 공헌을 하고 있다. 또한, 부상을 당한 후에도 빠르게 회복하여 다시 득점 감각을 유지하는 모습을 보여주는 점 역시 손흥민의 꾸준함과 프로페셔널리즘을 보여주는 예라 할 수 있다.

손흥민 선수는 "EPL 최고의 골 사냥꾼"으로 불릴만한 충분한 자격을 갖추고 있다. 그의 득점력은 단순히 기술적인 측면을 넘어, 다양한 상황에서 발휘되는 판단력, 침착함, 그리고 꾸준함에서 비롯된다. 손흥민은 어떤 상황에서도 단 한 번의 기회를 놓치지 않고 득점으로 연결시키며, 이는 그가 EPL뿐만 아니라 전 세계적으로도 존경받는 이유 중 하나다. 앞으로도 그의 뛰어난 득점 능력은 많은 팬들에게 감동을 줄 것이며, "EPL 최고의 골 사냥꾼"이라는 칭호는 오랫동안 그와 함께할 것이다.

정신적 강인성

멘탈리티

    손흥민은 뛰어난 축구 실력뿐만 아니라 강한 '멘탈리티'(정신이나 의식이 놓인 상태 또는 생각하고 궁리하는 방법이나 태도의 뜻으로 사고방식, 심리상태를 말한다)로도 유명하다. 그의 멘탈은 단순한 경기력의 일부가 아닌, 그의 성공과 성장을 뒷받침하는 중요한 원동력이다. 손흥민의 강한 정신력은 어려운 상황 속에서도 흔들리지 않고, 자신의 목표를 향해 끊임없이 나아가는 힘이 되어 왔다. 그렇다면, 손흥민의 강한 멘탈리티는 어디에서 비롯되었을까? 이를 몇 가지 요소로 알아보자.

    손흥민의 멘탈리티는 무엇보다도 그의 아버지 손웅정 님의 엄격하고 철저한 훈육에서 비롯되었다. 손웅정 님은 어린 손흥민에게 축구의 기술뿐만 아니라 정신적인 강인함을 심어주기 위해 끊임없이 노력했다. 손흥민은 어릴 때부터 축구가 단순한 스포츠가 아니라 인내와 헌신이 필요한 과정임을 배웠다. 그의 아버지는 단순히 기술을 가르치는 데 그치지 않고, 실패와 역경을 이겨내는 법을 함께 가르쳤다.

특히, 아버지는 손흥민에게 항상 겸손을 유지할 것과, 어려운 상황에서도 절대 포기하지 않는 태도를 강조했다. 이런 가정교육은 손흥민이 프로 축구선수로 성장하는 과정에서 큰 정신적 자산이 되었으며, 그가 수많은 부상과 위기를 극복하는 데 중요한 역할을 했다.

손흥민은 어린 나이에 유럽 축구 무대에 도전하며 수많은 역경과 마주해야 했다. 독일 분데스리가 함부르크 유소년 팀에서부터 토트넘에 이르기까지 그는 다른 문화와 환경 속에서 적응해야 했고, 언어 장벽과 치열한 경쟁 속에서도 자신의 기량을 입승해야 했다. 이런 상황은 그에게 큰 압박과 스트레스를 주었을 것이다. 그러나 손흥민은 매 순간을 이겨내며, 더 강해졌다.

그는 특히 EPL 데뷔 시즌에 부진을 겪으며 일각에서 비판을 받았으나, 이를 극복하고 다시 최고의 기량을 보여주었다. 이러한 과정을 통해 손흥민은 어떠한 위기 상황에서도 좌절하지 않고 이를 이겨내는 강한 멘탈을 가지게 되었다.

손흥민의 강한 멘탈리티는 그의 철저한 자기관리에서도 엿볼 수 있다. 그는 경기를 준비하는 데 있어 엄격한 자기관리를 통해 신체적, 정신적 균형을 유지한다. 이러한 집중력과 자기관리 능력은 경기 중 어떤 상황에서도 흔들리지 않는 태도로 이어진다.

특히, 손흥민은 중요한 경기에서도 흔들리지 않고 침착하게 자신의 플레이를 펼친다. 득점 기회가 오면 실수 없이 골을 성공시키는 그의 집중력은 많은 축구 팬들로부터 찬사를 받는다. 이는 단순히 기술적인 능력만이 아니라, 경기에 대한 높은 집중력과 정신적인 강인함이 있기에 가능한 일이다.

손흥민은 경기에서 실패를 경험할 때마다 그것을 성장의 기회로 삼는다. 그는 부상, 경기 부진, 또는 개인적인 실패를 겪으면서도 이를 발전의 기회로 여겨왔다. 예를 들어, 2019년 안드레 고메스와의 충돌로 인해 심적으로 큰 충격을 받은 사건이 있었지만, 그는 이를 극복하고 더욱 강해진 모습을 보여주었다.

이처럼 손흥민은 실패나 좌절에 굴복하지 않고, 오히려 그것을 자신을 더 단단하게 만드는 기회로 삼는다. 이런 긍정적인 태도는 그의 멘탈리티의 중요한 부분이며, 그가 오랜 시간 동안 최고 수준의 선수로 남아 있을 수 있는 이유 중 하나다.

손흥민의 강한 멘탈리티는 그가 팀을 위해 헌신하고, 리더로서의 책임감을 발휘하는 데에서도 드러난다. 그는 개인적인 성과보다는 팀의 성공을 최우선으로 두며, 자신이 필요한 곳에서 언제나 최선을 다한다. 이는 그가 토트넘의 주장으로서 팀을 이끄는 데 중요한 역할을 하고 있음을 보여준다.

그는 경기장에서 동료들을 독려하며, 팀이 어려운 상황에 처했을 때도 중심을 잡아주는 리더 역할을 자처한다. 이는 그의 강한 정신력과 헌신적인 태도를 보여주는 중요한 부분이다.

손흥민의 강한 멘탈리티는 가정교육과 아버지의 엄격한 훈육, 국제 무대에서의 도전과 역경, 철저한 자기관리와 집중력, 그리고 실패를 긍정적으로 바라보는 태도에서 비롯되었다. 이 모든 요소들이 결합되어 손흥민은 어떤 상황에서도 흔들리지 않는 강인한 정신력을 발휘하며, 세계적인 축구선수로 자리매김하게 되었다. 그의 멘탈리티는 단순한 경기력의 일부가 아니라, 그가 지속적으로 성공할 수 있는 원동력이며, 많은 이들에게 귀감이 되고 있다.

자신감

손흥민은 축구 경기장에서 항상 자신감 넘치는 플레이를 보여주며, 이 자신감은 그가 세계적인 축구 스타로 자리 잡는 데 중요한 역할을 해왔다. 2014 브라질 월드컵을 앞두고도 "크리스티아누 호날두와 맞붙지 못해 아쉽다."라고 생각할 만큼 자신감이 충만했다. 경기가 어려운 상황일 때도 손흥민은 주저하지 않고 자신의 능력을 믿으며 팀을 이끌어 나간다. 그의 자신감은 단순히 타고난 것이 아니라, 오랜 시간 동안 쌓아온 경험과 노력이 결합된 결과물이다. 손흥민 선수의 자신감은 어디에서 비롯되었을까? 그 요인을 몇 가지로 살펴보자.

손흥민의 자신감은 그의 탄탄한 기본기와 끊임없는 훈련에서 시작된다. 어릴 때부터 아버지 손웅정 님의 엄격한 지도 아래 기본기를 철저히 익힌 손흥민은 공을 다루는 능력, 패스, 슈팅 등에서 확고한 기초를 쌓았다. 이 기본기는 그가 어떤 상황에서도 공을 다루고 경기를 풀어 나가는 데 있어서 큰 자신감을 부여했다.

손흥민은 프로로 성장한 후에도 꾸준한 훈련을 통해 자신의 능력을 계속해서 발전시켰다. 그는 경기 후에도 부족한 부분을 분석하고, 더 나은 플레이를 위해 노력해 왔다. 이런 자기관리와 훈련 과정은 그가 경기장에서 자신감 넘치는 플레이를 펼칠 수 있는 중요한 토대가 되었다.

손흥민은 유럽의 다양한 리그에서 오랜 시간을 보내며 풍부한 경험을 쌓았다. 독일 분데스리가에서 시작해, EPL에서 최고의 공격수로 자리 잡기까지, 그는 수많은 도전을 마주하며 성장했다. 특히, 큰 경기에서의 성공 경험은 그에게 중요한 자신감을 심어주었다.

대표적으로, 손흥민은 UEFA 챔피언스리그에서 맨체스터 시티를 상대로 결정적인 골을 넣으며 팀을 승리로 이끌었다. 이런 중요한 순간에 자신의 능력을 발휘한 경험은, 그가 어려운 경기 상황에서도 '내가 해낼 수 있다.'는 자신감을 유지하게 만든다. 손흥민은 이런 경험을 바탕으로 경기 중 팀이 불리한 상황에서도 자신감을 잃지 않고, 골을 넣겠다는 의지를 다진다.

손흥민은 강한 멘탈리티로도 잘 알려져 있다. 그는 부상이나 경기 중 발생한 실수, 혹은 부진한 경기 결과에도 불구하고, 좌절하지 않고 다시 일어서며 스스로에 대한 믿음을 잃지 않는다. 이러한 멘탈리티는 그가 어려운 상황에서도 자신감을 유지할 수 있게 만든다.

손흥민은 경기 중 실수를 하거나 팀이 어려운 상황에 처하더라도 자신을 탓하기보다는 이를 극복할 수 있다는 자신감을 유지한다. 그에게 있어 실패는 배움의 기회일 뿐, 두려움의 원천이 아니다. 이 같은 긍정적인 마인드는 그가 언제나 경기 중에 자신감 넘치는 플레이를 펼치는 중요한 이유다.

 손흥민의 자신감은 그의 팀 동료들과의 신뢰에서도 비롯된다. 토트넘에서 오랜 기간 동안 함께 호흡을 맞춘 해리 케인과 같은 동료들과의 좋은 관계는 손흥민에게 큰 힘이 되었다. 그는 자신이 골을 넣을 때뿐만 아니라, 동료들의 플레이를 믿고 협력하며 경기를 풀어 나간다. 이러한 팀 내에서의 신뢰감은 그가 더욱 자신감 있게 경기에 임하게 하는 중요한 요소다.

 특히, 손흥민은 팀 내에서 책임감을 느끼며 자신이 팀에 기여할 수 있다는 확신을 가지고 있다. 이는 그가 경기 중에 주저하지 않고 골을 향해 달려갈 수 있는 원동력이 된다. 동료들의 지지와 신뢰는 손흥민의 자신감을 더욱 강화하는 요소다.

 손흥민은 항상 긍정적인 태도를 유지하며 경기에 임한다. 그는 자신이 골을 넣을 수 있다는 확신을 가지고 경기에 나서며, 이것이 경기장에서의 자신감 있는 플레이로 이어진다. 특히, 손흥민은 매 경기에서 자신의 목표를 설정하고, 이를 이루기 위해 끊임없이 노력한다.

 그는 인터뷰에서 "항상 최고의 플레이를 보여주고 싶고, 팀을 위해 헌신하고 싶다."고 말하곤 한다. 이러한 목표 의식은 그가 경기에서 집중력을 유지하며, 자신의 능력을 최대한 발휘할 수 있게 만들어 준다. 또한, 그는 자신을 꾸준히 발전시키기 위한 끊임없는 노력 덕분에 경기가 진행될수록 더욱 자신감 넘치는 플레이를 보여줄 수 있다.

 손흥민의 자신감은 단순한 타고난 성향이 아니라, 오랜 훈련과 경험,

강한 멘탈리티에서 비롯된 것이다. 그는 탄탄한 기본기와 철저한 훈련, 국제 무대에서의 경험을 통해 자신을 믿고 어려운 상황에서도 골을 넣겠다는 확신을 가지고 경기에 임한다. 또한, 팀 동료들과의 신뢰와 긍정적인 태도는 그의 자신감을 더욱 강화시키는 중요한 요소다. 손흥민의 자신감은 그가 계속해서 세계 무대에서 활약하며, 팬들에게 감동을 선사하는 원동력이 되고 있다.

강한 승부욕

손흥민은 세계적인 축구 스타로서 기술과 인성을 겸비한 선수이다. 그러나 그를 진정한 챔피언으로 만드는 요소 중 하나는 바로 그의 강한 승부욕이다. 이 승부욕은 경기장에서의 투혼과 막판 극적인 골, 그리고 위기 상황에서 빛나는 정신력으로 구체화된다. 손흥민의 강한 멘탈리티와 자신감은 그의 경기력과 경기를 넘어선 영향력을 뒷받침하는 핵심 요소이다.

손흥민의 승부욕은 그가 수많은 경기에서 보여준 극적인 막판 골과 투혼에서 분명히 드러난다. 그는 경기 막판에 지친 상황에서도 포기하지 않고 마지막 순간까지 최선을 다해 경기를 결정짓는 중요한 골을 자주 기록했다. 예를 들어, 2023-24시즌 28라운드 아스톤 빌라 전에서 후반 90분 득점, 30라운드 루턴 타운 전 후반 86분 득점 등은 그의 승부욕과 결단력이 팀을 성공으로 이끌었음을 잘 보여준다.

지난 아시안컵에서 한국 대표팀은 '좀비축구'라는 별명을 얻었다. '좀비축구'를 이끈 그는 끝까지 지치지 않는 체력과 끈기로 경기에 임했고, 상대 팀에게도 끊임없이 압박을 가하며 그라운드에서 살아 있는 좀비처럼 끈질기게 움직였다. 이 별명은 그의 경기 스타일뿐만 아니라, 결코 물러서지 않는 정신력을 상징한다. 손흥민은 팀이 어려운 상황에 처했을 때도 물러서지 않고, 오히려 더 적극적으로 팀을 이끌며 경기의 흐름을 바꿔놓았다.

손흥민의 승부욕은 그의 강한 정신력과 직결된다. 그는 경기 중 여러 차례 위기 상황을 맞이했지만, 이를 극복하고 더 강해지는 모습을 보여주었다. 예를 들어, 그는 중요한 경기에서 실수를 했을 때도 그로 인해 위축되기보다는 오히려 더 집중하여 이후에 결정적인 역할을 수행했다. 이러한 정신력은 팀 동료들에게도 큰 영향을 미쳐, 팀 전체의 사기를 높이는 데 기여한다.

손흥민은 자신감이 넘치는 플레이를 통해 자신의 능력을 최대한 발휘하며, 중요한 순간에 주저하지 않고 자신의 역할을 완벽히 수행한다. 그의 이러한 자신감은 동료들에게 긍정적인 영향을 미치며, 팀 전체를 하나로 묶는 리더십으로 나타난다. 또한 그는 팀의 캡틴으로서, 힘든 상황에서도 팀을 이끌고 이기고자 하는 열망을 보여주며, 그의 승부욕은 팀 전체의 승리에 큰 기여를 한다.

손흥민의 승부욕은 축구장에서만 발휘되는 것이 아니다. 그는 취미로 하는 컴퓨터 게임에서도 지는 것을 싫어한다고 밝혔던 적이 있다.

이처럼 그는 작은 일에도 경쟁심을 불태우며 항상 이기고자 하는 열망을 가지고 있다. 이러한 태도는 그가 어떤 상황에서도 포기하지 않고 끝까지 최선을 다하는 이유 중 하나이다.

손흥민의 승부욕은 단순한 스포츠 정신을 넘어서, 그의 모든 행동과 태도에 반영된 중요한 요소이다. 이 승부욕이 그를 세계적인 축구 스타로 만들었으며, 앞으로도 그를 더 높은 곳으로 이끌 것이다. 위기의 순간에도 흔들리지 않고 자신을 믿고 앞으로 나아가는 손흥민의 정신력은, 그가 진정한 승리자가 될 수밖에 없는 이유를 설명해 준다. 이러한 손흥민의 승부욕과 강한 멘탈리티는 그가 가진 최고의 무기이며, 그를 무대 위의 진정한 전사로 만드는 힘이다.

손흥민의 회복탄력성

'회복탄력성(Resilience)'은 어려움이나 역경을 겪을 때 이를 극복하고 다시 일어서는 능력을 말한다. 이는 단순히 정신적, 신체적으로 회복하는 것뿐만 아니라, 위기 상황에서 긍정적인 태도를 유지하고 새로운 기회를 찾아 나가는 능력이다. 회복탄력성이 높은 사람들은 실패나 실망 속에서도 쉽게 좌절하지 않고, 문제를 새로운 성장의 기회로 삼으며 꾸준히 앞으로 나아간다.

이 개념은 특히 스포츠에서 중요한 요소로, 선수들이 경기 중 부상, 패배, 혹은 정신적 스트레스를 이겨내고 다시 최상의 상태로 돌아오는 데 필수적인 역량이다.

손흥민은 강인한 정신력과 놀라운 회복탄력성의 소유자로, 그의 축구 인생에서 여러 번 그 진가를 발휘해 왔다. 손흥민의 회복탄력성은 단지 경기에서의 실수나 부상을 극복하는 것에 그치지 않고, 전반적인 커리어 내내 이어져 온 도전과 실패 속에서도 다시 일어서고 더 나은 선수로 성장하는 과정에서 빛을 발했다.

손흥민은 유럽 무대에 진출했을 때 많은 도전에 직면했다. 어린 나이에 독일로 건너가 새로운 환경에 적응하는 것은 쉽지 않았다. 독일에서의 초창기 시절, 언어 장벽과 문화적 차이, 높은 경쟁 속에서 그는 어려움을 겪었다. 그러나 손흥민은 좌절하지 않고 끊임없이 자기 자신을 훈련시키며 성장했다. 이는 그의 회복탄력성이 단순한 정신적 강함을 넘어, 끊임없이 자신을 개선하려는 끈기와 맞물려 있음을 보여준다.

손흥민은 축구선수로서 여러 차례 부상을 겪었지만, 그때마다 경이로운 회복력으로 팬들을 놀라게 했다. 대표적으로 2020년, 팔 골절로 인해 시즌 아웃이 예상되었지만, 그는 빠른 회복을 통해 예상보다 일찍 복귀해 팀의 중요한 경기에 기여했다. 손흥민의 신체적 회복은 단지 몸의 강인함에서 오는 것이 아니라, 정신적으로도 끊임없이 자신의 경기를 향한 의지를 잃지 않고 더욱 강하게 돌아오는 그의 회복탄력성 덕분이다.

손흥민은 많은 팬들의 기대를 한 몸에 받으며 경기한다. 특히 EPL에서의 매 경기, 팀의 승패가 걸린 중요한 순간에서 손흥민에게 가해지는 부담은 어마어마하다. 그러나 손흥민은 이러한 정신적 압박 속에서도 흔들리지 않고, 늘 최선을 다하는 모습을 보여준다. 그는 경기 중 실수를 하거나 팀이 어려운 상황에 처하더라도 이를 극복하며, 동료들을 격려하고 끝까지 최선을 다하는 모습을 보여준다.

손흥민의 정신적 회복탄력성은 그가 큰 경기에서 패배하거나 비판을 받을 때도 여실히 드러난다. 그는 자신에게 가해지는 비판을 성장의 기회로 삼으며, 비난을 긍정적인 에너지로 바꿔 더 나은 플레이로 응답해 왔다.

캡틴 손흥민은 어려운 순간에도 팀을 이끄는 리더로서의 책임을 다한다. 2023-24시즌, 토트넘은 감독 교체와 선수단 변화로 인해 불안한 상황에 처했지만, 손흥민은 그 속에서도 팀을 하나로 묶는 리더십을 발휘하며 팀을 안정시키는 데 중요한 역할을 했다. 팀이 어려운 상황에 빠졌을 때 좌절하지 않고 긍정적인 마인드로 팀을 이끌어가는 그의 모습은 회복탄력성의 또 다른 면을 보여준다.

손흥민의 회복탄력성은 단순한 부상 회복을 넘어, 심리적 강인함과 끊임없는 도전정신을 의미한다. 그는 실패와 역경 속에서도 언제나 더 나은 모습으로 복귀했으며, 경기장 안팎에서 보여주는 끈기와 성실함은 그의 회복탄력성을 증명한다.

회복탄력성은 그를 지금의 위치로 이끌어 온 중요한 힘이다. 손흥민은 경기 내에서뿐만 아니라 인생 전반에서 이 중요한 특성을 발휘하며, 늘 최정상에서 경쟁할 수 있는 선수가 되었다. 그의 끈기와 회복탄력성은 그가 계속해서 세계 축구 무대에서 빛나는 이유이며, 미래의 도전 속에서도 손흥민은 이를 바탕으로 더 강하게 나아갈 것이다.

손흥민의 회복탄력성 분석

손흥민의 회복탄력성을 연세대학교 김주환 교수가 개발한 '회복탄력성 지수(KRQ-53)'와 그 요소를 바탕으로 구체적으로 분석해 보자. 이 지수는 자기조절능력, 대인관계능력, 긍정성이라는 세 가지 주요 능력과 아홉 가지 세부 항목으로 구성되어 있다.[57] 이를 바탕으로 손흥민 선수의 회복탄력성을 분석하면, 그의 성공 요인을 더 깊이 이해할 수 있다.

자기조절능력

감정조절력
손흥민은 경기 중 큰 실수를 하거나 부상을 당해도 감정을 잘 통제하는 모습이 자주 보인다. 특히, 중요한 경기에서 골을 넣지 못하거나 팀이 어려운 상황에 빠질 때도, 그는 감정적으로 흔들리지 않고 끝까지 집중력을 유지한다. 그의 감정조절력은 팬들 사이에서 '항상 웃는 선수'로 알려져 있을 만큼 긍정적인 에너지로 발현되기도 한다.

충동통제력
경기 중 몸싸움이나 상대의 도발에 쉽게 흔들리지 않는 것도 손흥민의 강점 중 하나다. 그는 공격적인 상황에서도 냉정함을 잃지 않고, 충동적인 행동 대신 전략적이고 계산된 움직임을 보여준다. 이는 그가 다양한 압박 상황에서도 뛰어난 충동 통제 능력을 갖추고 있음을 나타낸다.

원인분석력

손흥민은 경기 후 자신의 경기력을 되돌아보며 개선할 점을 찾는 데 탁월하다. 실패를 단순히 운이 나빴다고 치부하지 않고, 왜 그러한 결과가 나왔는지 분석하고 발전의 기회로 삼는다. 특히 감독과의 대화나 훈련 후 인터뷰에서 그가 자신의 경기력을 분석하고 인정하는 태도는 그의 원인분석 능력이 뛰어남을 보여준다.

대인관계능력

소통 능력

손흥민은 동료들과의 소통이 매우 원활하며, 경기 중에도 팀원들과의 유기적인 플레이를 자주 보여준다. 특히 EPL 같은 국제적인 무대에서 다양한 언어와 문화적 배경을 가진 선수들과 원활히 소통하는 것은 손흥민의 뛰어난 소통 능력을 보여주는 대표적인 사례다.

공감 능력

손흥민은 동료 선수들, 특히 어린 선수들이나 부상을 당한 동료들에 대해 큰 공감 능력을 발휘하는 것으로 알려져 있다. 파페 사르 같은 후배 선수나 히샬리송 같은 동료들을 적극적으로 배려하는 그의 모습은 손흥민의 공감 능력이 높은 수준에 있다는 것을 증명한다. 이는 그가 단순한 기술적 리더가 아닌, 감정적으로도 팀을 이끄는 리더임을 나타낸다.

자아 확장력

손흥민은 개인적인 성공에 그치지 않고 팀의 성공을 위해 헌신하는 모습을 자주 보여준다. 그는 팀의 필요에 따라 공격수, 미드필더 등의 다양한 역할을 기꺼이 수행하며, 자신의 능력을 확장하고 팀을 위해 희생할 줄 아는 자세를 가지고 있다. 이러한 자아 확장력은 손흥민이 단순한 스타 플레이어가 아닌, 팀의 기둥 역할을 하는 선수로 자리 잡게 한 중요한 요소다.

긍정성

자아 낙관성

손흥민은 경기를 뛰면서 언제나 긍정적인 마인드를 유지하려는 태도를 보여준다. 큰 부상을 당하거나, 중요한 경기에서 실수를 하더라도 그는 '다시 더 잘할 수 있다.'는 확신을 가지고 경기에 임한다. 이는 그가 매 순간 자신의 잠재력을 믿고 앞으로 나아가는 자아 낙관성이 매우 강하다는 것을 의미한다.

생활 만족도

손흥민은 축구 외적인 삶에서도 높은 만족감을 느끼는 것으로 알려져 있다. 가족과의 돈독한 관계나 팀 내에서의 좋은 인간관계가 그가 축구 외의 삶에서도 큰 만족을 느끼게 해준다. 이는 그의 경기력에 긍정적인 영향을 미치며, 어려운 상황에서도 높은 회복탄력성을 발휘하게 하는 원동력이 된다.

감사하기

손흥민은 늘 주변 사람들에게 감사하는 태도를 잊지 않는다. 그는 자신의 성공을 단지 자신의 능력 덕분이라고 여기지 않고, 팀 동료, 코칭스태프, 가족, 팬들에게 늘 감사한 마음을 표현한다. 이 감사의 태도는 그의 긍정성을 높이고, 회복탄력성을 더욱 강하게 만드는 중요한 요소이다.

결론: 손흥민의 한국형 회복탄력성 분석

손흥민 선수의 회복탄력성은 김주환 교수의 KRQ-53 요소를 통해 볼 때 매우 높은 수준임을 알 수 있다. 자기조절능력에서는 감정과 충동을 통제하고, 실패의 원인을 분석하는 데 뛰어나며, 대인관계능력에서는 소통과 공감, 그리고 팀을 위한 자아 확장력이 매우 강력하다. 긍정성 면에서는 자아 낙관적 태도와 생활의 만족도, 그리고 감사하는 마음이 그를 더욱 강한 선수로 만든다.

이처럼 손흥민의 회복탄력성은 단순히 경기력뿐만 아니라, 그의 전반적인 삶에서 큰 역할을 하고 있으며, 그를 세계적인 선수로 이끌어준 핵심적인 요소라 할 수 있다.

팀 내 역할과 기여

손흥민 리더십

손흥민의 리더십은 단순히 그가 뛰어난 축구선수라는 사실에만 기초하지 않는다. 그는 오랜 기간 국가대표팀에서 주장으로 활약하며 팀을 이끌어 왔고, 최근에는 EPL에서도 2023-24시즌부터 토트넘 홋스퍼의 주장으로서 팀에 공헌하고 있다. 그의 리더십은 다양한 측면에서 빛난다.

먼저, 손흥민의 리더십은 모범적인 헌신과 책임감에서 비롯된다. 그는 경기장에서 항상 최선을 다하며, 자신의 성과보다는 팀의 승리를 우선시하는 모습을 보여준다. 국가대표팀에서도 그는 상대의 강한 압박 속에서도 침착하게 팀을 이끌었으며, 그를 믿고 따르는 동료들 사이에서 두터운 신뢰를 쌓아왔다. 이는 단순한 스킬이나 기록을 넘어서는, 진정한 리더로서의 면모를 드러낸다.

두 번째로, 손흥민의 리더십은 겸손함과 공감에서 나온다. 그는 성공적인 선수로서 화려한 경력을 쌓았음에도 불구하고, 늘 겸손한 자세를 유지한다. 이 겸손함은 그가 동료 선수들과 상호 존중하며 소통하는 방식에서도 잘 드러난다. 손흥민은 자신의 성과를 동료들과 나누고, 팀원들의 기여를 항상 언급하며 팀의 화합을 중시한다. 이는 그가 단순한 주장이 아니라, 동료들과 공감하고 그들을 존중하는 진정한 리더임을 보여준다.

또한 손흥민은 어려운 상황에서도 팀을 이끌어 가는 정신력을 보여준다. 그가 주장으로서 가장 큰 역할을 했던 순간들은 팀이 부진하거나 중요한 경기를 앞둔 때였다. 손흥민은 이러한 순간에 동료들을 격려하고, 자신이 앞장서서 팀을 다시 일으켜 세웠다. 이는 그가 단지 축구 실력뿐만 아니라 정신적으로도 팀을 지탱하는 중요한 존재임을 의미한다.

2023-24시즌 토트넘에서의 주장 역할은 그의 리더십을 EPL에서도 입증하는 중요한 사례다. 손흥민은 토트넘이 새로운 전술 체제로 전환하는 과정에서 주장으로서 중심을 잡아주었고, 동료들에게 긍정적인 에너지를 불어넣었다.

"지난 웨스트햄전에서 또 한 번 뼈아픈 역전패를 당한 뒤 이례적으로 동료들을 질책했던 손흥민은, 자신부터 이를 악물었습니다. 선제골과 추가골을 잇달아 도운 뒤에도 차분하게 축하를 건넸을 뿐, 끝까지 긴장 풀지 않도록 계속해서 선수들을 독려했습니다. 6경기 만의 값진 승리를 이끌어 낸 '캡틴'을 향해, 포스테코글루 감독은 이게 바로 '손흥민의 리더십'이라고 극찬했습니다. [포스테코글루/토트넘 감독: 손흥민이 일찌감치 경기 흐름을 잘 잡아줬습니다. 공을 잡을 때마다 긍정적으로 풀어냈습니다. 이게 바로 '리더십'에 필요한 부분입니다."]"[58]

그는 경기 외적으로도 팀 분위기를 주도하며, 팀원들이 한 목표를 향해 나아가도록 독려하고 있다.

"영국의 BBC에서는 손흥민의 특별한 리더십을 세 가지로 말합니다. 첫 번째는 개인보다 팀 승리를 위한 '희생 리더십'입니다. 두 번째는 경험과 신인의 조화를 통한 '융합 리더십'이라고 할 수 있습니다. 마지막으로 자신을 믿어주는 팬과 팀을 하나로 만드는 '공감 리더십'이 손흥민을 더욱 돋보이게 했습니다."[59]

결국 손흥민의 리더십은 경기장에서의 헌신과 책임감, 겸손한 태도, 그리고 팀을 하나로 묶는 정신력에서 비롯된다. 그는 단순한 축구선수가 아니라, 팀을 성공으로 이끄는 진정한 리더로서의 역할을 충실히 수행하고 있다. 국가대표팀과 토트넘에서 손흥민이 보여준 리더십은 그가 단순히 뛰어난 선수 그 이상임을 보여주며, 그가 이끄는 팀들이 그를 믿고 따르는 이유다.

손흥민의 팀십

축구는 개인기와 팀워크가 절묘하게 조화를 이루어야 하는 스포츠다. 손흥민은 이러한 축구의 본질을 몸소 실천하며, '팀십(Teamship)'을 완벽하게 구현해 내는 선수로 손꼽힌다. 그의 팀십은 '팔로워십'과 '리더십'이라는 두 가지 요소로 나뉘어 살펴볼 수 있다.

손흥민은 자신의 커리어 초반부터 팀 내에서 팔로워십을 중요시 여겼다. 후배 시절, 그는 선배들에게 깍듯하게 예의를 갖추었으며, 팀에서 작은 일도 마다하지 않았다. 국가대표팀에서 주장이었던 기성용의 생수 1병 심부름에 1박스를 가져다주는 모습이나, 경기 후 한참 선배인 이영표를 목말 태우는 장면은 그가 얼마나 선배들을 존중하고 배려했는지를 잘 보여준다. 이는 단순한 존경을 넘어 팀의 일원으로서 공동체의 원활한 소통과 유대감을 형성하는 데 중요한 역할을 했다.

또한, 그는 축구계의 전설적인 선수 박지성으로부터 많은 것을 배웠다. 박지성이 주장이었을 때, 손흥민은 그와 같은 방을 사용하면서 선배로서의 진정한 권위와 리더십을 자연스럽게 배웠다. 특히 후배로서 박지성이 편히 쉴 수 있도록 배려하는 모습은 손흥민의 세심한 성격을 잘 보여준다. 독일 함부르크 시절, 뤼트 판니스텔로이에게도 항상 감사의 마음을 전했던 손흥민은 선배로부터의 가르침을 결코 잊지 않는 겸손한 자세를 유지해 왔다.

리더로서의 손흥민은 말보다 행동으로 팀을 이끄는 선수다. 그는 국가대표팀에서 오랜 기간 주장으로 활약하며, 팀의 자부심과 애국심을 몸소 실천했다. 그러나 그는 결코 권위를 앞세우지 않았다. 세계 최고의 리그에서 인정받는 슈퍼스타임에도 후배들을 거만하게 대하지 않고 배려와 겸손함을 유지했다. 손흥민은 자신이 말로 리더십을 발휘하기보다는, 솔선수범을 통해 팀원들에게 동기를 부여하는 것을 더 중요하게 여긴다.

그의 리더십은 특히 경기장에서 빛을 발한다. 후배들의 컨디션이 좋지 않을 때는 손흥민이 더 넓은 지역을 커버하며 팀의 균형을 유지하려고 노력한다. 국가대표팀의 수준이 토트넘 홋스퍼와 다를 때에도, 그는 이를 이해하고 불만을 표출하지 않으며, 후배들을 아껴주는 모습을 보여준다. 이는 그가 경기 후 인터뷰에서도 자주 언급하듯, 자신보다 팀을 먼저 생각하는 태도에서 비롯된다.

토트넘에서는 어느새 후배들에게 롤모델이 된 손흥민은 그들에게 멘토 역할을 자처하며, 경기 전후로 응원과 격려의 말을 아끼지 않는다. 후배들에게 자신감을 심어주며, 그들이 경기 중 더욱 잘 해낼 수 있도록 의사소통을 적극적으로 시도한다. 이는 단지 축구 실력에 그치는 것이 아니라, 한 인간으로서의 모범적인 모습을 보여줌으로써 로메로, 히샬리송, 판 더 펜, 파페 사르, 비카리오 등 많은 후배 선수들에게 존경받고 있다.

또한, 손흥민은 프리킥 찬스에서도 팀원들과 다투지 않고, 기회를 양보하거나 감독에게 의견을 묻는 등 항상 팀을 먼저 생각하는 태도를 보여준다. 그의 이러한 행동들은 팀 내 분위기를 원활하게 하고, 팀워크를 강화하는 데 큰 역할을 한다.

손흥민의 '팀십'은 '팔로워십'과 '리더십'의 조화 속에서 완성된다. 선배로서 후배들에게 모범을 보이고, 후배로서 선배들을 존중하는 태도는 그의 뛰어난 '팀십'을 증명한다. 이러한 손흥민의 팀십은 그를 단순한 슈퍼스타가 아닌, 팀의 중심에 서는 리더로 만들었으며, 팀을 원팀으로 이끄는 중요한 요소로 자리 잡았다. 그는 축구가 개인이 아닌 팀 스포츠라는 사실을 몸소 실천하며, 팀의 승리를 위해 모든 것을 바치는 진정한 팀 플레이어다.

문제는 팀 내에서 '팔로워'들이 이를 깨닫고 손흥민의 '리더십'과 조화를 이루어 '팀십'을 완성하고 원팀이 되어 강한 '팀워크'가 완성될 수 있도록 팀 내 '팔로워'들이 노력해야 한다는 것이다.

손흥민의 부드러운 카리스마

현대 축구에서 리더십은 경기장의 승패를 결정짓는 중요한 요소다. 손흥민 선수는 축구 실력만이 아닌, 팀을 이끌어가는 특별한 리더십으로도 주목받고 있다. 그의 리더십은 권위주의적이고 지시적인 스타일이 아니라, 부드러운 카리스마를 바탕으로 한 수평적 리더십으로 팀원들과 관계를 맺고, 그들의 성장을 도모하며 성공을 공유한다.

손흥민은 경기장 안팎에서 동료들과의 관계를 매우 중요하게 여긴다. 그는 팀 내에서의 위계질서를 무리하게 강조하지 않고, 동료들의 의견을 경청하며 상호 존중을 기반으로 한다. 이는 축구에서 흔히 볼 수 있는 수평적 리더십의 전형적인 사례다. 예를 들어, 손흥민은 팀 동료들과 열린 소통을 통해 팀의 사기를 높이고, 모두가 자신의 의견을 표출할 수 있는 분위기를 만든다. 그가 경기 중 보여주는 포용력과 친화력은 바로 수평적 리더십의 실천을 잘 보여준다. 이는 단순히 실력으로만 동료들을 이끄는 것이 아니라, 협력과 소통을 통해 팀 전체를 하나로 묶어 성공을 향해 나아가는 모습이다.

손흥민의 리더십은 부드러운 카리스마로 설명할 수 있다. 그는 결코 강압적이지 않으며, 동료들을 압도하거나 지시하지 않는다. 대신, 그는 항상 동료들의 잠재력을 끌어내는 역할을 한다. 예를 들어, 손흥민은 훈련이나 경기에서 더 어린 선수들에게 조언을 아끼지 않으며, 그들의 의견을 존중하고 함께 성장하려는 자세를 취한다. 그는 배려심과 따뜻함을 바탕으로 동료들과 소통하며, 자연스럽게 팀의 중심에 선다. 이러한 부드러운 카리스마는 손흥민이 리더십을 발휘하는 중요한 방식이며, 이는 팀 내에서 신뢰와 협력을 이끌어 내는 데 매우 효과적이다.

손흥민은 또한 진정한 카리스마의 본질을 잘 이해하고 있다. 그는 겉으로 드러나는 권위나 외석인 매력에 의손하지 않는다. 오히려, 동료들과의 신뢰를 통해 리더십을 발휘한다. 팀원들은 손흥민을 단순히 따르는 것이 아니라, 그를 진심으로 존경하고 따른다. 그가 경기에서 보여주는 끈기, 노력, 그리고 팀을 향한 헌신은 동료들에게 영감을 주며, 그들이 자발적으로 손흥민을 따르게 만든다. 이는 진정한 카리스마가 외적 권위가 아닌, 내적인 신뢰와 존중을 바탕으로 이루어진다는 것을 잘 보여준다.

손흥민의 리더십은 팀을 이끌고 성과를 내는 데 그치지 않는다. 그는 팀의 협력과 조화를 무엇보다 중요하게 생각하며, 이를 통해 긍정적인 변화를 이끌어 낸다. 이러한 변화는 팀 내의 분위기를 더욱 끈끈하게 만들고, 동료들이 더 나은 자신으로 성장할 수 있도록 동기를 부여한다. 손흥민은 카리스마 넘치는 리더이지만, 그 카리스마는 결코 거칠지 않으며, 오히려 부드러움을 통해 더욱 강력한 영향력을 발휘한다.

손흥민은 부드러운 카리스마와 수평적 리더십을 통해 팀을 이끌고 있다. 그는 동료들의 의견을 존중하고, 배려심과 따뜻함을 바탕으로 팀의 성공을 도모한다. 이는 단순히 축구 실력을 넘어, 리더로서 팀의 협력과 조화를 이끄는 중요한 역할을 하고 있음을 보여준다. 손흥민의 리더십은 현대 축구에서 이상적인 리더십의 한 예로, 앞으로도 많은 팀들이 그를 통해 배울 수 있는 점이 많을 것이다.

캡틴으로서의 책임감

손흥민은 잉글랜드 프리미어리그(EPL)에서 토트넘 홋스퍼의 주장일 뿐 아니라 대한민국 국가대표팀의 주장으로서도 활약하고 있다. 두 팀에서 모두 주장의 역할을 맡는 것은 그만큼 그의 리더십과 책임감이 두드러진다는 뜻이다. 손흥민은 단순히 실력만 뛰어난 선수가 아니라, 경기장 안팎에서 동료들에게 신뢰와 지지를 이끌어 내는 리더이기도 하다.

손흥민은 경기에 임할 때마다 헌신적인 태도를 보여준다. 이는 그가 주장으로서 선수들에게 모범이 되고자 하는 마음을 실천하는 방식이다. 토트넘과 대한민국 대표팀에서 손흥민은 팀의 중심에서 경기의 흐름을 주도하며, 골을 넣는 것은 물론 공수 전반에 걸쳐 끊임없이 움직인다. 특히 손흥민의 경기 중 리더십은 팀원들에게 강력한 동기부여가 된다. '어떻게 하면 이끌어 갈 수 있을까.'라는 고민을 바탕으로, 그는 경기에서 한 발 더 뛰는 캡틴으로 자리 잡았다.

손흥민은 주장으로서의 책임감을 그저 명예로 여기는 것이 아니라, 동료들을 위한 헌신으로 이어간다. 최근 경기에서 그의 동료들, 특히 10대 후반의 어린 선수들에게 보여준 배려는 단지 경기에서의 협력만이 아닌, 팀 내 분위기 형성에도 중요한 역할을 한다. 이는 손흥민의 친화력과도 연결되며, 그의 책임감은 동료들을 이해하고 배려하는 데서도 발휘된다. 주장으로서 그가 항상 팀원들에게 다가가고 먼저 말을 거는 모습은 팀을 하나로 결속시키는 데 중요한 역할을 한다.

경기에서의 패배나 팀의 위기 상황에서 손흥민은 결코 책임을 회피하지 않는다. 오히려 그는 주장으로서 더 큰 책임감을 느끼며, 동료들을 위로하고 그들의 사기를 북돋아 준다. 때로는 그에게도 과도한 부담이 주어질 때가 있지만, 그는 그럴 때마다 팀 전체의 분위기를 감싸 안고 개선하려고 노력한다. 팀이 어려움에 처했을 때 오히려 더 침착하고 성숙한 모습을 보이며, 모든 것이 손흥민을 중심으로 재정비된다. 이는 그가 주장으로서 팀을 이끄는 데 있어 얼마나 중요한 역할을 하는지 보여준다.

손흥민에게 캡틴의 책임감은 그가 속한 팀뿐 아니라, 국가를 대표한다는 더 큰 의미도 지닌다. 대한민국 대표팀에서의 손흥민은 팀의 승패를 떠나, 팀원들의 심리적 안정을 우선으로 한다. 월드컵이나 아시안컵 같은 중요한 무대에서도 그는 동료 선수들이 느낄 수 있는 부담감을 덜어주고, 그들의 자신감을 높이기 위해 끊임없이 소통한다. 이러한 손흥민의 리더십은 대한민국 국민들에게도 큰 감동을 주며, 그가 단순한 선수를 넘어 대한민국 축구의 상징적인 존재로 자리 잡게 만든다.

손흥민의 캡틴으로서의 책임감은 그의 뛰어난 기량만큼이나 큰 무게를 지닌다. 그는 팀을 이끄는 주장으로서 언제나 자신을 먼저 희생하고, 동료들을 배려하며, 위기 속에서도 흔들림 없이 팀을 결속시킨다. 또한 국가를 대표하는 자리에서도 그의 책임감은 빛을 발하며, 그가 얼마나 리더로서 성숙한 모습을 보여주는지 증명한다. 손흥민의 리더십은 단순한 승패를 넘어서, 팀의 정신적 중심을 잡아주는 역할을 하고 있다.

멘토와 헬퍼
손흥민의 팀 내 역할과 기여

손흥민은 뛰어난 실력만으로 팀에 기여하는 선수가 아니다. 그의 역할은 팀의 공격을 이끄는 주축일 뿐 아니라, 팀 동료들에게 멘토이자 헬퍼(Helper)로서의 자리매김을 하고 있다. 축구에서 멘토와 헬퍼의 역할은 팀의 성과에 큰 영향을 미친다. 손흥민은 이 두 가지 중요한 역할을 완벽하게 수행하며, 토트넘에서뿐만 아니라 대한민국 축구 역사에서도 유례를 찾기 어려운 독보적인 위치에 서 있다.

손흥민이 팀에서 멘토 역할을 수행하는 것은 주로 그의 경험과 성공에서 비롯된다. 그는 독일과 영국에서의 풍부한 리그 경험을 통해 경기장에서의 어려움을 극복해 나가는 방법을 몸소 체득했다. 특히, 그는 팀의 젊은 선수들에게 이러한 경험을 전수하며, 그들의 성장에 중요한 역할을 하고 있다. 예를 들어, 경기 중 발생하는 압박감이나 예상치 못한 상황에서도 침착함을 유지하고 최상의 결과를 도출하는 방법을 손흥민은 자신의 플레이로 보여주고 있을 뿐만 아니라, 대화와 소통을 통하여 그들의 발전을 돕고 있다.

그는 후배 선수들에게 축구 실력뿐만 아니라 인성적 측면에서도 모범을 보이고 있다. 겸손함과 프로페셔널리즘을 바탕으로, 그의 태도는 많은 선수들에게 귀감이 되고 있다. 또한 손흥민의 피나는 노력과 끊임없는 자기 개발은 젊은 선수들에게 큰 영감을 주고, 스스로의 가능성을 확장하게 만드는 원동력이 된다.

손흥민은 팀 내에서 '헬퍼'로도 중요한 역할을 맡고 있다. 그의 헬퍼 역할은 단순히 플레이메이커로서의 공헌에 그치지 않는다. 그는 동료들이 최상의 상태에서 경기에 임할 수 있도록 돕는 여러 가지 지원적인 행동들을 통해 팀의 분위기를 밝고 긍정적으로 만든다. 경기 외적으로도 그는 팀 동료들과의 유대감을 쌓으며, 팀 케미스트리를 강화하는 데 큰 기여를 한다. 훈련 중에도 훈련 코치 역할을 마다하지 않는다.

경기 중 손흥민은 자신의 득점 기회보다 동료들의 기회를 우선시하는 이타적인 플레이를 자주 보여준다. 그는 팀 전체의 승리를 위해 자신의 스타성과 개인 기록을 뒷전으로 두며, 동료들에게 결정적인 패스를 내주거나 팀 수비에 적극 가담하는 등 팀 플레이를 강조한다. 이는 손흥민이 그저 뛰어난 득점 능력을 가진 공격수가 아닌, 팀의 전체적인 균형을 맞추는 헬퍼로서의 역할도 충실히 수행하고 있음을 보여준다.

손흥민의 팀 내 멘토와 헬퍼로서의 역할은 단순히 경기장에서의 역할로 끝나지 않는다. 그는 팀의 후배들을 양성하고, 동료들의 경기력을 끌어올리는 중요한 중심축으로 자리하고 있다. 이처럼 팀 동료들의 성장을 돕고, 그들이 최상의 경기력을 발휘할 수 있도록 보조하는 손흥민의 역할은 토트넘뿐만 아니라 대한민국 축구의 성장에도 긍정적인 영향을 미치고 있다. 때때로 국가대표팀 감독의 성향이나 팀의 사정에 따라서는 그의 이러한 '멘토'와 '헬퍼'로서의 역할은 더욱 부각되기도 한다.

멘토와 헬퍼, 이 두 역할을 동시에 수행할 수 있는 선수는 흔치 않다. 손흥민은 그 능력을 넘어서는 리더십으로 팀을 이끌며, 팀이 한층 더 높은 수준으로 나아가게 만드는 힘을 제공한다. 그가 토트넘의 주장으로 선출된 것도 이런 역할과 공헌이 뒷받침되었기 때문이다. 손흥민은 팀 동료들과의 조화를 통해 더 큰 성과를 창출하고 있으며, 그 과정에서 그는 진정한 리더로 거듭나고 있다.

오죽했으면 우리나라 한 누리꾼은 손흥민은 토트넘에서 젊고 어린 선수들의 '보모' 역할을 한다고 할까? 팀의 입장에서는 이보다 더 좋을 수 있을까? 리그 최고의 선수가 옆에서 무료로 개별 맞춤 코칭도 해주고 경기에서는 플레잉코치 역할도 하니 말이다.

손흥민은 단순한 축구 스타가 아니다. 그는 팀 내에서 멘토이자 헬퍼로서 중요한 역할을 수행하며, 그의 존재가 팀 전체에 미치는 긍정적인 영향은 실로 크다. 손흥민이 자신의 재능을 팀원들과 나누고 그들을 서포트하는 모습은 현대 축구에서 가장 이상적인 선수의 모습일 것이다. 그리고 이러한 역할 수행은 앞으로도 계속되어, 토트넘뿐만 아니라 한국 축구에도 큰 유산을 남길 것이다.

손흥민 효과에 대하여

'손흥민 효과'는 단순히 그의 경기력에 그치는 것이 아니라, 팀 스쿼드 보강, 전술적 이점, 그리고 팀의 전반적인 경쟁력에 이르기까지 다방면에서 나타난다. 이는 손흥민의 뛰어난 능력과 팀 내에서의 영향력이 복합적으로 작용하는 결과로 볼 수 있다.

손흥민의 존재는 토트넘 홋스퍼의 선수 영입 경쟁에도 긍정적인 영향을 미치고 있다. 특히 젊은 유망주들의 경우, 비슷한 연봉을 제시받는 상황에서 손흥민이 뛰고 있는 팀을 선호하는 경향이 있다. 이는 손흥민이 전 세계적으로 갖는 높은 명성과 영향력 덕분이다. 많은 선수들이 손흥민과 같은 뛰어난 선수와 함께 훈련하고 경기하는 기회를 소중하게 여기며, 이는 팀의 매력을 높이는 중요한 요인으로 작용하고 있다. 특히 유럽뿐만 아니라 아시아에서도 손흥민의 인기는 대단히 높아, 아시아 출신 유망주들에게는 더욱 큰 동기부여가 된다.

손흥민은 경기 중 단순한 공격수 이상의 역할을 수행한다. 그의 뛰어난 피니쉬 능력은 상대 수비로 하여금 손흥민에게 집중하지 않을 수 없게 만든다. 손흥민을 두 명 이상의 수비수가 마크하는 경우가 빈번하며, 이는 토트넘의 다른 선수들에게 공간을 만들어 주는 결정적인 역할을 한다. 손흥민이 수비를 유인하는 과정에서 생기는 공간과 노마크 찬스는 다른 공격수들이 골을 넣을 수 있는 기회를 제공하는 것이다. 이러한 상황에서 손흥민은 단순한 골잡이뿐 아니라 전술적으로도 중요한 역할을 수행하며, 상대 팀에게 지속적인 위협 요소로 작용한다.

이처럼 손흥민은 팀 스쿼드 보강에서부터 경기 내 전술적 활용까지 다방면에서 영향을 미치며, 토트넘과 손흥민의 동료들에게 중요한 자산이 되고 있다. 그의 존재는 단순한 스타 플레이어를 넘어 팀 전체의 역량을 끌어올리는 '손흥민 효과'를 만들어 내고 있는 것이다.

대중과의 소통

유튜브 출연과 소통

잉글랜드 프리미어리그(EPL) 토트넘 홋스퍼의 주장으로서, 손흥민은 축구 팬들에게 늘 큰 사랑을 받고 있다. 그가 보여주는 경기장 위의 놀라운 활약은 이미 잘 알려져 있지만, 손흥민이 팬들과의 소통을 중요시하며 다양한 유튜브 채널에 출연해 보여주는 인간적인 면모 역시 큰 화제가 되고 있다.

손흥민은 유튜브 플랫폼에서 자신의 진솔하고도 친근한 모습을 선보였다. 최근 유튜브 채널 TEO의 인기 예능 '살롱드립2'에 출연한 손흥민은 코미디언 장도연과 대화를 나누며 그 특유의 유머 감각을 발산했다. 토트넘 선수로서의 일상과 축구에 대한 비하인드 스토리를 유쾌하게 풀어가며 팬들에게 깊은 인상을 남겼다. 그는 '월드클래스'라는 칭호에 대해 자신은 아직 그에 걸맞지 않다고 이야기하며, 겸손한 태도를 유지하는 모습을 보여주었다.

또한, 2023년 7월 유튜브 채널 슛포러브에서는 그의 축구 실력을 주제로 팬들이 궁금해했던 '주발(주로 사용하는 발)' 테스트를 통해 양발의 능력을 입증하며 팬들과의 친밀감을 높였다. 평소 축구장에서 보여주던 카리스마와는 다른 익살스럽고 다정한 모습으로 팬들에게 웃음을 선사했다. 슛포러브의 팬들과 함께 한 이 콘텐츠는 출시 직후 수십만 건의 조회수를 기록하며 큰 인기를 끌었다. 이처럼 손흥민은 자신을 엄격히 꾸미기보다, 자유롭고 인간적인 모습을 보여줌으로써 팬들에게 더욱 가까이 다가가고 있다.

8월에는 유튜브 채널 피식대학에도 출연하여 한국 팬들과의 유쾌한 교감을 보여주었다. 손흥민을 소개한 MC들은 그가 현장에 등장하자마자 팬들의 함성과 환호가 터져 나왔다고 설명하며, 그가 얼마나 대중적으로 사랑받고 있는지를 강조했다. 손흥민은 자신을 패러디한 영상을 알고 있었고, 그는 진행하던 이용주에게 장난스럽게 "사과해야지."라며 농담을 던지며 팬들과 함께 웃음을 나누었다.

이 자리에서 그는 "부동산 투자 실패와 페널티킥 실축 중 어느 쪽이 더 나은 경험일까?"라는 질문을 받기도 했다. 그는 웃으며 "PK 실패는 저를 더 강하게 만들겠지만, 부동산 실패는 아….".라며 고민에 잠긴 표정을 지어 팬들의 웃음을 자아냈다. 이처럼 손흥민은 진지한 질문과 장난스러운 질문에도 거침없이 답하며 팬들과 자연스럽게 소통하고, 웃음을 나누는 모습을 보여준다.

손흥민의 유튜브 출연은 단순한 홍보나 이미지 관리 차원을 넘어, 진정으로 팬들과의 거리를 좁히고 싶다는 그의 소망이 담겨 있다. 겸손함을 바탕으로 한 그의 진솔한 이야기와 팬들에게 다가가려는 자세는 팬들로 하여금 손흥민을 단순한 스타가 아닌, 친근한 친구처럼 느끼게 한다.

손흥민은 축구라는 스포츠뿐만 아니라, 일상 속에서도 유쾌하고 진솔하게 소통하는 법을 아는 사람이다. 팬들에게 다가가 함께 웃고 교감하는 그의 모습은 많은 사람들에게 영감을 주고 있으며, 그의 유튜브 출연이 팬들에게 큰 즐거움과 위로를 전해주고 있다. 앞으로도 손흥민이 다양한 방식으로 팬들과의 교감을 이어가며, 따뜻한 소통을 지속해 나가기를 기대한다.

언론 및 방송과의 인터뷰

손흥민은 다양한 언론과의 인터뷰에서 그의 인성, 책임감, 그리고 겸손한 태도를 드러낸다. 그는 경기장에서의 활약뿐만 아니라, 인터뷰에서 보여주는 인간적인 면모로 많은 팬들과 기자들에게 깊은 인상을 남긴다.

손흥민은 캡틴이 되고 난 뒤에도 절대 자신을 내세우는 법이 없다. 언론과의 인터뷰에서도 언제나 진지하고 팀 동료들을 먼저 생각하고 배려한다. 수훈 선수 인터뷰 등에서도 자신의 활약상을 강조할 법 하지만, 오히려 동료들에게 공을 돌리며 겸손함을 잃지 않는다. 축구 실력에 앞서 훌륭한 인성이 느껴진다. '손흥민 스타일의 인터뷰'에 이제는 팀 동료들도 또 시작되었군(?) 하면서 인정한다. 모범적인 인터뷰를 한다는 말이다. 마치 이렇게.

"모처럼 최전방 공격수로 선발 출전해 두 골을 넣은 히샤를리송을 치켜세우자, 이런 반응이 나옵니다. [손흥민/토트넘 공격수: 박스 안에선 저보다 더 훌륭합니다. 저보다 더 적합한 스트라이커입니다. 왜 웃는 거예요? (당신이 그 최적의 스트라이커잖아요. 전형적인 손흥민의 인터뷰네요. 오늘도 골 넣었잖아요. 두 자릿수 득점이라고요)]"[60]

2023년 12월 24일 이날 경기장을 찾아온 한국 팬들 앞에서 구단 채널인 스퍼스 플레이와 인터뷰에서 손흥민은 한국 팬들의 응원에 대해 "정말로 믿을 수 없다. 어떤 단어로 설명해야 할지 모르겠다.라고 운을 뗀 뒤 정말 감사하다. 팬들이 보여주는 응원을 보면, 나는 세상에서 가장 운이 좋은 선수 중 하나인 것 같다.라고 인사를 전했다. 그는 이어 토트넘 경기를 보기 위해 여기까지 와 주는 팬들을 보면 정말 감사하다. 어떤 단어로 이 기분을 설명해야 할지 모를 정도로 기쁘다."고 거듭 강조했다.[61]

손흥민은 또한 미디어와의 협력에 대해 큰 책임감을 느끼며, 취재진과의 인터뷰 요청을 거의 거절하지 않는 모습으로 프로로서의 태도를 보여준다. 경기가 끝난 후 여러 매체와의 인터뷰 일정에도 불구하고, 손흥민은 기다리는 언론에 정중하게 응하며, 시간 부족으로 인터뷰를 못 할 때도 사과의 말을 전하는 모습을 보였다.

"믹스트존에서 취재진을 존중하는 태도는 다른 선수들과 구별되는 손흥민의 특징이다."[62] 이는 손흥민이 단순한 스포츠 스타가 아닌, 미디어와의 협업을 통해 축구의 가치를 높이는 데 기여하는 '프로 중의 프로'라는 것을 의미한다.

   언론을 대하는 손흥민의 자세와 태도는 작은 동작 하나에서도 감동을 주었다.

"지난해 10월 루턴 타운과의 7라운드 경기가 끝난 후 손흥민은 'TNT 스포츠'와 인터뷰를 가졌다. 인터뷰를 마친 손흥민은 테이블 위에 두 손으로 마이크를 잡고 천천히 조심스럽게 내려놨다. 이 행동이 화제가 되면서 손흥민의 품격 있는 행동이 조명받았다."[63]

   또한 손흥민은 재치 있는 답변으로 많은 사람들을 웃게 한다. SPOTV와의 인터뷰에서 애인에게 갑자기 차이기와 경기 중 걸어차이기(반칙 아님) 중에서 더 열받는 일은 무엇이냐는 질문에 손흥민은 "경기 중에 차인 게 더 열 받지 않을까요? 애인에게 차이면 이유가 있겠죠. 그런데 명백한 파울인데 파울 안 주시면 화나고 짜증 나니까요."[64]라며 유쾌하게 답한다.

   자신의 기록 중 한 가지를 남긴다면 푸스카스 골을 선택할 것이라는 고민은 그가 팬들과의 소통을 얼마나 즐기는지를 잘 보여준다. 이처럼 손흥민은 인터뷰에서 겸손함과 유쾌함을 동시에 발휘하며, 기자들로부터 "월드클래스임에도 불구하고 친절한 선수"라는 찬사를 받는다.

   손흥민의 인터뷰는 그가 단순한 축구선수가 아니라, 인간적으로도 존경받는 리더임을 증명한다. 손흥민은 많은 사람에게 사랑을 받는 행복한 선수이며 다른 사람에게 행복을 주는 선수다.

자선 활동 및 사회공헌 활동

손흥민 선수는 세계적인 축구 스타로서 경기장에서의 뛰어난 활약뿐만 아니라, 다양한 기부 활동과 사회공헌 활동을 통해 사회에 긍정적인 영향을 미치고 있다. 그는 어려운 상황에 처한 사람들을 돕고, 자신의 성공을 나누며 지속적인 선행을 이어가고 있다.

먼저, 손흥민은 코로나19로 인한 피해 극복을 위해 총 2억 원을 기부했다. 그는 희망브리지 전국재해구호협회와 굿네이버스에 각각 1억 원씩 기부하여, 코로나19로 고통받는 이들을 돕고 취약계층 아동을 지원하는 데 힘을 보탰다. 손흥민은 영국에서 재활 중임에도 불구하고 멀리서나마 자신의 나라에 대한 책임감을 보여주었으며, 그가 보여준 이 선행은 사회에 큰 감동을 안겼다.

또한, 손흥민은 2019년 강원도 산불 피해 복구를 돕기 위해 1억 5천만 원을 기부했다. 강원도에서 발생한 대규모 산불로 인해 많은 이재민이 발생했을 때, 그는 희망브리지 전국재해구호협회에 성금을 기탁하며 조속한 복구를 기원했다. 이처럼 손흥민은 국내에서 발생한 재난 상황에 대해 적극적으로 나서며, 자신의 고향을 비롯한 사회적 문제 해결에 동참하고 있다.

그 외에도 손흥민은 군 관련 기부에도 참여하여 2018년 8월에는 육군 위국헌신 전우사랑 기금에 1억 원을 기부했다. 이러한 사실도 자신의 선행을 잘 알리지 않는 그의 성향 탓에 뒤늦게 국방일보를 통해 알려졌다.

"손흥민은 평소 육군 장병의 노고를 항상 마음속에 담고 있었다. 헌신과 희생한 육군 장병들과 그 가족들을 위해 써달라라며 1억 원을 기부했다. 1억 원은 개인 기부로서 최고액이었다."[65]

백혈병을 앓고 있는 소년 이상호 군은 손흥민과의 만남을 통해 특별한 시간을 보냈다. 2018년 6월 10일 손흥민은 메이크어위시 재단을 통해 백혈병을 앓고 있는 소년 이상호 군을 직접 찾아가 친형제 같은 시간을 보내며, 사인볼과 모자를 선물하고 함께 축구 게임을 하는 등 따뜻한 마음으로 소년에게 잊지 못할 추억을 선사했다.

2023년 7월 4일에는 소아암 어린이들을 위한 '손★모아 Wish' 캠페인에 참여하여 직접적인 교류를 통해 아이들에게 희망과 기쁨을 선사했다. 소아암 어린이들과 함께 시간을 보내며 공놀이와 미술 치료 프로그램을 함께한 그는 어린이들에게 긍정적인 에너지를 전달했다. 이처럼 손흥민은 사회적 약자들을 돕기 위해 기꺼이 자신의 시간과 에너지를 아끼지 않고 투자하고 있다.[66]

손흥민은 자신의 세계적인 지명도를 활용하여 2021년 7월 유엔 세계식량계획(WFP)의 글로벌 친선대사(Global Goodwill Ambassador)로 임명되었다. 행사에 직접 참석한 데이비드 비즐리 WFP 사무총장은 "우리는 축구계의 진정한 스타인 손흥민을 WFP의 가족으로 맞이해 매우 기쁘다. 그와 한 팀이 돼, 배고픔을 해결할 수 있다는 우리의 결의를 더 확고히 한다."며 손흥민을 축하하였다. 손흥민은 전 세계의 기아 문제를 해결하는 데 목소리를 높이고 있으며, WFP의 'We Deliver' 비디오에 참여해 자신의 축구 경력과 WFP의 인도적 활동을 연결하는 메시지를 전달했다(World Food Programme).

그리고 무엇보다도 중요한 사회 환원 및 공헌 활동은 춘천에 지어진 유소년 축구 아카데미가 아닐까 한다. 한국 성인들은 거액의 여유자금이 있으면 대체로 무얼 할까? 아마도 서울 강남에 빌딩이라도 사두라는 권유를 많이 받을 것이다. 그러나 손웅정 손흥민 부자는 달랐다. "이 돈으로 빌딩을 사면 넌 더 많은 돈을 가질 수 있겠지만, 이 돈으로 운동장을 세우면 앞으로 아이들이 이곳에서 축구를 배울 것이다. 우리가 대한민국 축구의 미래를 위해 할 수 있는 일이 이것이지 않을까?"라는 아버지의 말씀에 손흥민은 흔쾌히 거액을 투자하여 유소년 축구센터를 개설하였다.

손흥민의 기부와 사회공헌 활동은 그의 따뜻한 인성을 반영하며, 그가 단지 축구장에서만 빛나는 선수가 아니라는 사실을 잘 보여준다. 위 예를 든 내용들은 지극히 일부분이고 겸손한 그는 자신의 선행을 잘 드러내지 않으려 한다. 다만 이렇게라도 알려진 그의 선행은 많은 사람들에게 감동을 주었고, 앞으로도 사회에 긍정적인 영향을 미치는 귀감이 될 것이다.

독일 프로팀 데뷔 전 부상

손흥민 선수는 함부르크 SV에서 2010-11시즌 프로 데뷔를 앞두고 프리시즌에서 뛰어난 활약을 펼쳤지만, 마지막 첼시와의 경기에서 부상을 당하면서 데뷔가 미뤄지는 아픔을 겪었다. 당시 그는 큰 기대를 가지고 있었기 때문에 상당한 실망과 좌절감을 느꼈다.

손흥민 선수는 그때의 심정을 자신의 책 『축구를 하며 생각한 것들』에서 다음과 같이 말하였다.

"다음 날 곧장 병원에 가서 퉁퉁 부은 발을 엑스레이에 올려놓았다. 잠시 후 의사가 촬영한 그림을 보여줬다. 의사의 설명을 들을 필요도 없었다. 형광등에 비친 엑스레이 사진 안에서 왼쪽 새끼발가락이 그야말로 '똑' 부러져 있었다. 1군 합류가 눈앞인데 다쳐버렸다. 말이 나오지 않았다. 1군 기회 앞에서 목발 신세라니, 카르발류도 원망스러웠고 내가 왜 그렇게 악착같이 볼을 다퉜는지도 후회스러웠다."

그러나 손흥민 선수는 이 위기를 극복하며 오히려 더 강해지는 계기로 삼았다. 그의 극복 과정을 몇 가지 측면에서 살펴보자.

손흥민은 부상으로 인해 잠시 뒤로 물러나야 했지만, 이를 긍정적으로 받아들이며 회복에 집중했다. 그는 항상 긍정적인 자세로 어려움을 극복하려 했고, 부상이 그저 잠시의 장애물일 뿐이라고 생각하며 자신감을 잃지 않으려 노력했다. 이는 그가 회복 과정에서도 꾸준히 자신을 다잡고 인내할 수 있도록 도와준 중요한 요인이었다.

1군 선수단의 촬영이 있던 날 목발에 기댄 채 유니폼을 입고 촬영에 참여해야 하는 상황에 손흥민은 크게 낙담했으나, 팀 동료들의 격려로 힘을 얻을 수 있었다. 특히, 판 니스텔로이가 다가와 "우리는 널 기다릴 거야."라고 말해주며 그의 어깨를 잡아주었고, 이 따뜻한 말 한마디가 손흥민에게 큰 위로가 되었다. 또한 동료들과 스태프들이 모두 함께 위로해 주며 그를 따뜻하게 감싸주었다. 그는 이 팀 덕분에 슬픔 속에서도 희망을 품고 다시 일어설 수 있었다.

손흥민은 부상 후 두 달 동안 뼈가 붙기를 기다리며 재활 훈련에 매진하며, 자신의 몸 상태를 철저히 관리했다. 프로로 데뷔하기 전부터 체계적인 훈련을 받아온 만큼, 그는 재활 과정을 통해 부상 부위를 더욱 강화하고자 했다. 이 시기에 그는 자신의 신체적 약점을 보완하며 더욱 강인한 몸을 만들기 위해 노력했다.

부상 후 그는 단기 목표를 다시 설정하고, 프로 데뷔와 이후의 성장을 위한 동기를 되새겼다. 그는 자신의 꿈과 목표를 항상 마음에 품고, 그 꿈을 이루기 위해 무엇이든 극복할 준비가 되어 있었다. 이 목표 의식이 그가 부상으로 인한 좌절감을 이겨내고 다시 훈련에 전념할 수 있도록 도왔다. "나는 반짝 유망주로 끝나지 않는다. 왜냐하면 그렇게 끝날 수가 없기 때문이다." 이즈음 손흥민의 마음가짐이었다.

손흥민은 항상 아버지인 손웅정 님의 조언과 지지 속에서 성장해 왔다. 부상으로 인해 어려움을 겪을 때도 아버지와 가족의 지원이 큰 힘이 되었을 것이다. 그들은 손흥민이 좌절하지 않고 계속해서 노력하도록 격려했으며, 이러한 지지가 그의 정신적 회복에 큰 도움이 되었다.

손흥민은 프로로서의 책임감을 잃지 않고, 자신의 상태를 지속적으로 관리했다. 그는 부상에서 회복하는 동안에도 매일 훈련과 회복을 게을리하지 않았으며, 자신의 몸 상태에 맞는 최선의 준비를 했다. 그의 성실한 태도는 부상 후에도 다시 팀의 주전으로 빠르게 복귀할 수 있는 밑바탕이 되었다.

손흥민 선수는 이러한 위기를 이겨내고 결국 데뷔 후에도 훌륭한 경기력을 보여주었으며, 이를 계기로 더 강한 선수로 성장하게 되었다. 그는 부상의 아픔을 경험하며 더욱 단단해졌고, 부상에서 복귀한 이후에는 계속해서 성장하여 지금의 세계적인 선수가 될 수 있었다.

스포츠 탈장과 안와골절 부상
손흥민의 인내력과 책임감, 정신력

손흥민 선수는 2022년과 2023년, 그의 커리어에서 가장 큰 도전 중 하나인 탈장과 안와골절 부상을 겪었다. 두 부상 모두 심각한 상황이었지만, 손흥민은 이를 극복하며 축구선수로서의 책임감과 강한 정신력을 보여주었다. 이러한 부상은 신체적인 고통뿐만 아니라 심리적 압박을 동반했지만, 손흥민은 자신의 의지와 인내로 이를 이겨내며 팬들과 팀에 큰 감동을 주었다.

2022년 11월, 손흥민은 마르세유와의 UEFA 챔피언스리그 경기 중 찬셀 음벰바의 어깨에 얼굴을 강하게 부딪쳐 안와골절 부상을 입었다. 그의 얼굴은 심하게 부어올랐고, 코피까지 흘리며 곧바로 교체되어 병원으로 이송되었다. 정밀 검진 결과, 그는 안와골절 진단을 받아 수술이 필요하게 되었고, 이로 인해 2022년 카타르 월드컵 출전 여부까지 불투명한 상황에 처했다.

수술 후에도 손흥민은 한국 대표팀의 주장으로서 월드컵에 출전하겠다는 의지를 굽히지 않았다. 전문가들은 그가 출전하는 것 자체가 위험할 수 있다고 경고했지만, 손흥민은 마스크를 쓰고 월드컵 경기에 나섰다. 그 결과, 한국 팀은 16강에 진출했고, 손흥민은 중요한 역할을 해냈다. 그는 국민과 팀을 위한 책임감을 바탕으로 자신의 부상을 극복하며, 경기를 뛰는 동안에도 강한 정신력을 발휘했다.

손흥민은 2022-23시즌 동안 스포츠 탈장으로 인해 끊임없는 고통에 시달렸다. 이 부상은 그의 경기력에 영향을 미쳤고, 시즌 내내 고통을 참고 경기에 나섰다. 손흥민은 마지막 경기인 리즈 유나이티드와의 경기에서까지 고통을 견디며 팀의 승리를 이끌었고, 이후 탈장 수술을 받았다.

그는 인터뷰에서 "매 경기가 고통스러웠다."며 시즌 내내 부상을 안고 뛰었음을 고백했다. 그는 통증을 숨기며 경기에 임했고, 일찍 수술을 하지 않은 이유에 대해 "팀과 팬들을 실망시키고 싶지 않았다."고 밝혔다. 손흥민의 이 같은 책임감은 자신보다 팀과 팬을 우선시하는 그의 정신력을 잘 보여준다. 그는 몸 상태가 완벽하지 않았음에도 불구하고 팀의 일원으로서 자신이 해야 할 일을 다하려는 의지를 잃지 않았다.

손흥민의 스포츠 탈장과 안와골절 부상 극복 과정은 그가 얼마나 강한 정신력을 가진 선수인지를 증명한다. 안와골절 수술 후에도 월드컵 출전을 강행한 그는 대한민국을 위해 뛰겠다는 굳은 의지로 팀을 이끌었고, 그의 정신력은 팀 동료들과 팬들에게 큰 감동을 주었다. 더불어, 스포츠 탈장으로 인한 고통 속에서도 경기를 포기하지 않았던 그의 인내력은 손흥민이 단순한 축구선수를 넘어선 리더로서의 책임감과 결단력을 보여준다.

그는 부상에도 불구하고 경기장에 나서며, 자신의 역할을 다하려는 프로페셔널한 자세를 잃지 않았다. 손흥민의 이 같은 행동은 그가 단순히 실력으로만 뛰어난 선수가 아니라, 그가 가진 책임감과 인내력, 그리고 강한 정신력이 얼마나 중요한지를 보여준다.

손흥민 선수는 탈장과 안와골절 부상을 통해 그의 강한 정신력과 책임감을 증명했다. 그는 단순히 신체적 부상을 극복하는 것에 그치지 않고, 팀과 팬들에 대한 책임감을 바탕으로 경기에 나섰다. 이러한 손흥민의 행동은 그가 축구를 넘어선 리더로서의 모습을 보여주며, 그가 가진 인내와 정신력이 얼마나 중요한지 다시금 깨닫게 해준다.

이강인과 충돌 사건
이강인과의 갈등을 넘어 새로운 도약으로

축구선수로서 손흥민은 뛰어난 경기력뿐만 아니라 갈등과 위기 상황에서도 놀라운 대처 능력을 발휘한다. 그가 이강인과의 충돌 사건에서 보여준 대처 방식은 그의 인간적인 깊이와 리더십을 잘 보여준다. 이 사건은 단순한 갈등이 아니었다. 대한민국 축구 국가대표팀 내에서 중요한 시기에 발생한 일로, 팀 분위기와 성적에도 큰 영향을 미칠 수 있었다. 그러나 손흥민은 위기를 잘 관리하며 갈등을 해결했고, 팀의 리더로서 다시 한번 성숙한 모습을 보여줬다.

이 사건은 2023 아시안컵 요르단전 직전에 발생했다. 이강인과 젊은 선수들이 저녁 식사 후 탁구를 치며 시간을 보내던 중, 이에 불만을 느낀 손흥민이 제지하려 하면서 갈등이 일어났다. 손흥민은 내일 경기와 관련된 중요 미팅 시간으로 생각하였고(우리나라 축구의 가장 성공 사례로 꼽히는 2002 월드컵에서 거스 히딩크 감독은 식사 시간을 아주 중요하게 여겼다), 후배들에게 주장으로서의 책임감과 팀 규율을 지키려는 마음에서 나름의 엄격함을 보였다. 하지만 이를 자유시간에 대한 간섭으로 간주한 이강인의 반발과 맞대응으로 상황은 더욱 악화되었다. 결국 손흥민은 이강인과의 몸싸움 과정에서 손가락이 탈구되는 부상을 당하게 된다.

손흥민의 괴로움은 단순히 신체적 부상에서 그치지 않았다. 그가 맡고 있는 팀의 주장으로서의 위치와 책임이 더 큰 마음의 짐이 되었을 것이다. 그동안 팀을 이끌어 온 리더로서, 그리고 후배들과의 관계에서 이상적인 모습을 보여주고자 했던 손흥민에게 이 사건은 큰 실망감과 상처를 남겼다. 한편, 대표팀 내부의 갈등은 팀 전체의 사기에도 부정적인 영향을 미쳤고, 요르단전에서의 패배로 이어졌다.

이후 이강인은 자신의 실수를 인정하고 손흥민에게 적극적으로 사과했다. 이 사과는 단순한 형식적인 행위가 아니었다. 이강인은 개인적으로 영국으로 손흥민을 찾아가 진심을 다해 사과했고, 이 과정에서 손흥민 역시 이를 너그럽게 받아들였다. 손흥민은 사과를 수용하며 이강인을 품었고, 그 과정에서 그는 후배들에게 중요한 교훈을 남겼다.

손흥민은 자신의 소셜미디어를 통해 "강인이가 진심 어린 사과를 했다."며, "저도 어릴 때 실수를 많이 했지만 선배님들의 가르침 덕분에 지금의 자리에 있다."고 말하며, 이강인을 특별히 돌보겠다고 밝혔다. 이는 손흥민이 단순히 갈등을 해소하는 데 그치지 않고, 후배의 성장을 돕는 리더로서의 역할을 수행했음을 보여준다.

갈등 이후 손흥민과 이강인은 국가대표팀 경기에서 한층 발전된 모습을 보여줬다. 특히, 중국과의 월드컵 예선 경기에서 이강인이 손흥민의 패스를 받아 선제골을 기록한 순간은 두 선수의 화해와 협력의 상징적인 장면으로 기억된다. 이강인은 골을 넣고 손흥민에게 달려가 포옹하며 두 사람의 관계가 완전히 회복되었음을 증명했다.

　이 장면은 단순한 경기 승리 그 이상이었다. 손흥민과 이강인의 화해는 팀 전체에 긍정적인 영향을 미쳤고, 그들의 협력은 팀의 경기력 향상으로 이어졌다. 또한, 팀의 후배와 선배가 위기를 극복하고 새로운 도약을 이룬 모습은 다른 선수들에게도 큰 귀감이 되었다.

　이강인과의 갈등에서 손흥민은 위기 상황을 성숙하게 관리하며 리더로서의 역량을 다시 한번 입증했다. 그는 개인적인 상처와 실망을 뛰어넘어, 후배의 사과를 받아들이고 팀의 화합을 위해 노력했다. 이 과정에서 그는 단순한 축구선수 이상의 인격과 포용력을 보여주었으며, 팀 전체에 긍정적인 변화를 이끌어 냈다.

　위기관리 능력은 손흥민이 단순히 축구를 잘하는 선수가 아니라, 팀을 이끄는 리더로서의 자질을 갖추고 있음을 보여준다. 그는 자신의 역할을 충실히 수행하며, 갈등 속에서도 팀의 성장을 도모하고 발전적인 방향으로 문제를 해결하는 모습을 통해 진정한 리더십을 보여줬다. 이러한 손흥민의 위기관리 능력은 앞으로도 그가 팀을 이끌어 가는 데 있어 중요한 자산이 될 것이다.

인종차별에 대한 대응

　얼마 전 비시즌 중에 손흥민 선수와 관련된 인종차별 사건이 발생했다. 토트넘 홋스퍼의 미드필더 로드리고 벤탄쿠르는 우루과이 TV 프로그램에 출연하여 "한국 사람들은 모두 똑같이 생겼다."라는 발언을 하여 큰 논란을 일으켰다. 이 발언은 소셜미디어를 통해 빠르게 퍼지며 많은 사람들의 비난을 받았다.

벤탄쿠르는 자신의 인스타그램을 통해 손흥민 선수에게 공개적으로 사과했다. 그는 "아주 나쁜 농담이었다."며 "너를 비롯한 누구에게도 무례하거나 상처 주려는 의도가 없었다."고 전했다. 하지만 처음에 손흥민 선수는 이에 대한 공식적인 입장을 밝히지 않았다. 그러다가 추후 결국 사과를 받아들였다. 2024-25시즌이 개막되고 클럽에서 만났을 때, 벤탄쿠르는 거의 울상이었다고 손흥민은 밝혔다. 하지만 지금 벤탄쿠르는 FA(잉글랜드 축구협회)로부터 징계를 기다리고 있는 실정이다 (이후 벤탄쿠르는 7경기 출전 정지와 10만 파운드의 벌금형을 받았다).

이 사건은 인종차별 문제의 심각성을 다시 한번 일깨워 주는 계기가 되었다. 손흥민 선수는 이전에도 여러 차례 인종차별을 겪은 바 있으며, 이번 사건은 이러한 문제가 여전히 존재한다는 것을 보여준다. 인종차별 발언은 어떤 맥락에서도 용납될 수 없으며, 특히 공인인 축구선수들 사이에서 이러한 발언이 나왔다는 것은 매우 유감스러운 일이다.

손흥민 선수는 여러 차례 인종차별을 경험한 바 있다. 그는 어린 시절 독일에서 축구선수로 활동할 때부터 인종차별을 겪었다. 손흥민은 16살에 독일로 이주하여 함부르크 SV의 유소년팀에 합류했는데, 이 시기에 많은 인종차별을 경험했다고 한다. 그는 "독일에서 어린 나이에 겪었던 인종차별로 인해 많은 어려움을 겪었다."며, 독일을 2018년 월드컵에서 탈락시킨 것이 일종의 복수였다고 밝힌 바 있다.

또한, 손흥민은 잉글랜드 프리미어리그에서도 인종차별을 겪었다. 그는 웨스트햄 유나이티드, 크리스탈 팰리스, 맨체스터 유나이티드와의 경기에서 인종차별적인 발언과 행동의 대상이 되었다. 특히, 2023년 웨스트햄과의 경기에서 손흥민에게 인종차별적인 트윗이 다수 올라왔고, 이는 토트넘과 잉글랜드 축구협회가 강력히 규탄했다.

웨스트햄 팬에게서는 여러 차례 인종차별을 경험했는데 그중 하나는 차를 몰고 가던 중 잠시 정차했을 때 발생했다. 옆 차선에서 정차 중이던 한 웨스트햄 팬이 "좋은 DVD 있느냐."며 중국인이나 동양인에 대한 편견을 바탕으로 한 인종차별적인 발언을 했다. 이는 불법 DVD를 파는 사람으로 묘사하는 인종차별적 표현이었다.

이 상황에서 손흥민 선수는 흥분하거나 대응하지 않고 씩 웃으면서 그냥 무시하고 지나갔다. 이러한 그의 반응은 많은 사람들에게 깊은 인상을 주었으며, 그의 침착함과 성숙함을 보여주는 사례로 남아 있다 (필자는 대단한 감동을 느꼈다. 이렇게 현명하고 쿨한 반응이라니. 그리고 그에 대한 대답은 이후 경기장에서 골로 답하였다).

이외에도, 손흥민은 온라인에서도 여러 차례 인종차별적인 공격을 받았으며, 이러한 행동들은 사회적으로 큰 논란을 일으켰다. 이러한 경험에도 불구하고 손흥민은 항상 성숙하게 대처하며, 인종차별 반대 캠페인 'We Can Kick Racism'에 참여하는 등 인종차별에 맞서 싸우는 모습을 보여주고 있다.

손흥민의 인종차별 경험은 그가 얼마나 강인한 정신력을 가지고 있는지를 보여준다. 그는 자신의 경험을 통해 인종차별에 대한 경각심을 일깨우고, 인종차별 없는 사회를 만들기 위해 노력하고 있다. 그의 이러한 행동은 많은 팬들에게 큰 귀감이 되고 있다.

골을 넣지 못한 손흥민
축구가 보여준 인생의 아이러니

축구는 단순한 스포츠 그 이상이다. 그라운드 위에서 벌어지는 경기는 때로는 선수와 팀, 그리고 팬들에게 예측할 수 없는 운명과 감정을 선사한다. 2023-24시즌 후반기, EPL의 리그 우승 경쟁이 맨체스터 시티와 아스널 간의 치열한 접전으로 달아올랐을 때, 토트넘 홋스퍼와 맨시티의 경기는 그 결과를 결정짓는 중요한 분수령이 되었다. 이 경기에서 손흥민은 자신의 커리어에서 가장 아찔했던 순간 중 하나를 경험했다.

그날 경기에서 손흥민은 리그 최고의 피니셔답게 결정적인 득점 기회를 맞이했다. 빠른 돌파로 골키퍼와의 1:1 상황을 만들어 낸 순간, 팬들은 이미 그의 골 세리머니를 상상하고 있었다. 그러나 평소와 다르게 그의 슈팅은 골대를 벗어났다.

그 찬스를 놓치며 토트넘은 득점을 기록하지 못했고, 결과적으로 맨시티는 승점을 확보하며 리그 우승을 차지할 발판을 마련했다. 만약 손흥민이 그 찬스를 골로 연결해 토트넘이 경기를 이겼더라면, 리그 우승은 토트넘의 최대 라이벌인 아스널로 넘어갔을 것이다. 이는 많은 토트넘 팬들에게 참을 수 없는 결과로 다가왔을 것이다.

축구선수에게 골은 모든 것이다. 특히 손흥민처럼 공격수에게 득점은 그의 가치를 증명하는 가장 강력한 수단이다. 그러나 이날 손흥민이 골을 넣지 못한 순간은 단순히 개인의 실패가 아니었다. 그것은 축구가 가진 아이러니와 복잡한 감정을 보여주는 중요한 장면이었다.

손흥민이 골을 넣었다면, 이는 단순히 한 경기의 승리가 아니라, 리그 전체에 영향을 미칠 사건이 될 수 있었다. 그러나 그 골은 결과적으로 아스널의 우승을 가능하게 만들었을 것이다. 토트넘 팬들 입장에서, 아스널의 우승은 리그에서 가장 피하고 싶은 시나리오 중 하나다. 골을 넣지 않은 손흥민 덕분에 토트넘 팬들은 결과적으로 큰 안도감을 느꼈다.

월드클래스 선수는 단순히 경기를 뛰는 것 이상으로, 팬들의 감정과 팀의 역사에 영향을 미치는 존재다. 손흥민이 그날 골을 넣었다면, 그의 실력은 여전히 존경받았겠지만, 팬들의 정서적 원망과 미움에 시달렸을 가능성이 높다. 이는 과거 마라도나, 호날두, 그리고 안정환과 같은 사례에서 쉽게 찾아볼 수 있다.

디에고 마라도나는 아르헨티나가 이탈리아를 꺾고 1990년 월드컵 결승에 진출한 이후, 나폴리 팬들에게 엄청난 비난을 받았다. 나폴리는 그의 클럽 팀이었지만, 그는 조국을 위해 뛰었다. 그 결과, 영웅이었던 그는 나폴리에서 비참하게 추락했다.

크리스티아누 호날두는 2006년 월드컵 8강전에서 포르투갈 대표로 잉글랜드를 상대로 경기하며 소속팀 맨유 팬들과 잉글랜드 국민들의 엄청난 반감을 샀다. 그는 국가를 위해 헌신했지만, 그의 클럽 팬들은 그를 배신자로 여겼다.

2002년 월드컵에서 안정환은 이탈리아를 상대로 결정적인 골든골을 넣었다. 그러나 그의 클럽 페루자는 이탈리아 팬들의 분노와 압박을 이기지 못하고 그와의 계약을 종료했다(경기 다음 날).

그날 손흥민의 실수는 어쩌면 축구가 가진 복잡한 매력 중 하나를 보여준 장면이었다. 그는 최선을 다했지만, 운명의 장난처럼 그 찬스는 골로 이어지지 않았다. 결과적으로, 그의 실수는 팀 팬들의 신뢰를 유지하는 데 중요한 역할을 했다. 손흥민이 골을 넣었다면 그의 실력은 칭송받았겠지만, 토트넘 팬들의 비난과 원망은 그의 마음에 큰 상처로 남았을 것이다.

축구는 단순히 골을 넣고 이기는 게임이 아니다. 그것은 팀, 팬, 그리고 역사가 얽히고설킨 복잡한 드라마다. 손흥민이 보여준 그날의 순간은 골을 넣는 것만이 선수의 가치를 결정짓는 것이 아님을 보여준다. 때로는 골을 넣지 못하는 것이 더 큰 의미를 지니기도 한다.

손흥민은 단지 월드클래스 실력을 가진 선수가 아니라, 팀과 팬의 감정을 이해하고 공감할 수 있는 진정한 리더다. 그는 축구가 주는 기쁨과 고통, 그리고 아이러니를 모두 경험하며 더욱 성장해 나가고 있다.

축구는 득점으로 평가받지만, 때로는 골을 넣지 못하는 순간이 더 큰 의미를 가진다. 손흥민은 그날의 순간으로 자신의 가치를 또 한 번 증명했다(?). 혹자는 묻는다. 운도 실력인가? 겸손하게 표현하자면 '운칠기삼!' ✨

토트넘 잔류와 맨시티, 리버풀 이적

　EPL의 손흥민 선수는 토트넘 홋스퍼에서 10년째 주전 선수로 뛰고 있다. 지난 2023-24시즌부터는 캡틴으로 팀을 이끌어 가고 있다. 그러나 일부 국내외 팬들은 손흥민 선수가 맨시티 같은 더 좋은 팀에 가서, 우승 트로피도 들고 더 좋은 대우를 받기를 바란다. 손흥민 선수가 지금 팀에 그대로 계속 남아서 선수 생활을 하는 것과 맨시티나 리버풀 같은 팀으로 이적하는 것의 장단점을 살펴보자.

토트넘 홋스퍼에 남는 경우

장점

- **리더십 역할**: 손흥민은 이미 팀의 주전 선수이자 캡틴으로 활약하고 있다. 팀 내에서 리더십을 발휘하고 후배 선수들에게 좋은 본

보기가 될 수 있다.
- **팀의 상징**: 손흥민은 토트넘 팬들 사이에서 매우 인기가 높고, 팀의 아이콘적인 존재. 팀의 중심 선수로 계속해서 팬들에게 사랑받을 수 있다.
- **안정성**: 현재 팀에서의 위치가 확고하고, 대체적으로 감독 및 많은 동료들과 생활하면서 익숙해졌기 때문에, 선수 생활의 안정성을 유지할 수 있다(선의의 표현임).
- **개인 기록**: 계속해서 토트넘에서 뛰며 개인 기록을 세울 수 있는 기회가 많다.

단점
- **우승 기회 부족**: 토트넘은 최근 몇 년 동안 리그 우승이나 주요 대회에서 우승을 하지 못하고 있다. 우승 트로피를 원한다면 다른 팀으로 이적하는 것이 더 나을 수 있다. 현재의 토트넘 '팀워크'로는 도전의 기회조차 사치스런 표현이다(2025년 1월 27일 현재).
- **제한된 자원**: 토트넘은 재정적으로 다른 빅클럽들에 비해 상대적으로 자원이 제한적이다. 이는 스쿼드 보강에 한계가 있을 수 있음을 의미한다.
- **도전 부족**: 오랜 시간 한 팀에서 뛰면 도전정신이 약해질 수 있다. 새로운 환경에서 새로운 도전을 받아들이는 것도 성장에 도움이 될 수 있다.

맨체스터 시티나 리버풀로 이적하는 경우

장점

- **우승 가능성**: 맨체스터 시티와 리버풀은 최근 몇 년간 리그 우승 및 기타 주요 대회에서 좋은 성적을 내고 있다. 우승 트로피를 들 수 있는 가능성이 크다.
- **더 나은 대우**: 빅클럽으로 이적할 경우 더 나은 연봉과 혜택을 받을 수 있다.
- **높은 경쟁력**: 더 강력한 선수들과 함께 뛰면서 자신의 기량을 더욱 발전시킬 수 있다. 이는 개인적인 성장에 매우 긍정적이다.
- **글로벌 인지도**: 빅클럽에서 뛰면 글로벌한 인지도가 더 높아지며, 다양한 마케팅 기회도 많아진다.

단점

- **적응 문제**: 새로운 팀에 적응하는 데 시간이 걸릴 수 있다. 감독, 동료 선수들과의 호흡을 맞추는 것도 도전이 될 수 있다.
- **경쟁 심화**: 빅클럽에서는 주전 경쟁이 매우 치열하다. 항상 주전 자리를 보장받기 어렵고, 경기 출전 시간이 줄어들 수 있다.
- **팀 문화 차이**: 팀의 문화와 철학이 다를 수 있으며, 이에 적응하는 데 어려움을 겪을 수 있다.

결국 손흥민 선수의 선택은 개인적인 목표와 상황에 따라 달라질 것이다. 우승 트로피와 더 나은 대우를 원한다면 이적을 고려할 수 있지만, 현재 팀에서의 안정성과 리더십 역할을 중시한다면 토트넘에 남는 것이 좋을 수도 있다.

여기에 손웅정 님은 방송 인터뷰에서 이렇게 말한 적이 있다. 아니 자주 있다.

"만약에 다른 팀에 이적을 하든 토트넘에 있든, 이젠 은퇴까지는 저는 연봉이 하나도 없어도, 네가 살아보고 싶은 도시, 네가 공 차고 싶은 구단에 가서, 행복하게 공차는 모습을 보고 네가 은퇴하는 모습을 보는 게 난 아버지로서 내 정말 최대 바람이다. 그 얘기를 해요."[67]

필자의 생각은 이제 다른 팀으로 이적할 때가 오지 않았는가 싶다. 최근 들어서 손흥민 선수의 발언에서도 뉘앙스가 달라지고 있고, 다니엘 레비 회장도 이제는 손흥민 선수의 이적료를 생각하고 손흥민 선수 없는 토트넘을 준비하고 있는 게 아닌가 생각된다. 어쩌면 두 사람은 속마음으로는 계산이 끝났는지도 모르겠다. 무엇보다도 확실한 것은 '타짜' 레비 회장은 절대로 이적료를 못 받는 상황은 만들지 않는다는 사실이다(2024년 10월 20일 현재).

그런데 해가 바뀌어 2025년 1월 7일에는 결국 토트넘 구단이 홈페이지를 통해 "손흥민과 계약을 1년 연장하는 옵션을 행사한다."고 밝혔다. 표면상으로는 내년까지 계약이 연장되어 1년 더 뛰게 되었지만, 속뜻은 손흥민 선수를 데려가려고 하면 이적료를 지급하고 데려가라는 경제 논리가 현실화한 것에 불과하다.

스페인 라리가 이적의 경우

손흥민 선수가 라리가의 명문 구단으로 이적한다면 각 구단별로 매력과 도전 요소가 있을 것이다. 아틀레티코 마드리드, 바르셀로나, 레알 마드리드로의 이적 시 손흥민이 마주할 장단점을 살펴보자.

아틀레티코 마드리드

장점

- **강한 수비와 빠른 역습**: 아틀레티코는 디에고 시메오네 감독의 전술로 유명한데, 빠른 역습이 강점이다. 손흥민의 속도와 마무리 능력은 팀의 역습 전략에 잘 맞아떨어질 가능성이 높다.
- **꾸준한 챔피언스리그 진출**: 아틀레티코는 거의 매 시즌 챔피언스리그에 진출하고 있다. 손흥민이 뛰어난 무대에서 계속 활약할 기회를 얻을 수 있다.
- **선수 기용의 유연성**: 시메오네 감독은 다양한 포메이션을 사용하며 선수들의 전술적 융통성을 중시한다. 손흥민은 윙어뿐만 아니라 공격형 미드필더로도 활용될 수 있어 감독의 전술적 플랜에서 중요한 역할을 할 수 있을 것이다.

단점

- **상대적으로 수비적인 전술**: 아틀레티코의 스타일은 손흥민이 EPL에서 보여준 공격적이고 자유로운 플레이와 다소 다를 수 있어 적응이 필요할 수 있다.

- **바르셀로나 및 레알 마드리드 대비 적은 글로벌 팬층**: 아틀레티코는 스페인과 남미에서는 인기가 높지만, 바르셀로나나 레알 마드리드만큼 세계적인 브랜드 파워를 가진 구단은 아니다. 손흥민의 글로벌 인지도를 고려했을 때 다소 아쉬울 수 있는 부분이다.

바르셀로나

장점

- **공격 중심의 전술**: 바르셀로나는 항상 공격적인 플레이와 점유율 높은 축구를 추구한다. 손흥민은 공을 소유하면서 창의적으로 공격을 풀어나가는 역할을 잘 수행할 수 있어 이 팀에 맞을 가능성이 크다.
- **전 세계적인 브랜드 가치**: 바르셀로나는 전 세계에서 가장 인기 있는 구단 중 하나로, 손흥민의 스타성이 더 빛날 수 있는 기회다.
- **메시 이후 새로운 에이스로의 자리매김 가능성**: 바르셀로나는 메시가 떠난 이후 새로운 아이콘을 필요로 하고 있어, 손흥민이 그 역할을 맡을 가능성이 있다.

단점

- **재정 문제와 팀 불안정성**: 바르셀로나는 최근 몇 년간 재정 문제와 감독 교체, 선수 이적 등의 불안정성을 겪어왔다. 이 때문에 안정적으로 경기하기 어려울 수 있다.
- **팀 전술의 일관성 부족**: 감독 교체가 잦아 팀 전술이 자주 변하는 편이다. 이는 손흥민이 자신에게 맞는 포지션에서 활약하는 데 어

려움을 겪을 가능성을 의미한다.

레알 마드리드

장점

- **세계 최고 수준의 선수들과의 호흡**: 레알 마드리드는 세계적인 스타 선수들로 구성된 팀이다. 손흥민이 이 팀에서 뛰면 그의 퍼포먼스도 한층 더 향상될 가능성이 있다.
- **강력한 우승 후보**: 레알은 매 시즌 리그와 챔피언스리그 우승에 도전하는 강팀이다. 손흥민이 우승 타이틀을 추가할 가능성이 높다.
- **엄청난 글로벌 팬층**: 레알 마드리드는 세계적으로 가장 인기 있는 구단 중 하나이며, 손흥민의 인지도 역시 더 높아질 수 있다.

단점

- **강한 경쟁 구도**: 레알 마드리드는 공격 자원이 풍부하여 포지션 경쟁이 매우 치열하다. 손흥민이 주전으로 자리 잡기까지 시간이 걸릴 수 있다. 현재, 비니시우스, 음바페와 주전 경쟁을 할 수도 있다.
- **높은 압박감**: 레알 마드리드는 실력이 뛰어난 선수들에게도 엄청난 압박을 가하는 구단으로, 실수 하나도 용납되지 않는 경우가 많다. 이러한 환경에서 손흥민이 심리적으로 부담을 느낄 가능성도 있다.

결론

손흥민 선수가 라리가로 이적할 경우, 각 구단은 장단점이 뚜렷하다. 그의 플레이 스타일과 전술적 융통성을 고려할 때, 레알 마드리드와 아틀레티코는 다소 다른 축구를 펼치지만 그의 역량을 극대화할 잠재력이 있으며, 바르셀로나는 그의 공격성을 더욱 빛나게 해줄 수 있는 팀이다. 이적 시 팀의 스타일과 환경에 따라 손흥민이 얻는 경험과 도전이 상당히 다를 것이다.

음바페 이적의 교훈

킬리안 음바페는 축구 역사상 가장 주목받는 선수 중 한 명으로, 그의 PSG에서 레알 마드리드로의 이적은 세계 축구 팬들과 언론의 뜨거운 관심을 받았다. 그러나 이적 이후의 음바페는 이전과 같은 폭발적인 활약을 보여주지 못하고 있으며, 그의 포지션 문제와 적응 과정에서 여러 도전에 직면하고 있다. 이 사례는 단순히 한 선수의 이적을 넘어, 이적 과정과 결과를 어떻게 바라봐야 하는지에 대한 중요한 교훈을 제공한다.

음바페는 PSG에서 리그 우승과 챔피언스리그에서의 활약을 통해 세계 최고의 공격수로 자리매김했다. 그의 레알 마드리드 이적은 세계적인 기대를 불러일으켰지만, 현재 그는 새로운 환경에서 자신의 잠재력을 완전히 발휘하지 못하고 있다. 특히, 레프트 윙 포지션의 자리가 비니시우스 주니오르에게 고정된 상황에서 음바페는 센터포워드로 뛰는 경우가 많다. 이는 그의 본래 스타일과 다른 요구를 받는 환경에서 그가 적응해야 하는 부담을 증가시키고 있다.

음바페는 자신의 경력에서 한 번도 겪지 않았던 포지션 경쟁에 직면하고 있다. 레알 마드리드의 팀 구조상 비니시우스와 그의 역할이 중복되는 문제가 발생하며, 이는 음바페가 팀 내에서 자신만의 독보적인 가치를 증명해야 하는 상황을 만든다. 그의 뛰어난 기술과 결정력에도 불구하고, 새로운 팀에서의 조화는 여전히 과제로 남아 있다. 이는 단순히 선수 개인의 문제라기보다는 팀 내 전략과 전술의 문제로도 볼 수 있다.

음바페의 이적에는 막대한 계약금과 급여가 포함되어 있어, 팬들과 구단의 기대가 매우 높다. 하지만 이러한 과도한 기대는 선수에게 심리적 압박으로 작용할 수 있다. 음바페는 여전히 젊고 재능 있는 선수지만, 팬들의 즉각적인 성과 요구와 언론의 비판은 그가 자신의 능력을 발휘하는 데 장애가 될 수 있다. 이는 축구선수들이 성공적인 이적을 위해 단순히 기술적 능력뿐만 아니라 심리적 안정과 회복탄력성을 갖추는 것이 중요함을 보여준다.

레알 마드리드는 음바페의 기량을 최대한 활용하기 위한 전술을 아직 제대로 마련하지 못했다. 그의 플레이 스타일은 속도와 개인 기술에 의존하며, 이를 뒷받침할 수 있는 팀워크와 시스템이 필요하다. 그러나 현재 레알 마드리드의 전술은 기존 선수들과의 조화를 우선시하며, 음바페에게 맞춘 시스템 구축에는 시간이 필요해 보인다. 이 과정에서 음바페의 기량이 기대치에 못 미친다는 비판이 제기되는 것은 불가피하다.

음바페의 사례는 단순히 개인의 이적 성공 여부를 넘어, 다음과 같은 교훈을 제공한다.

① **적응의 중요성**: 이적은 단순히 새로운 팀에서 뛰는 것이 아니라, 새로운 환경에 적응하고 자신만의 위치를 찾아가는 과정을 포함한다. 음바페의 어려움은 적응 과정의 복잡성을 보여준다.
② **팀과 개인의 균형**: 팀 전술과 개인 기량 간의 균형은 성공적인 이적의 핵심 요소다. 음바페의 경우, 레알 마드리드가 그의 기량을 활용할 수 있는 전술을 마련하지 못한 점이 한계로 작용하고 있다.
③ **심리적 준비**: 높은 기대와 압박 속에서도 자신의 능력을 발휘할 수 있는 심리적 안정이 중요하다. 이는 음바페뿐 아니라, 모든 선수에게 적용되는 중요한 교훈이다.

킬리안 음바페의 레알 마드리드 이적은 그의 경력에서 가장 큰 도전 중 하나로 평가될 수 있다. 그의 현재 상황은 선수 개인의 기량과 팀 구조, 심리적 요인 등이 얼마나 복잡하게 얽혀 있는지를 보여준다. 이적은 단순히 새로운 기회를 의미하는 것이 아니라, 선수와 팀 모두에게 새로운 과제를 제시한다. 음바페가 이 어려움을 극복하고 진정한 '갈락티코'로 자리 잡을 수 있을지는 앞으로의 행보에 달려 있다. 그의 사례는 모든 이적이 성공적일 수 없음을 상기시키며, 신중한 결정과 준비가 얼마나 중요한지를 보여준다.

다니엘 레비와 손흥민

축구계에는 감독과 선수, 선수와 동료 간의 관계만큼이나 중요한 또 다른 연결고리가 있다. 바로 구단과 선수의 관계다. 구단 운영을 책임지는 회장과 클럽의 핵심 선수가 서로에게 어떤 영향을 미쳤는지에 따라 한 선수의 커리어와 한 팀의 역사는 달라진다. 다니엘 레비(**토트넘 홋스퍼 회장**)와 손흥민의 관계는 이를 극명하게 보여주는 사례다. 레비는 손흥민의 성공을 가능케 한 기반을 마련했지만, 동시에 그의 커리어에 한계를 남긴 인물이기도 하다.

다니엘 레비는 2015년 손흥민을 독일 레버쿠젠에서 약 3,000만 유로라는 구단 최고 이적료를 지불하며 영입했다. 당시만 해도 아시아 선수가 EPL에서 성공할 가능성에 의문을 품는 시선이 많았다. 그러나 레비는 손흥민의 잠재력을 믿었고, 이 신뢰는 결과적으로 성공적인 도박이 되었다. 손흥민은 토트넘에서 매 시즌 성장하며, 세계적인 공격수로 자리 잡았다.

레비는 손흥민이 EPL에서 두각을 나타내자 2018년과 2021년 두 차례 재계약을 체결하며 그를 구단의 핵심 선수로 대우했다. 특히 2021년 재계약 당시 손흥민은 주급 19만 파운드(**각종 인센티브 제외**)를 받는 팀 내 최고 수준급의 대우를 받으며, 구단의 상징으로 자리 잡았다. 이는 레비가 손흥민을 얼마나 소중하게 여겼는지를 보여준다.

손흥민의 성공은 토트넘의 브랜드 가치를 아시아 시장으로 확장시키는 데 핵심적인 역할을 했다. 레비는 이를 적극 활용했다. 손흥민은 단순한 선수 이상이었다. 그는 전 세계 수많은 팬을 끌어들이는 아이콘이자, 토트넘의 상징적인 존재로 자리 잡았다. 한국에서의 프리시즌 투어와 다양한 마케팅 활동은 손흥민을 중심으로 이루어졌으며, 토트넘은 이를 통해 구단의 상업적 가치를 크게 향상시켰다.

그러나 다니엘 레비의 철저한 재정 우선 정책은 손흥민의 커리어에 한계를 남기기도 했다. 손흥민이 세계적인 공격수로 성장하는 동안, 토트넘은 주요 트로피와는 거리가 먼 팀으로 남았다. 이는 레비가 팀 보강보다는 안정적인 재정을 우선시했기 때문이다.

가장 상징적인 사례는 2023년 여름, 손흥민의 오랜 파트너였던 해리 케인의 이적이다. 레비는 케인의 이적을 허락했지만, 그로 인해 팀의 경쟁력은 약화되었고, 손흥민은 공격 부담을 홀로 짊어져야 했다. 이는 손흥민에게 육체적, 정신적 부담을 가중시켰다.

손흥민의 입장에서 다니엘 레비는 고마움과 아쉬움이 공존하는 인물이다. 레비는 손흥민에게 EPL 무대와 세계적인 명성을 얻을 기회를 제공했고, 구단 내에서 중요한 위치를 차지하도록 도왔다. 그러나 동시에 레비의 재정 중심 운영 방식은 손흥민이 팀 차원에서 더 큰 성공을 경험하는 데 한계를 만들어 냈다.

손흥민은 토트넘에서 개인적인 성공을 이루었지만, 팀의 트로피를 들어 올릴 기회는 번번이 놓쳤다. 레비의 상업적 우선순위가 때로는 손흥민의 커리어 목표와 충돌했기 때문이다.

다니엘 레비와 손흥민의 관계는 상호 의존적인 관계다. 손흥민은 레비의 신뢰와 투자 속에서 EPL의 아이콘으로 성장했고, 레비는 손흥민을 통해 토트넘의 글로벌 입지를 확장했다. 하지만 레비의 정책은 손흥민 개인의 성공과 팀의 성공 사이에서 균형을 맞추지 못하며 아쉬움을 남겼다.

앞으로 손흥민이 커리어의 마지막 장에서 어떤 선택을 하든, 이 관계는 토트넘과 손흥민의 역사를 대표하는 중요한 서사가 될 것이다. 그리고 손흥민이 남긴 발자취 속에서 다니엘 레비의 역할은 찬사와 비판이 공존하는 애증의 흔적으로 남게 될 것이다.

"손흥민의 토트넘은 다니엘 레비의 팀이었다. 그리고 레비의 팀은 손흥민의 전성기를 빛내기도 했지만, 그의 꿈을 조금은 제한하기도 했다."

4장

손흥민 성공학

한국 성인들이 중요하게 생각하는 가치

인터넷 '빅데이터'나 '매스컴'을 통하여 오늘날 한국 성인들이 중요하게 여기는 '생각'이나 '가치'를 다섯 가지로 선정해 보면 다음과 같이 요약할 수 있다.

① **행복**: 많은 한국 성인들은 행복을 최우선으로 여긴다. 돈, 건강, 가족 등의 다른 가치들은 궁극적으로 행복을 성취하기 위한 수단으로 여겨진다(비즈한국 메인)(추천: 네이버 블로그).

② **돈**: 경제적 안정과 재정적 성공은 여전히 중요한 가치로 여겨진다. 이는 행복과 명예, 건강을 유지하는 데 중요한 역할을 하며, 특히 물질적 풍요로움이 삶의 질을 높이는 데 필수적이라는 인식이 강하다(뉴시스)(추천: 네이버 블로그).

③ **가족**: 가족은 중요한 사회적 지원 체계로, 많은 이들이 가족과의 시간을 소중히 여기며, 가족의 안녕과 화합을 우선시한다(추천: 네이버 블로그).

④ **건강**: 건강은 삶의 질을 유지하고 행복을 누리기 위한 필수 조건으로 인식된다. 많은 한국 성인들은 건강 관리를 중요하게 여기며, 이는 운동, 식습관 개선 등으로 나타난다(추천: 네이버 블로그).

⑤ **사회적 책임**: 특히 MZ세대(밀레니얼 및 Z세대) 사이에서는 환경 보호, 윤리적 소비, 사회적 책임 등이 중요한 가치로 떠오르고 있다. 이들은 가치 소비를 통해 자신의 신념을 실현하려고 하며, 사회적 및 환경적 문제에 적극적으로 대응하고 있다(비즈한국 메인).

이러한 가치들은 개인의 삶의 질을 높이고 사회적 안정과 발전을 도모하는 데 중요한 역할을 하고 있다. 문제는 이렇게 '행복'이라는 가치를 가장 중요하게 생각하면서도 현실에 있어서는 그 수단이 되는 '돈'에 함몰되어 버린다는 것이다. 그래서 평생을 '돈' 버는 데 온 인생을 다 써버리고 노년에 가서도 자기 인생의 의미를 못 찾는다면 그 인생을 잘 살았다고 할 수 있을까?

어느 날 갑자기 백만장자가 되었다면

- ⚽ 미국, 스페인, 중국, 한국 이렇게 네 나라 사람에게 '어느 날 아침에 깨어나 보니 백만장자가 되었다면 가장 먼저 무엇을 하시겠습니까?'라는 질문이 주어졌다. 그러자
- ⚽ 미국 사람은 마이애미에 가서 애인을 구해 진탕 마시며 놀겠다고 대답했고,
- ⚽ 스페인 사람은 마드리드에 투우장을 짓겠다고 대답했고,
- ⚽ 중국 사람은 북경의 최고급 요리 집으로 달려가 코스 요리를 즐기겠다고 대답했고,
- ⚽ 한국 사람은 억만장자가 되기 위해 다시 잠자리에 들겠다고 대답했다.[68]

3 국인의 삶의 목표

- ⚽ 중국인에게 있어서 삶의 목표는 변화무쌍한 환경 속에서 어떻게든 살아남는 것이고,
- ⚽ 일본인에게 있어서 삶의 목표는 일생동안 3번 찾아오는 기회를 잡아 성공하겠다는 것이고,
- ⚽ 한국인에게 있어서 삶의 목표는 좋은 직장 잡아서 내 집 장만하고 자식 공부시키다 죽는 것이다.[69]

한국인, '피로사회의 피곤한 사람들'

한국사회는 과도한 경쟁과 압박, 끝없는 성과 요구 속에서 일상을 살아가는 사람들이 대다수이다. 이들은 종종 '피로사회의 피곤한 사람들'로 묘사되며, 하루하루 피곤을 호소하는 것은 이제 새로운 유행어도, 일시적인 트렌드도 아니다. 대신, 많은 사람에게 매일을 지배하는 현실이 되었다.

한국인에게 '경쟁'은 초등학교 시절부터 시작된다. 학생들은 학업 성취도에서 좋은 성적을 내야 한다는 강박과 함께 성과의 사다리를 오르기 시작하고, 이 과정은 대학 입시, 취업, 승진, 심지어 은퇴 후의 삶까지 이어진다. 매 단계에서 성취가 강조되다 보니 삶은 결과와 성공만을 목표로 삼게 되고, 그 과정에서 피로는 누적된다. 모든 목표를 달성한 것 같아도 곧바로 새로운 목표와 더 높은 기준이 기다리고 있어, 휴식조차 사치로 여겨지곤 한다.

특히 SNS와 스마트폰의 발전은 '끊임없는 연결'을 가능하게 했다. 직장인들조차 퇴근 후 업무에 대한 알림을 받거나, 동료들과의 메신저 대화에 지속적으로 참여해야 하는 경우가 많다. 여기에 개인의 삶을 기록하고 공유하는 압박이 가해지며, 끊임없이 무언가를 보여주고, 또 '좋아요'를 받기 위한 활동을 하게 된다. 정보와 자기표현이 넘치는 시대에 역설적으로 많은 사람은 자신을 잃고, 번아웃을 경험한다.

심리학자와 사회학자들은 이와 같은 피로사회의 특징을 '피로 증후

군'이라 표현하기도 한다. 이 증후군은 신체적 피로뿐 아니라, 감정적 소진과 무기력함을 동반하여, 심각할 경우 우울증이나 불면증, 강박증과 같은 건강 문제로 이어진다. 그러나 한국사회에서는 "힘들다."고 말하기 어려운 분위기가 여전히 만연하다. 특히 사회적 성과와 가치를 중시하는 분위기에서 자칫 이러한 피로와 고통을 표현하면 '노력하지 않는다'는 시선이나 약하다는 평가를 받을까 두려워하는 사람들도 많다.

이러한 피로사회에서 벗어나기 위해 개인이 할 수 있는 노력은 무엇일까? 자기 자신을 돌보는 것을 우선시하고, 휴식과 자기 개발을 위한 시간을 확보하는 것이 중요하다. 취미 생활을 즐기고, 주기적으로 디지털 디톡스를 시도하며, 명상이나 운동을 통해 스트레스를 관리하는 것이 필요하다. 또한, 주변의 기대에 부응하려 하기보다는 자신만의 삶의 가치를 찾아가는 노력이 필수적이다.

피로사회의 굴레에서 벗어나는 것은 결코 쉬운 일이 아니지만, 한국인들이 그 안에서 피로를 줄이고 개인의 삶을 지킬 방법을 모색하는 노력은 계속될 것이다. 자신이 진정으로 원하는 삶을 향해 나아갈 때, 피로와 피곤함은 그저 지나가는 과정일 뿐이라는 점을 기억하며, 자기 자신을 소중히 여기는 것이 무엇보다 필요할 것이다.

삶의 의미

'인간'이라는 존재가 지닌 의미와 가치는 인류 역사 내내 탐구되어 왔지만, 여전히 고정된 답은 없는 듯하다. 사실, 이 질문은 인간에게 주어진 실존적 과제일지도 모른다. 지구에서 태어난 우리 각자는 모두 한계를 지닌 유한한 존재지만, 바로 이 유한성 때문에 삶의 의미와 가치를 끊임없이 찾고자 하는 열망이 생겨난다.

인간의 의미는 그 자체로 주어진 것이 아니라, 각 개인이 자기 삶에서 만들어 가고 발견해야 하는 것이라고도 볼 수 있다. 나아가 인간의 가치는 다른 존재와의 관계 속에서 발견되는 경우가 많다. 사랑, 우정, 사회적 연대 등에서 우리는 비로소 서로에게 의미 있는 존재가 되며, 타인의 존재를 통해 자신의 가치를 깨닫게 되기도 한다. 따라서 인간의 가치는 각자와 사회 속에서 끊임없이 변모하고 재발견되는 것이다.

인간의 삶에는 고통과 갈등이 빈번히 등장하며, 이러한 비극적 요소는 삶의 무게를 더욱 느끼게 한다. 하지만 이 고통 속에서 성찰의 기회를 갖고, 스스로 삶의 의미를 재정립할 수 있는 기회도 얻게 된다. 니체는 "삶을 이해할 수 없더라도 '왜'를 찾는 과정에서 우리는 '어떻게' 살아가야 할지 배우게 된다."고 했다. 이처럼 삶의 의미를 찾으려는 여정 자체가 인간에게는 가치 있는 경험일 수 있다.

또한, 인간은 종종 자신을 초월하는 존재와 연관된 의미를 찾고자 한다. 예술, 철학, 종교, 과학을 통해 개인을 넘어선 더 큰 존재나 우주의 비밀을 탐구하고자 하는 것이 바로 그 예이다. 이 과정에서 인간은 스스로와 세상을 더 넓은 시야로 이해하게 되고, 이로 인해 한 개인의 삶이 우주적 의미와 맞닿아 있다는 생각에 도달할 수도 있다.

삶의 의미는 그저 특정한 순간이나 결과에만 존재하지 않는다. 오히려, 의미는 일상 속에서 꾸준히 경험하고 선택하며 만들어 가는 과정에 가까울 수 있다. 소소한 기쁨, 사랑하는 사람들과의 시간, 그리고 내면의 성장 등에서 우리는 삶의 작은 의미를 발견하고, 이것이 모여 삶 전체를 풍요롭게 만든다.

결국, 인간의 존재와 삶의 의미는 각자가 스스로 부여해야 할 과제이자 기회다. **'자신만의 의미를 창조해 가는 자유와 이를 위해 고군분투하는 과정'**이야말로 인간에게 주어진 가장 고유한 가치라 할 수 있다.

행복한 사람의 호르몬 분비

비록 부자가 아니더라도 평범한 일상 속에서 행복감을 느끼며 '나는 행복한 사람'이라고 생각하는 사람들에게도 특정 호르몬과 신경전달물질이 분비되어 정신적, 신체적으로 긍정적인 영향을 미친다. 이러한 호르몬들은 심리적 안정감과 삶의 만족을 유지하는 데 중요한 역할을 한다. 이러한 상황에서 분비되는 주요 호르몬을 살펴보자.

세로토닌(Serotonin)

- 세로토닌은 행복과 안정감을 느끼게 하는 중요한 신경전달물질로, 평온한 일상에서 꾸준히 분비된다. 세로토닌은 주로 정서적 안정, 안심, 만족과 같은 감정과 연관이 있다.

- 세로토닌이 충분히 분비되면 사람은 안정감과 자신감을 느끼며, 스트레스를 잘 극복하고 긍정적인 마음가짐을 유지할 수 있다. 평범한 일상 속에서 만족감을 느끼고, 행복하다고 생각하는 사람은 세로토닌 수치가 높게 유지되는 경향이 있다.

옥시토신(Oxytocin)

- 옥시토신은 인간관계와 사회적 유대감을 강화하는 호르몬으로, 사랑, 연대, 신뢰와 관련이 있다. 가족이나 친구와의 따뜻한 관계에서, 또는 동료나 주변 사람들과 긍정적인 교류를 할 때 옥시토신이 분비된다.
- 옥시토신은 인간관계에서 친밀감을 높이고, 안정감을 느끼게 하며, 사회적 유대감을 강화하는 데 도움을 준다. 평범한 일상에서 주변 사람들과 좋은 관계를 유지하며 만족감을 느끼는 사람들에게 이 호르몬은 중요한 역할을 한다.

도파민(Dopamine)

- 도파민은 보상과 쾌감을 담당하는 신경전달물질로, 작은 일상 속에서도 성취감을 느끼고 기쁨을 얻을 때 분비된다. 도파민은 큰 성공이나 부유함이 아니더라도, 목표를 달성했거나, 만족스러운 활동을 했을 때 자연스럽게 분비된다.
- 도파민은 긍정적인 기분을 유지하고, 작은 일상의 성취에서 오는 행복감을 증폭시킨다. 매일의 소소한 성공을 즐기고, 일상에서 보

람을 느끼는 사람들은 도파민을 통해 꾸준한 기쁨을 누리게 된다.

엔도르핀(Endorphin)

- 엔도르핀은 자연 진통제 역할을 하며, 행복 호르몬으로 알려져 있다. 운동이나 취미 활동, 또는 긍정적인 경험을 통해 분비되며, 즐거움과 만족감을 느끼게 한다.
- 엔도르핀은 특히 신체 활동이나 건강한 생활 습관을 유지할 때 증가하며, 이는 몸과 마음을 모두 활기차고 긍정적으로 유지하게 만든다. 산책, 운동, 취미 생활 등에서 행복감을 느끼는 사람들은 엔도르핀 분비가 활발하게 이루어져 스트레스가 줄고 긍정적인 감정이 강화된다.

GABA(Gamma-Aminobutyric Acid)

- GABA는 신경전달물질로, 신경계를 안정시키고 몸과 마음을 진정시키는 역할을 한다. 평온한 일상을 영위하면서 느끼는 안정감과 편안함이 GABA의 분비를 촉진하며, 이는 스트레스를 완화하고 차분한 기분을 유지하는 데 도움을 준다.
- GABA는 명상, 휴식, 이완된 상태에서 주로 분비되며, 불안감과 스트레스를 줄이는 데 중요한 역할을 한다. 평범한 일상에서 행복감을 느끼는 사람들은 GABA 수치가 높아져 긴장하지 않고 마음을 차분하게 유지할 수 있다.

멜라토닌(Melatonin)

- 멜라토닌은 수면을 조절하는 호르몬으로, 휴식과 재충전을 도와준다. 안정적인 일상 속에서 규칙적인 수면 습관을 유지하는 사람들에게 멜라토닌이 적절히 분비되어, 건강한 수면 패턴을 유지할 수 있게 한다.
- 멜라토닌은 신체 리듬을 조절하며, 수면의 질을 높여 전반적인 행복감을 유지하는 데 중요한 역할을 한다. 규칙적인 수면과 휴식은 신체적, 정신적 안정을 유지하는 데 필수적이다.

프로락틴(Prolactin)

- 프로락틴은 주로 스트레스 완화와 관련된 호르몬으로, 신체가 안정된 상태일 때 분비된다. 특히 출산 후 여성에게 많이 분비되지만, 일상 속에서 심리적 안정과 휴식 상태에서도 프로락틴 분비가 증가할 수 있다.
- 프로락틴은 신체가 필요로 하는 안정과 회복을 돕고, 스트레스를 감소시켜 긍정적인 기분을 유지하는 데 기여한다.

안드로겐 및 테스토스테론(Androgen & Testosterone)

- 테스토스테론은 주로 남성 호르몬으로 알려져 있지만, 남성과 여성 모두에게 중요한 역할을 한다. 이 호르몬은 자신감과 에너지, 동기를 강화하는 역할을 하며, 성취감과 관련이 있다.

- 테스토스테론 수치가 적정하게 유지되면, 일상생활에서 자신감과 활력이 유지되고, 성취를 느낄 때 더욱 긍정적인 감정을 촉진한다. 작은 일상의 성취감도 테스토스테론을 통해 더욱 강화될 수 있다.

결론: 평범한 일상 속 행복의 호르몬

비록 부자가 아니더라도, 평범한 일상 속에서 행복감을 느끼며 사는 사람들은 세로토닌, 옥시토신, 도파민, 엔도르핀 등의 호르몬 분비를 통해 심리적 안정과 만족감을 유지한다. 이들은 돈이나 큰 성공에 의존하지 않고, 작은 일상의 즐거움과 주변 사람들과의 관계에서 만족을 느끼며, 스트레스를 적절히 관리한다. 이러한 호르몬들의 균형이 잘 유지되면 신체적으로나 정신적으로 건강한 상태를 지속할 수 있다.

행복은 단지 물질적인 부에만 의존하지 않으며, 일상 속에서의 소소한 기쁨과 인간관계, 그리고 심리적 안정감이 중요한 요소로 작용한다.

손흥민의 '행복축구'

손흥민 선수와 그의 아버지 손웅정 님이 중요하게 생각하는 '행복축구'는 단순히 경기에서 이기고 트로피를 획득하는 것을 넘어서, 축구 자체에서 오는 기쁨과 즐거움을 중요시하는 철학을 의미한다. 이 철학은 손웅정 님이 손흥민 선수를 어릴 때부터 지도하면서 강조해 온 중요한 가치관이다. '행복축구'의 핵심은 다음과 같다.

축구의 순수한 즐거움

축구를 할 때 승패와 관계없이 그 과정 자체에서 즐거움을 찾는 것을 중요하게 생각한다. 이는 어린 시절부터 손흥민에게 축구를 즐기는 법을 가르치면서 자연스럽게 배양된 가치이다.

"운동선수에게 승패만큼 중요한 것이 없다고 생각하겠지만, 행복에 초점을 맞추고 보면 승패에 연연하는 마음을 초월할 수 있다.
오늘 경기가 잘 풀리지 않았다 해도 오늘 축구를 할 수 있었음에 감사할 수 있는 선수, 오늘 경기가 잘 풀렸다면 그 행복감을 만끽하는 선수, 돈과 명예를 떠나 공을 찰 수 있음에 감사와 행복을 느끼는 선수, 멀리 봤을 때 나는 이것이 답이라 생각한다."[70]

기술과 기본기

손웅정 님은 손흥민이 어릴 때부터 기본기와 기술 훈련에 많은 시간을 투자했다. 기본기가 탄탄하면 어떤 상황에서도 자신 있게 플레이할 수 있으며, 이는 곧 축구의 즐거움으로 이어진다.

노력과 성실함

손웅정 님은 손흥민이 축구선수로 성장하는 과정에서 꾸준한 노력과 성실함의 중요성을 강조했다. 힘든 훈련을 통해 얻는 성취감과 자신감이 축구를 더 행복하게 만드는 요소이다.

멘탈 관리

축구를 하면서 정신적인 스트레스나 압박감에 눌리지 않고, 긍정적인 마음가짐을 유지하는 것이 중요하다. 손흥민은 아버지로부터 이런 멘탈 관리를 배워왔고, 이는 그가 경기장에서 항상 밝고 긍정적인 태도를 유지하는 원동력 중 하나이다.

가족과의 유대

손흥민은 아버지와의 깊은 유대 관계를 통해 많은 것을 배웠으며, 가족의 지지가 그에게 큰 힘이 된다. 가족과의 끈끈한 관계와 사랑이 '행복축구'의 중요한 부분을 차지한다.

결론적으로, '행복축구'는 축구를 통해 인생의 기쁨을 느끼고, 그 과정에서 노력과 성실함을 바탕으로 자신의 한계를 극복해 나가며 성장하는 것을 의미한다. 손흥민 선수는 이러한 철학을 바탕으로 세계적인 축구선수로 성장했으며, 여전히 축구를 순수하게 즐기며 뛰고 있다.

"나는 내 아이들이 돈을 위해 살지 않고 진정으로 자신들이 원하는 삶을 살길 바랐다. 그 길에 돈이 따라오면 좋은 것이고, 안 따라와도 할 수 없는 일이다. 물론 경제적인 문제는 매우 중요하다. 그 문제로 호되게 고생도 해본 나. 하지만 미래에 대한 불확실함 속에서 미리 걱정만 하고 전 전긍긍하는 삶은 온전한 삶이 아니다. 주도적으로 내 삶의 방향을 세우고, 돈에 매몰되는 것이 아닌 나만의 시간도 벌면서 자기가 진짜 좋아하는 일을 해야 한다."

손웅정, 『모든 것은 기본에서 시작한다』 중에서

'행복축구'의 조건

손흥민 선수가 강조하는 '행복축구'는 단순히 경기에서의 승리나 성적에만 집중하는 것이 아니라, 축구 자체를 즐기고 그 과정에서 행복을 찾는 것을 의미한다. 이는 그의 축구 철학의 핵심이며, 동시에 그의 목표 지향성과 깊이 연계된 중요한 가치다.

목표를 달성하기 위해 손흥민 선수가 강조하는 몇 가지 중요한 요소는 다음과 같다.

① **꾸준한 훈련과 자기관리**: 손흥민 선수는 꾸준한 훈련과 체력 관리를 통해 자신의 기량을 유지하고 발전시킨다. 이는 목표 달성을 위한 기본적인 요소다. 체력, 기술, 전술적인 준비 모두가 목표 달성의 중요한 부분이다.

② **긍정적인 마음가짐과 정신력**: 손흥민 선수는 어떤 상황에서도 긍정적인 마인드셋을 유지하려고 한다. 이는 목표 달성 과정에서 발생할 수 있는 어려움이나 장애물을 극복하는 데 필수적이다. 긍정적인 마

가짐은 '행복축구'와도 밀접하게 연결되어 있다.

③ **팀워크와 협력**: 개인의 목표가 달성되기 위해서는 팀의 협력과 조화가 필요하다. 손흥민 선수는 팀원들과의 협력을 통해 자신의 목표를 달성하고 팀의 목표도 함께 이루려고 노력한다. 이는 목표 지향성과 '행복축구'의 균형을 맞추는 중요한 부분이다.

2024-25시즌까지 10년째 EPL 토트넘에서 축구를 하고 있는데, 2023-24시즌 후반기부터는 뭔가 팀워크와 협력이 잘 이루어지지 않고 있는 느낌이다. 어떻게 하면 좋을까? 현재의 과제가 되었다.

참고로, 세계적인 명장 과르디올라 감독과 클롭 감독이 공통적으로 가장 싫어하는 유형의 선수가 바로 자신의 탐욕으로 팀워크를 깨는 선수다. 그런 선수는 현장에서 호되게 혼나고 다음부터는 피치 위에서 보기 힘들다.

손흥민 선수의 '행복축구'는 단순한 목표 달성을 넘어서, 그 과정에서 즐거움과 의미를 찾는 것을 중요하게 생각한다. 목표를 설정하고 달성하기 위해서는 명확한 목표 설정, 꾸준한 노력, 긍정적인 마음가짐, 그리고 팀워크가 필요하다. 세 요소 모두 '행복축구'를 위해서는 필요하다. 하나라도 부족하면 '행복축구'는 어렵다.

이 세 요소가 모두 갖추어질 때 축구를 즐기고 그로 인해 행복도 느끼는 진정한 '행복축구'를 실현할 수 있을 것이다.

'행복축구'의 가치

손흥민의 '행복축구'는 단순히 경기에 승리하거나 목표를 달성하는 것에 그치지 않고, 축구 자체를 진정으로 즐기며 행복을 느끼는 것을 의미한다. 손흥민은 어릴 때부터 아버지 손웅정 님의 가르침 아래 축구 기본기를 쌓으며 축구의 즐거움을 몸으로 느끼고, '행복하게 축구하는 것'을 가장 중요한 가치로 삼아왔다. 그의 이런 태도는 단순한 성공을 넘어, 경기장에서 매 순간 최선을 다하면서도 그 과정 자체를 즐기려는 진정성 있는 자세로 나타난다.

한국사회는 대개 성과와 결과를 중시하는 문화가 강하다. 이는 학업, 직장, 사회생활 등 거의 모든 면에서 영향을 미치며, 개인에게 끊임없는 경쟁과 스트레스를 안겨 준다. 손흥민의 '행복축구'는 이런 성과 중심 문화에서 벗어나, 과정을 즐기며 의미를 찾는 삶의 가치를 강조한다. 이로 인해, 사람들에게 "무엇을 위해 일하는가?"와 같은 삶의 근본적인 질문을 던져주고, 단순히 성과와 결과만을 목표로 삼지 않고도 행복을 찾을 수 있음을 보여준다.

성과와 목표를 강조하는 사회에서는 스트레스와 번아웃을 피하기 어렵다. 손흥민은 세계적인 수준의 경쟁 속에서도 긍정적이고 행복한 태도를 유지하며 스트레스를 줄이고, 번아웃 없이 꾸준히 성장해 왔다. 이는 단지 축구선수로서가 아니라 현대사회를 살아가는 사람들에게도 큰 교훈이 된다. 손흥민이 보여주는 행복과 열정을 유지하는 방법은 무리하게 자신을 몰아세우기보다는 삶과 일에서 즐거움을 찾으려는 자세를 일깨워 준다.

손흥민의 '행복축구'는 '진정으로 좋아하는 일에 몰두하는 삶의 모습'이다. 한국사회에서 많은 사람은 안정성과 경제적 보상을 중요하게 여기지만, 손흥민은 단순히 축구로 성공을 이루려는 목적이 아니라, 그 과정에서 행복을 찾으며 진정성을 잃지 않으려는 모습을 보여준다. 이는 자신의 꿈을 위해 노력하는 사람들에게 '성공'보다 중요한 '행복과 진정성'을 추구하도록 장려하는 메시지가 된다.

손흥민의 '행복축구'는 많은 한국인에게 축구를 넘어 삶의 방식을 재고하게 하는 중요한 교훈을 준다. 그는 우리가 하는 일에서 행복을 느낄 때 비로소 자신을 지킬 수 있고, 꾸준히 성장할 수 있음을 보여준다. 그의 행복을 추구하는 자세는 한국사회가 개인의 행복을 중요시하는 방향으로 변화하는 데 큰 역할을 할 수 있다.

'행복축구'는 손웅정, 손흥민 부자가 2대에 걸쳐 쌓아 올린 찬란한 '금자탑'이다.

우승 '트로피' or 팀 '캡틴'

손웅정 님과 손흥민 선수는 과거 아주 특별한 경우가 아니면 각종 상패와 트로피를 과감하게 버리고 폐기 처분하였다. 그리고 마음속에만 간직하였다. 이렇게 외형보다는 '본질'을 추구하는 사람이 손웅정 님이다. 우리는 국가대표팀에서 오랜 기간 캡틴으로 활약하는 손흥민을 보아왔지만, EPL에서 캡틴의 모습은 2023-24시즌이 처음이었다.

처음에 손흥민의 이적을 막기 위해 구단에서 캡틴 자리를 보장한다는 기사가 흘러나왔을 때, 사람들은 시큰둥했다. "그게 뭐라고?" 그런데 캡틴으로 1년 차를 마치고 2년 차인 지금, 손흥민은 리더로서 본모습을 제대로 보여주고 있다.

마치 팀의 리더, 팀의 캡틴은 이래야 한다는 듯이 모범을 보여주고 있고, 팬이나 전문가들의 찬사를 받고 있다. 즉 손흥민의 가치가 더 올라가고 아버지 손웅정 님이 매번 말하는 '10% 성장'도 이루고 있는 느낌이다.

그런데 만약 손흥민에게 우승 '트로피'와 팀 '캡틴' 중 어떤 것이 더 소중한지 둘 중에서 선택을 하라면, 무엇이 더 소중할까? 두 선택지의 장단점을 분석해 보자.

우선, 우승 '트로피'는 어떤 선수에게나 매우 중요한 목표다. 축구라는 스포츠에서 트로피는 그 팀과 개인의 성공을 상징한다. 손흥민은 아직까지 토트넘에서 우승 트로피를 들어 올리지 못했는데, 이는 그가 선수로서 이루고자 하는 궁극적인 꿈 중 하나일 것이다. 많은 선수들이 자신의 커리어를 평가할 때, 얼마나 많은 트로피를 획득했는지를 중요한 기준으로 삼는다.

① **객관적인 성취의 상징**: 트로피는 구체적이고 눈에 보이는 성취다. 이는 선수로서의 업적을 증명하는 확실한 자료가 된다. 개인의 노력과 팀워크가 결합되어 이루어 낸 결과물이기 때문에 그 의미가 크다.

② **역사적 기록**: 트로피를 들어 올리는 것은 클럽과 팬들에게 오랜 기억으로 남는다. 손흥민이 토트넘의 첫 리그 우승을 이끈다면, 그 순간은 영원히 역사 속에 기록될 것이다.

③ **개인 커리어의 정점**: 선수의 커리어를 돌아봤을 때, 트로피는 그 커리어의 정점을 나타내는 상징이다. 손흥민이 커리어가 끝났을 때, 트로피가 없는 상황이라면 그 자신이 느끼는 아쉬움도 클 수 있다.

반면, 팀 '캡틴'의 자리는 다른 차원의 의미를 지니고 있다. 손흥민은 토트넘에서 2023-24시즌부터 팀의 주장을 맡아 리더로서 새로운 도전을 시작했다. '캡틴'이라는 타이틀은 트로피와 달리 외적인 성공보다 내적인 성장과 인격적인 성숙을 상징한다.

① **리더십과 팀워크의 상징**: 캡틴은 팀 내에서의 리더십을 상징한다. 경기장에서 팀을 이끄는 것은 물론, 선수들 사이에서의 중재자 역할, 그리고 팀의 정체성을 유지하는 책임이 있다. 손흥민이 팀의 캡틴으로 활약하면서 보여준 리더십은 그를 더 성숙하고 존경받는 선수로 만들어 주었다.

② **인격적 성장과 영향력**: 캡틴의 역할은 단순히 경기 내의 리더십뿐만 아니라 팀의 문화와 철학을 형성하는 데 중요한 역할을 한다. 손흥민은 스스로 인격적으로도 성장하면서 팀원들에게 긍정적인 영향을 주고 있다. 이는 트로피와는 다른 차원의 성공이다.

③ **지속적인 가치**: 트로피는 일회적인 성취이지만, 캡틴으로서의 경험은 선수에게 오랜 기간 동안 영향을 미친다. 손흥민이 캡틴으로 팀을 이끌면서 얻는 경험은 이후 그의 축구 커리어와 은퇴 후의 삶에도

큰 자산이 될 것이다.

결국 이 두 가지를 비교해 보면, 손흥민에게 우승 트로피와 팀 캡틴의 중요성은 서로 다른 차원의 가치를 가지고 있다. '트로피'는 명확하고 구체적인 성취로 그의 커리어를 더욱 빛나게 할 것이고, '캡틴'은 손흥민을 리더이자 성숙한 인격체로 만들어 주는 경험을 제공한다. 다만, 이 두 가지보다 더 소중한 상위 가치는 손흥민의 '행복축구'이다.

손흥민 축구의 3대 핵심
기본기, 인성, 행복

손흥민은 축구선수로서 단순한 기술적 성취를 넘어 세계 무대에서 우뚝 선 위대한 인물이다. 그의 성공 뒤에는 단순한 실력 이상의 깊은 철학과 태도가 자리 잡고 있다. 필자는 손흥민 선수의 축구에서 기본기, 인성, 그리고 행복이라는 세 가지 요소가 그의 성공을 견인하는 핵심이라고 본다. 이 세 가지는 단순한 축구 실력을 넘어 그의 인생을 지탱하는 원동력이자, 그를 사랑받는 선수로 만드는 중요한 가치들이다.

기본기: 철저한 훈련의 결과

손흥민의 경기를 보면 한 가지 공통점이 있다. 그가 보여주는 기술과 움직임은 매우 자연스럽고 매끄럽다. 그의 양발을 자유자재로 사용하는 능력, 상대 수비를 뚫는 드리블, 정확한 슛 모두 탄탄한 기본기에서 비롯된다. 손흥민의 아버지이자 그의 첫 번째 스승인 손웅정 님이 강조한 '기본기'는 그가 어릴 때부터 매일 반복했던 철저한 훈련의 결과다.

손흥민은 아버지로부터 수천 번, 수만 번 공을 다루고, 슈팅을 연습하며 축구의 기초를 다졌다. 이 단단한 기본기가 있었기에 그는 EPL 무대에서도 실력을 발휘할 수 있었다. 그가 보여주는 감아차기, 상대의 압박 속에서도 정확히 볼을 다루는 능력은 이 기본기에서 나왔다. 손흥민의 기본기는 그가 세계 최고의 무대에서도 빛을 발할 수 있는 이유이다.

인성: 겸손함과 팀워크

손흥민의 축구 경력에서 빼놓을 수 없는 또 하나의 핵심은 그의 인성이다. 손흥민은 항상 자신을 낮추고 팀을 우선시하는 선수로 유명하다. 그가 주장으로서 팀을 이끌 때 보여주는 리더십 역시 강한 카리스마보다는 솔선수범의 모습이다. 그는 팀의 주장을 맡고 있지만, 동료들에게 자신이 특별한 존재가 아님을 알리며 동등한 위치에서 서로를 존중하는 문화를 만들었다.

그의 인성은 경기 외적인 부분에서도 드러난다. 팬들과의 소통, 동료들과의 우정, 그리고 경기에서 실수를 하거나 부상을 당한 상대 선수에 대한 배려 등은 모두 손흥민의 인격을 대변한다. 그는 단순히 축구를 잘하는 선수가 아닌, 주변 사람들에게 긍정적인 영향을 미치는 인물이다. 이는 그의 동료들이 그를 존경하고, 팬들이 그를 사랑하는 중요한 이유이다.

행복: 축구를 즐기는 마음

마지막으로 손흥민을 성공으로 이끈 가장 중요한 요소는 그가 축구를 즐긴다는 점이다. 손흥민은 축구를 사랑하고, 경기를 뛰면서 느끼는 즐거움이 그에게 큰 원동력이 된다. 그는 단순히 승리나 개인적인 성취를 위해 축구를 하지 않는다. 그는 축구 자체를 즐기고, 이로 인해 경기장에서의 그의 움직임은 활기차고 자연스럽다.

그는 인터뷰에서 자주 말하듯, 축구를 하면서 행복을 느끼고 이 행복이 경기력으로 이어진다. 그가 스트레스를 받아도 이를 경기에서 풀어내고, 항상 미소를 잃지 않는 것은 그가 축구를 사랑하기 때문이다. 손흥민의 행복감은 동료들에게도 전달되며, 팀의 사기를 높이는 역할을 한다. 축구를 즐기고 사랑하는 그의 자세가 그를 특별하게 만든다.

결론

손흥민 선수의 축구는 단순히 기술적 능력에 머무르지 않는다. 그는 철저한 기본기로 자신의 기술을 완성하고, 인성으로 팀과 동료를 아우르며, 무엇보다 축구에서 오는 행복을 통해 경기를 즐기고 있다. 이 세 가지 요소는 그가 세계 최고의 축구선수가 될 수 있었던 이유이자, 앞으로도 그가 지속적으로 성공할 수 있는 원동력이다.

문화적 적응과 글로벌 인지도

독일어 배우기와 적응 노력

손흥민 선수는 만 16세에 독일로 축구 유학을 갔었는데 본인의 노력으로 독일어를 유창하게 말할 수 있는 수준까지 되었다. 토트넘에서 2015-16시즌 같이 합류한 케빈 비머는 "그의 독일어 실력에 정말 놀랐다. 레버쿠젠과 함부르크에서 뛰었던 것은 알고 있었지만 정말 좋았다"고 손흥민의 첫인상을 기억했다. 손흥민의 독일어 능력은 그가 독일의 분데스리가에서 활동하면서 팀원들과의 의사소통, 전술 이해, 언론 인터뷰 등에서 큰 역할을 했다.

독일어 능력 습득 비결

① **완전한 몰입 환경**: 손흥민은 독일에서 생활하면서 자연스럽게 언어 몰입 환경에 노출되었다. 일상생활에서 독일어를 사용해야 하는 상

황이 많았기 때문에 실제 사용을 통한 학습이 이루어졌다.

② **팀 내 의사소통의 필요성**: 축구 팀 내에서의 원활한 의사소통을 위해 독일어를 배울 필요가 있었다. 경기 전략을 이해하고, 코치 및 팀원들과 효과적으로 소통하기 위해 독일어 습득은 필수적이었다.

③ **적극적인 학습 태도**: 손흥민은 언어 학습에 적극적이었다. 구단에서 제공하는 언어 수업에 참여하거나 개인적으로 추가적인 학습을 하는 등 의지를 가지고 독일어를 배우려 노력했다. 훈련과 경기로 힘들어도 참고 아카데미에서 본인의 표현을 빌리자면 '꾸역꾸역' 들었다. 그리고 동료들에게는 '다짜고짜 들이대기'를 통해 한마디라도 더 섞을 수 있었다.

④ **실생활 연습**: 훈련과 경기 외에도 독일에서의 일상생활에서 독일어를 적극적으로 사용했다. 이는 식당 주문, 쇼핑, 일상 대화 등 일상적인 상황에서의 언어 사용을 포함한다.

⑤ **문화적 적응**: 언어 학습뿐만 아니라 독일 문화에 대한 이해와 적응도 아버지의 도움으로 동시에 이루어졌다. 역사와 문화적 이해는 언어 습득에 큰 도움을 주며, 의사소통의 깊이를 더한다.

⑥ **동기부여와 목표 설정**: 손흥민은 독일에서의 춥고 배고팠던 시절 현실에 굴하거나 타협하지 않았다. '헝그리 정신'으로 무장하였던 그는 매사에 절실하게 매달렸다. 독일어를 익히는 것도 마찬가지였다. 손흥민은 자신의 축구 경력을 위해 독일어를 잘 구사하는 것이 중요하다고 인식했다. 이 목표가 그의 학습 동기를 부여하고, 더 높은 수준의 언어 능력을 향해 나아가도록 했다.

손흥민의 독일어 습득 과정은 그의 노력과 의지, 그리고 축구선수로서의 전문성을 향상시키려는 강한 동기에서 비롯되었다. 이러한 점들은 그가 독일어뿐만 아니라 후에 영어 능력을 키우는 데에도 도움을 주었으며, 국제 무대에서의 성공적인 커뮤니케이션과 적응을 가능하게 했다.

독일어 습득과 친교 활동

손흥민 선수가 독일어를 습득하는 과정에서 팀 내 또래 친구들과의 교류와 친교 활동은 매우 중요한 결정적 역할을 했다. 이러한 사회적 상호작용은 언어 습득을 더욱 자연스럽고 효과적으로 만드는 여러 방면에서 기여했다. 다음은 그 구체적인 내용들이다.

일상 대화의 기회 증가

팀 내 또래 친구들과의 일상적인 교류는 손흥민에게 독일어로 의사소통할 기회를 자주 제공했다. 이러한 일상 대화는 언어 학습에서 가장 중요한 요소 중 하나로, 실제 사용을 통해 언어능력을 향상시킬 수 있다.

문화적 이해와 친밀감 형성

친구들과의 교류를 통해 독일 문화의 미묘한 부분들을 이해하고 체험할 수 있었다. 친구들과의 사회적 활동은 언어를 넘어서 문화적 적응을 돕는 데 중요한 역할을 했다.

언어 사용의 자연스러움

친구들과의 비공식적인 환경에서의 대화는 언어 학습을 더욱 자연스럽게 만들었다. 이런 환경은 언어를 학습하고 연습하는 데 부담감을 줄이고, 실수를 통해 배우는 기회를 제공한다.

유머와 속어의 이해

또래 친구들과의 교류를 통해 손흥민은 독일어 유머를 이해하고, 일상 대화에서 흔히 쓰이는 속어나 구어체 표현을 배울 수 있었다. 이는 언어의 더 깊은 이해를 가능하게 하고, 자연스러운 의사소통에 필수적이다.

긴밀한 관계 형성을 통한 언어 노출 증가

친구들과의 밀접한 관계는 언어를 더 많이 듣고 사용하게 만들며, 이는 언어 습득에 매우 중요하다. 친구들과의 여러 활동은 다양한 상황에서 독일어를 사용해 보는 기회를 제공했다.

피드백과 교정의 기회

실시간으로 언어 사용에 대한 피드백을 받을 수 있는 것도 친구들과의 교류에서 중요한 부분이다. 친구들은 발음이나 문법 오류를 지적하고, 올바른 표현을 알려줄 수 있다.

함부르크 SV에서는 최초의 독일 친구 톨가이 아슬란이 있었고, 레버쿠젠에서는 골키퍼 레노가 있었다. 사교적이었던 레노는 여러 친구들과 같이 손흥민과 어울렸다. 이들은 10대 후반 혹은 갓 20대가 된 친구들로 일상을 같이하며 추억을 쌓아갔다. 그러는 사이 손흥민의 독일어는 원어민 수준으로 발전하였고 독일 생활에도 적응하게 되었다.[71]

사회적 상호작용은 언어능력뿐 아니라 문화적 적응력을 향상시키는 데도 필수적인 요소다. 이를 통해 손흥민은 국제 무대에서의 소통 능력과 문화 간 이해를 크게 발전시켰다.

영어 배우기와 적응 노력

손흥민은 영어를 배우고 EPL에 적응하기 위해 다양한 노력을 기울였고, 독일에서 어려운 조건에서도 독일어를 원어민 수준으로 익힌 경험과 자신감, 노하우가 영어를 배우고 EPL에 적응하는 데 큰 도움이 되었을 것이다. 이러한 과정은 그의 축구 실력뿐 아니라 팀과 리그에서의 위치에도 중요한 역할을 했다. 그의 적응 과정에서 주요한 요소들을 살펴보자.

영어 습득 노력

손흥민은 영국에 처음 왔을 때 영어가 서툴러 통역사의 도움을 받으며 공식 행사에 참여해야 했다. 이후 그는 6개월간의 영어 레슨을 통해 체계적으로 공부를 시작했다. 이러한 기초 과정을 거쳐 영어에 대한 자신감을 점차 쌓아갔다.

영어 실력 향상에 있어 손흥민은 대화와 실생활 학습을 중시했다. 그는 팀 동료 및 친구들과의 대화를 통해 자연스럽게 영어를 습득하고, 그들이 사용하는 표현과 단어들을 적극적으로 익혔다. 또한 영어가 익숙하지 않은 상황에서도 '실수를 두려워하지 않고' 반복적으로 말해보는 연습을 했으며, 매일 영어를 사용하는 데 노력했다. 그는 수업에서 배운 내용을 팀원들과 대화에서 바로 적용해 보는 방식으로 실전 연습을 하며 자신감을 키웠다.

추가적으로 그는 미디어를 통한 학습에도 힘썼다. 드라마와 영화를 자막 없이 시청하며, 장면과 대사를 통해 문맥을 파악하고 어휘를 익히려고 노력했다. 이는 어휘력과 청취력을 자연스럽게 강화하는 데 큰 도움이 되었다.

이제 손흥민은 영어를 꽤 유창하게 구사하며 (인터뷰어) Now you're quite fluent, and you can manage to speak in English, 이는 그의 축구 커리어에서 팀워크와 커뮤니케이션을 원활하게 하는 데 중요한 역할을 하고 있다. 그는 커리어 이후에도 영어 실력이 다양한 기회를 열어줄 것이라고

믿으며, 영어를 통해 얻은 자신감을 소중하게 여기고 있다.[72]

"영어를 빨리 배우려는 나의 노력은 동료들에게도 좋은 인상을 줬다. 그 나라의 언어와 문화를 배우려는 자세에서 존중이 시작된다고 생각한다. 로마에 가면 로마의 법을 따르는 게 상책이다. 구단에서 요구하는 영어 테스트가 있었는데 나는 시즌 전반기에 이미 통과했다. 구단에서는 외국인 중 최단 시간 합격이라며 나의 영어 습득 속도를 반겼다."[73]

팀원들과의 유대감 형성

손흥민은 팀원들과의 유대감을 형성하기 위해 노력했다. 그의 유머러스하고 친화적인 성격 덕분에 팀원들과 쉽게 친해질 수 있었으며, 적극적으로 다가가며 팀 문화에 적응했다. 다행히 손흥민이 독일어에 능통했고 독일어를 구사하는 케빈 비머의 존재는 손흥민에게 다행스러운 일이었다. 훈련장에서뿐만 아니라 훈련 외 시간에도 팀원들과 어울려 소통하면서 팀 내 유대감을 높였다. 이러한 관계 구축은 경기 중에도 서로를 더 잘 이해하고 팀워크를 강화하는 데 기여했다.

EPL 스타일 적응

손흥민은 독일 분데스리가에서 EPL로 이적하면서 경기 스타일에 적응하기 위해 많은 노력을 했다. EPL은 더욱 빠르고 강한 피지컬 플레이가 요구되는 리그이기 때문에, 그는 체력과 스피드를 높이기 위해 훈련에 더욱 집중했다. 또한, 팀 전술에 따라 역할을 조정하면서도 자신의 플레이 스타일을 유지하기 위해 전술 이해도를 높였다. 이러한 노력은 그가 다양한 포지션에서 뛰며 팀에 공헌할 수 있도록 했다.

경기 외 훈련과 학습

손흥민은 자신의 체력과 기술을 EPL 스타일에 맞추기 위해 꾸준히 훈련하고 고민했다. 경기 후에도 자신의 경기 영상을 분석하여 더 나은 움직임과 포지셔닝을 고민했다. 또한, 팀 전술에 맞추기 위해 감독과 코칭 스태프와의 소통을 통해 자신의 역할을 명확히 이해하려 했다. 뿐만 아니라 외국 빅클럽들의 경기 영상도 자주 챙겨 봤다. 이러한 노력 덕분에 그는 다양한 전술에 맞춰 유연하게 플레이할 수 있는 능력을 키웠다.

문화적 적응

EPL에서 뛰면서 그는 단순히 축구뿐만 아니라 영국 문화에도 적응하려는 노력을 했다. 경기장 밖에서 현지 생활에 익숙해지기 위해 다양한 문화적 활동에도 참여했으며, 이러한 경험은 그가 더욱 자연스럽게 팀 환경에 적응하고 팬들과의 관계를 강화하는 데 도움이 되었다. 그의 친근한 성격과 배려심 덕분에 팬들에게도 좋은 이미지를 심어줄 수 있었다.

긍정적인 마음가짐과 성실함

손흥민은 항상 긍정적이고 겸손한 자세로 EPL에 적응하고 팀에 기여하려는 마음가짐을 가지고 있었다. 그는 팀 내에서 자신의 역할을 이해하고, 어려운 상황에서도 최선을 다해 팀에 헌신하려고 노력했다. 이러한 자세는 동료들에게도 긍정적인 영향을 미쳤고, 그의 끈기와 성실함이 그를 EPL에서 성공적인 선수로 자리 잡게 하는 데 중요한 요소로 작용했다.

손흥민의 영어 배우기와 EPL 적응은 단순한 언어 습득과 경기력 향상이 아니라, 문화적인 적응과 팀원들과의 신뢰 구축에 초점이 맞춰져 있다. 이러한 노력이 결국 그를 토트넘에서뿐만 아니라 EPL 전체에서도 중요한 선수로 자리 잡게 하는 데 기여한 셈이다.

손흥민의 독일어와 영어 구사 능력 평가

손흥민은 대한민국 사람이지만, 독일어도 능통하고 영어로 대화나 인터뷰도 가능하다. 손흥민 선수의 독일어 실력과 영어 구사 능력이 어느 정도가 되는지 궁금해진다. 손흥민 선수의 독일어와 영어 실력을 알아보자.

독일어 실력에 대한 원어민들의 평가

① **자신감 있는 단어 선택**: 손흥민은 독일어를 자신 있게 구사하며, 일상적이고 쉬운 단어에만 의존하지 않고 고급 단어를 활용한다는 점에서 놀라움을 자아냄.

② **독특한 발음 강세**: 손흥민의 강세가 어떤 부분에 있어서는 원어민들과 약간 다르지만, 이를 매력적이고 개성적으로 느끼며, 그의 독일어가 귀엽다고 평가함.

③ **정확한 문법과 단어 사용**: 손흥민은 독일어 표현에서 돌려 말하지 않고, 정확한 문법과 적절한 단어로 명확하게 의사를 전달한다는 점이 인상적이라는 평가를 받음.

④ **짧은 학습 기간 내 탁월한 실력**: 독일어를 약 7년 동안 배운 것치고는 매우 뛰어난 실력으로, 원어민들은 그를 "진짜 잘한다."고 칭찬함.[74]

손흥민의 독일어는 언어적 자신감과 정확성으로 원어민들에게 깊은 인상을 남기며 호평을 받고 있다.

영어 실력에 대한 전문가들의 평가

① **2016년**: 손흥민이 짧은 시간 안에 영어 인터뷰를 시도한 점은 대단하지만, 당시에는 문법 오류나 단어 선택 실수가 약간 보였으며, 감정 표현도 아직 풍부하지 않음.

② **2019년**: 영어 실력이 향상되어 단어 선택과 감정 표현이 풍부해졌으며, 특히 Grateful이라는 단어를 자주 사용하는 모습이 두드러졌음.

③ **2020년**: 겸손하면서도 여유 있는 태도로 인터뷰하며, 활짝 웃는 모습이 인상적임.

④ **2022년**: 이 정도의 영어 실력은 엄청난 노력이 필요하며, 손흥민은 겸손한 자세와 팀을 생각하는 마음으로 모범적인 모습을 보인다고 평가됨.[75]

> 'TOP SOCCER BLOG' 축구 매체 선정, 영어 잘하는 비영어권
> 축구선수 12명(12 Non-English Soccer Players Who Can Speak English)[76]

> 1위 크리스티아누 호날두(포르투갈)
> 2위 모하메드 살라(이집트)
> 3위 에밀리아노 마르티네즈(아르헨티나)
> **4위 손흥민(대한민국)**
> 5위 킬리안 음바페(프랑스)
> 6위 브루노 페르난데스(포르투갈)
> 7위 베르나르도 실바(포르투갈)
> 8위 피에르에메릭 오바메양(가봉)
> 9위 반 다이크(네덜란드)
> 10위 조르지니오 베이날둠(네덜란드)
> 11위 이반 페리시치(크로아티아)
> 12위 다비드 루이스(브라질)

손흥민은 꾸준한 노력으로 영어 실력을 발전시키며, 성숙한 인터뷰 태도로 존경을 받고 있다. 손흥민이 영어 잘하는 비영어권 축구선수로 당당히 4위에 랭크되어 있다니 정말 대단하다.

종합 평가

- 독일어: 매우 유창, 원어민과 거의 비슷한 수준.
- 영어: 영어를 구사하는 자신감과 유창성이 거의 영국 선수 정도

수준까지 향상됨. 영국 생활이 계속되면서 영어 실력도 발전하고 있음.

결론적으로, 손흥민의 독일어는 매우 뛰어난 수준이고, 영어도 꽤 유창하게 말하는 수준이다. 손흥민도 영국 생활이 어느덧 10년이다. 더욱 높은 수준의 영어 구사 능력을 갖추려면, 그의 독일어 능력을 볼 때 시간과 노력만 투자한다면 얼마든지 더 높은 수준의 고급 영어 구사가 가능하리라 생각된다.

손흥민의 태도

태도(Attitude)란 개인이 특정 상황, 대상, 또는 사람에 대해 가지는 생각, 감정, 그리고 행동의 경향을 의미한다. 태도는 개인의 가치관, 신념, 그리고 경험에 따라 형성되며, 이는 그 사람의 행동이나 선택에 직접적인 영향을 미친다. 태도는 긍정적일 수도, 부정적일 수도 있으며, 사람 간의 상호작용에서 매우 중요한 역할을 한다.

태도가 중요한 이유는 다음과 같다.

① **성공과 실패에 영향**: 태도는 목표를 달성하기 위한 동기부여와 인내에 중요한 역할을 한다. 긍정적인 태도는 도전 과제를 극복하고 성장하게 도와준다.

② **인간관계 형성**: 사람들은 태도가 좋은 사람과 함께 일하고 싶어

한다. 좋은 태도는 신뢰를 형성하고 협업을 촉진시킨다.

③ **문제 해결 능력**: 긍정적인 태도를 가진 사람들은 문제 상황에서도 해결책을 찾기 위해 노력하며, 상황을 더 나아지게 만든다.

④ **성장과 학습**: 열린 마음과 긍정적인 태도는 새로운 것을 배우고 성장할 수 있는 기회를 제공한다.

손흥민 선수의 '태도'에 대하여

손흥민 선수는 축구 실력뿐만 아니라, 그의 태도로도 많은 이들에게 존경을 받고 있다. 다음은 손흥민의 태도에서 주목할 만한 점들이다.

① **겸손함과 프로페셔널리즘**: 손흥민 선수는 세계적인 선수임에도 불구하고, 항상 겸손한 태도를 유지한다. 그는 자신의 성공을 자만하지 않고, 매 순간 더 나아지기 위해 노력한다. 이는 동료 선수와 팬들에게 큰 존경을 받는 이유 중 하나다.

② **팀을 위한 헌신**: 손흥민은 개인적인 기록보다 팀의 성공을 우선시한다. 이는 그가 경기에서 보여주는 헌신적인 플레이와 동료를 돕는 모습에서 잘 드러난다.

③ **긍정적인 마인드셋**: 손흥민은 어려운 상황에서도 긍정적인 태도를 유지하며, 이를 통해 자신의 퍼포먼스를 꾸준히 높이고 있다. 경기에서 어려운 순간에도 포기하지 않고 끝까지 최선을 다하는 모습은 많은 팬들과 선수들에게 귀감이 된다.

④ **인내와 성실함**: 손흥민은 어린 시절부터 지금까지 꾸준한 노력과 인내를 통해 세계적인 선수가 되었다. 그의 성실한 태도는 성공의 핵

심 요소 중 하나다.

손흥민의 태도는 단순히 축구 경기에 국한된 것이 아니라, 삶의 전반에서 본받을 만한 요소로 여겨진다. 그의 태도는 많은 사람들에게 영감을 주고, 특히 젊은 선수들에게 좋은 롤모델이 되고 있다.

글로벌 인지도와 인기

손흥민의 글로벌 인지도는 축구 실력뿐만 아니라, 그의 인간적인 매력, 성실함, 그리고 문화적 가교 역할 덕분에 아시아를 넘어 전 세계적으로 매우 높다. 그의 성공은 단순한 축구선수의 성취를 넘어, 아시아 선수로서 세계 무대에서 이룬 중요한 이정표로 평가받고 있다.

손흥민은 세계 최고의 축구 리그 중 하나로 평가받는 잉글랜드 프리미어리그(EPL)에서 탁월한 성과를 꾸준히 보여주며 글로벌 스타로 자리매김했다. 토트넘 홋스퍼에서 뛰어난 득점력과 다재다능한 플레이로 많은 팬들에게 깊은 인상을 남겼고, 이는 아시아뿐만 아니라 유럽, 북미 등 다양한 지역에서 그의 인기를 높이는 데 기여했다.

손흥민은 아시아 출신 선수로서 세계 무대에서 성공한 몇 안 되는 예시 중 하나로, 아시아 전역에서 큰 영향력을 발휘하고 있다. 그의 성공은 아시아의 젊은 축구선수들에게 꿈과 희망을 주며, 그가 뛰는 경기나 관련 뉴스는 한국뿐만 아니라 태국, 베트남, 일본, 중국 등 아시아 여러 나라에서 큰 관심을 받는다. 각 나라에서는 손흥민을 롤모델로 삼고 그를 자랑스럽게 여기는 팬들이 많으며, 그의 경기 일정은 방송사들이 주요 스포츠 프로그램으로 다루기도 한다.

특히 동남아시아 국가들에서 손흥민의 인기는 눈에 띈다. 태국, 베트남, 싱가포르 등에서는 프리미어리그 경기가 활발히 중계되며, 손흥민의 활약은 이 지역 팬들 사이에서 많은 주목을 받는다. 그의 유니폼 판매량이나 소셜미디어 팔로워 수는 이들 국가에서도 매우 높다.

손흥민은 축구 실력으로만 평가받는 것이 아니라, 아시아와 서구 세계를 연결하는 중요한 문화적 가교 역할도 하고 있다. 그는 서구 사회에서 아시아인에 대한 인식을 긍정적으로 변화시키는 데 기여했다. 그가 보여주는 성실함, 겸손함, 그리고 끈기는 아시아인들이 세계 무대에서 보여줄 수 있는 가치를 잘 대표하고 있다. 이는 다양한 글로벌 브랜드와의 협업에서도 나타나며, 그는 많은 글로벌 캠페인의 모델로 활약하고 있다.

손흥민은 세계적인 스포츠 스타로 인정받고 있으며, 특히 유럽과 아시아를 잇는 대표적인 아이콘으로 자리 잡았다. 그는 프리미어리그 선수 중에서도 매우 인기가 높은 선수로, 유럽 축구 팬들에게도 그의 뛰어난 기술과 매너는 호평을 받고 있다. 또한 손흥민은 아시아 출신으로서, 유럽에서 아시아인의 입지를 확장하는 데 기여했다. 이는 단순한 개인의 성취를 넘어, 스포츠와 문화를 통해 글로벌 사회에서 아시아의 영향력을 확대한 사례로 평가된다.

손흥민은 뛰어난 실력과 성격, 그리고 글로벌 무대에서의 활약을 통해 진정한 글로벌 스포츠 스타로 자리 잡았다. 그의 인지도와 영향력은 앞으로도 더 커질 가능성이 크며, 그는 아시아와 세계 축구 역사에 오래 남을 인물로 기록될 것이다.

프로선수로서 경기력

축구하는 재미가 있다, 'DESK 라인'

손흥민에게 축구는 단순한 직업을 넘어 삶의 기쁨 그 자체다. 그 기쁨이 극대화된 순간 중 하나는 바로 'DESK 라인' 시절이었다. DESK는 토트넘 홋스퍼의 2010년대 후반 황금기를 이끈 공격진으로, Dele Alli(델리 알리), Eriksen(에릭센), Son(손흥민), Kane(케인)이라는 4명의 선수를 의미한다. 이들은 함께 뛰며 토트넘을 잉글랜드 프리미어리그(EPL) 준우승, UEFA 챔피언스리그 준우승이라는 성과로 이끌었다.

축구에서 중요한 것은 팀워크다. 아무리 뛰어난 개개인의 능력도 조화를 이루지 못하면 빛을 발하기 어렵다. 손흥민은 이 'DESK 라인'에서 환상적인 호흡을 경험했다. 에릭센의 날카로운 패스, 케인의 강력한 마무리 능력, 델리 알리의 창의적인 움직임과 손흥민의 빠른 침투와 마무리 능력이 완벽하게 어우러졌던 것이다. 이들의 협력은 단순한 경기 운영을 넘어, 서로의 강점을 극대화하며 토트넘을 강력한 팀으로 변모시켰다.

특히 손흥민은 이 시기에 '축구하는 재미'를 느꼈을 것이다. 그 이유는 명확하다. 에릭센의 정교한 패스와 케인의 타깃 플레이는 손흥민의 빠른 돌파와 직접적인 슈팅을 완벽하게 뒷받침해 주었다. 이를 통해 손흥민은 뛰어난 득점 능력을 발휘할 수 있었고, 경기장 안에서 자유롭게 움직이며 축구의 본질적인 즐거움을 느낄 수 있었다. 득점뿐만 아니라, 손흥민은 동료들에게 어시스트를 제공하며 함께 승리의 기쁨을 나눴다. 이것은 그가 '축구를 사랑한다'는 마음을 더 강화시켰다.

'DESK 라인'은 그 이름 자체가 창의성과 역동성을 상징했다. 에릭센의 탁월한 경기 운영 능력, 델리 알리의 창의적인 플레이, 케인의 전방에서의 압도적인 존재감과 손흥민의 빠른 속도와 결정력은 서로 맞물리며 한 편의 예술 같은 축구를 만들어 냈다. 손흥민에게는 이 시기가 단순한 성공을 넘어, 동료들과 함께 창의적인 축구를 펼치는 '즐거움' 그 자체였을 것이다.

손흥민은 항상 경기장에서 즐거움을 느끼며 플레이하는 선수로 유명하다. 그는 과거 인터뷰에서 "나는 항상 축구를 사랑하고, 축구를 즐긴다."는 말을 반복하곤 했다. 'DESK 라인'과 함께했던 시절은 그가 이런 축구에 대한 사랑을 한층 더 깊이 체험한 시기였다. 서로의 플레이 스타일을 이해하고 존중하며, 팀 전체가 하나로 움직이는 그 순간들 속에서 손흥민은 축구하는 재미를 만끽했을 것이다.

'DESK 라인'은 2019년 유럽 챔피언스리그 준우승이라는 토트넘의 역사적인 성과를 남기며 축구 팬들의 기억에 남아 있다. 비록 우승에는 실패했지만, 이들은 그 과정에서 강팀들을 상대로도 자신들의 스타일을 유지하며 훌륭한 경기력을 보여주었다. 손흥민에게 이 시기는 선수로서 많은 것을 배운 시기이기도 하다. 이미 알고 있는 것이었지만 축구가 단순히 개인의 실력만으로 이루어지는 것이 아니라, 팀 전체가 조화를 이뤄야 한다는 것을 마음 깊이 체득한 것이다.

손흥민에게 'DESK 라인'은 그저 과거의 영광으로 남지 않는다. 그는 여전히 축구를 즐기고, 동료들과 함께 새로운 도전을 이어가고 있다. 하지만 그가 'DESK 라인'과 함께했던 시절을 떠올릴 때마다, 분명히 '축구하는 재미가 있었다'는 감정을 가장 먼저 떠올릴 것이다. 그 시기의 축구는 손흥민에게 있어 팀워크와 창의성이 결합된, 가장 아름답고 즐거운 순간 중 하나였을 것이다.

결국 축구를 사랑하는 손흥민에게 'DESK 라인'은 기록 이상의 의미를 지닌다. 그것은 동료들과 함께 꿈을 이루기 위해 달려간 시간, 그리고 축구 본연의 즐거움을 만끽한 시기였다. 'DESK 라인'의 환상적인 호흡과 손흥민의 빛나는 활약은 앞으로도 오랫동안 축구 팬들의 기억 속에 남을 것이다.

최강 콤비, '손케 듀오'

손흥민과 해리 케인은 오랫동안 토트넘 홋스퍼의 상징적인 공격 듀오로 활약하며 EPL 최고의 콤비로 자리매김했다. 이 두 선수의 호흡은 경기장에서 자연스럽게 빛을 발하며, 서로의 장점을 극대화하는 플레이로 수많은 기록을 세웠다. 팬들은 이 두 선수를 '손케 듀오'라 부르며, 그들의 환상적인 콤비 플레이를 경탄했다. 그들의 성공적인 파트너십은 단순한 팀 동료 그 이상으로, EPL 역사에 남을 만한 위대한 듀오였다.

손흥민이 2015년 토트넘에 합류했을 때, 토트넘 유스 출신인 해리 케인은 이미 팀의 주전 공격수로 자리 잡고 있었다. 손흥민은 초반에는 적응에 어려움을 겪었지만, 시간이 지날수록 케인과의 호흡을 맞추며 토트넘의 핵심 공격 자원으로 급성장했다. 두 선수는 서로의 플레이 스타일을 완벽하게 보완하는 관계로 발전했다.

해리 케인은 주로 최전방 스트라이커로서 상대 수비수를 압도하며 득점을 책임졌고, 손흥민은 날카로운 스피드와 기술을 활용해 측면에서 빠르게 돌파하며 케인의 득점 찬스를 만들어 주었다. 손흥민 역시 케인의 정확한 패스를 받아 득점 기회를 자주 잡으며, 두 선수는 골과 어시스트에서 모두 활약을 펼쳤다.

'손케 듀오'가 만들어 낸 가장 큰 업적 중 하나는 EPL 최다 합작 골 기록이다. 2022-23시즌 EPL 38라운드 손흥민과 해리 케인은 리즈와의 경기에서 합작 47번째 골을 터뜨리며, "EPL 역대 듀오 중 가장 많은 골을 함께 만들어 낸 선수로 이름을 올렸다. 두 선수가 합작한 47골 중 손흥민이 24골, 해리 케인이 23골을 넣었다."[77]

이 기록은 단순한 개인의 능력으로 만들어진 것이 아니라, 두 사람의 완벽한 호흡과 신뢰를 바탕으로 한 것이다. 경기장에서 그들의 움직임은 마치 계획된 것처럼 매끄럽고 유기적으로 이루어졌으며, 서로의 의도를 정확히 파악해 마치 한 몸처럼 플레이했다.

2021-22시즌 EPL 4라운드 맨유와 토트넘의 경기는 뜻밖에도 맨유의 대패로 끝나고 말았다. 전반전 1:1 상황에서 프리킥 반칙을 얻은 케인은 볼을 잡자마자, 일어나면서 손흥민의 위치부터 확인하고는 바로 패스를 건넸다. 이때 이미 손흥민은 골대를 향해 달려가고 있었다. 물론 볼을 받은 손흥민은 언제나처럼 골로 답하였다.

이날 토트넘은 무리뉴 감독의 지휘 아래 전통의 강호 맨유를 6:1로 대파하였다. 그리고 무리뉴 감독은 표정 관리에 들어갔다. 이때가 6분 50초 상황이었고 이날 경기의 결승골이었다. '손케 듀오'는 말이 필요 없다. 롱패스나 스루패스를 할 때도 남들처럼 손을 들고 위치를 알릴 필요도 없다. 손발이 척척 마음까지 잘 맞는 환상의 듀오다.

손흥민과 해리 케인은 각각의 특성을 살려 상대 수비를 무너뜨리는 데 탁월했다. 케인은 뛰어난 위치 선정과 강력한 피지컬로 수비수들을 끌어당기며 손흥민에게 공간을 만들어 주었고, 손흥민은 자신의 빠른 발과 날카로운 침투로 상대의 빈틈을 파고들었다. 두 선수는 서로의 강점을 최대한 활용하며 자연스러운 패스와 크로스를 주고받아 득점 기회를 창출했다.

특히 손흥민은 케인의 연계 플레이에서 많은 도움을 받았고, 케인은 손흥민의 빠른 돌파력 덕분에 더욱 자유롭게 움직일 수 있었다. 그들의 플레이는 한 명의 슈퍼스타가 아닌, 두 명이 협력하는 팀 플레이의 중요성을 증명했다. 손흥민의 침투와 케인의 마무리는 EPL 무대에서 상대 수비를 공략하는 가장 위협적인 무기가 되었다.

한때 집도 걸어서 1, 2분 정도밖에 걸리지 않을 만큼 가까웠던, 손흥민과 해리 케인은 단순히 경기장 안에서만 좋은 관계를 유지한 것이 아니다. 두 선수는 경기장 밖에서도 깊은 우정을 쌓으며, 소중한 동료로 여겼다.

손흥민은 케인에 대해 "항상 저를 믿고 격려해 주는 최고의 팀 동료"라고 말했고, 케인 역시 손흥민을 "최고의 파트너"라고 칭하며, "쏘니는 최고의 선수에게 필요한 기량을 모두 갖추고 있다. 쏘니와 나는 정말 잘 맞는다. 그라운드 밖에서도 서로를 잘 이해한다. 결코 의심의 여지가 없다."라고 말했다.

이러한 신뢰와 우정은 경기장 안에서의 호흡에도 긍정적인 영향을 미쳤으며, 그들이 압박 속에서도 흔들리지 않고 서로를 믿고 플레이할 수 있었던 이유가 되었다.

'손케 듀오'는 단지 기록적인 측면에서만 의미 있는 것이 아니다. 그들은 팬들에게 '완벽한 콤비'가 무엇인지 보여줬고, EPL 역사에 남을 전설적인 듀오로 자리매김했다. 비록 해리 케인이 2023년 바이에른 뮌헨으로 이적하며 두 선수의 토트넘에서의 동행은 끝이 났지만, 그들이 함께 이룩한 성과는 오랫동안 기억될 것이다.

손흥민과 해리 케인의 조합은 축구에서 개인보다 팀워크가 얼마나 중요한지를 보여주는 대표적인 사례였다. 서로의 강점을 인식하고 이를 극대화하는 플레이는 단순한 기술을 넘어서, 축구의 본질인 협력의 아름다움을 드러냈다.

손흥민과 해리 케인은 축구 역사에 남을 최강 콤비로, 그들이 함께한 시간 동안 만들어 낸 수많은 골과 기록은 팬들의 기억 속에 영원히 남을 것이다. '손케 듀오'는 단순한 별명이 아니라, 축구의 진정한 협력을 상징하는 이름이며, 그들이 보여준 팀워크와 신뢰는 앞으로도 많은 이들에게 영감을 줄 것이다.

비록 이제는 각자의 길을 걷고 있지만, 손흥민과 해리 케인이 함께했던 토트넘에서의 시간은 영원히 빛날 것이다.

인상적인 2018 러시아 월드컵 독일전

2018년 6월 27일, 러시아 카잔 아레나에서 펼쳐진 대한민국과 독일의 월드컵 조별리그 마지막 경기는 누구도 예측하지 못한 드라마로 기억되고 있다. 전 세계가 지켜보는 가운데, 대한민국은 월드컵 역사상 처음으로 독일을 꺾으며 큰 기적을 일궈냈다. 당시 독일은 FIFA 랭킹 1위였고 디펜딩 챔피언이었다.

경기는 후반전 추가 시간에 접어들었고, 대한민국은 김영권 선수의 극적인 골로 1:0으로 앞서고 있었다. 독일은 동점골을 넣기 위해 공격에 모든 자원을 쏟아부었다. 심지어 독일의 골키퍼 마누엘 노이어까지 최전방으로 나서서 한국의 골문을 노렸다. 하지만 대한민국은 철저한 수비와 끈질긴 집중력으로 독일의 공격을 막아내며 시간을 벌었다.

후반 추가 시간, 대한민국의 수비진은 독일의 마지막 공격을 차단하며 공을 중앙으로 흘려보냈고, 주세종 선수가 이를 포착하여 길게 패스를 찼다. 공은 상대 진영에 위치한 손흥민 선수에게로 향했다. 이때 독일 골키퍼 노이어는 필드 플레이어처럼 전방에 나가 있었다. 손흥민은 놀라운 속도로 공을 향해 달렸다. 피곤한 몸과 바닥난 체력에도 불구하고 그는 전력 질주를 멈추지 않았다. 빠르게 독일의 진영을 돌파하며 빈 골대를 향해 슛을 날렸고, 공은 골문 안으로 정확히 들어갔다. 대한민국은 2:0으로 앞서게 되었고, 독일은 더 이상 경기를 뒤집을 시간이 없었다.

손흥민의 추가골은 단순한 득점 이상의 의미를 지녔다. 이 골로 대한민국은 월드컵 역사상 처음으로 독일을 꺾는 기적을 이뤘다. 독일은 그 경기로 인해 조별리그에서 탈락하는 수모를 겪었고, 대한민국은 전 세계 축구 팬들에게 강한 인상을 남겼다. 한국 팬들은 감동과 자부심을 느끼며 선수들에게 박수를 보냈다.

이후 손흥민은 당시를 이렇게 회상한다. "김영권 형의 골로 1:0으로 앞선 후, 세종이 형이 길게 패스를 보냈어요. 공이 날아오면서 너무 길다고 생각했죠. 체력은 완전히 바닥난 상태였지만, 일단 뛰었어요. 볼이 점점 가까워지며 잡을 수 있다는 희망이 생겼죠. 수많은 생각이 스쳐 갔지만, 결국 왼발로 공을 밀어 넣었어요. 지금도 친구들과 이야기할 때, '그 슛이 빗나갔으면 어쩔 뻔했어?'라며 웃곤 한다."[78]

손흥민의 회상처럼, 그 순간은 단순한 득점 이상이었다. 그의 투혼과 결단력은 팬들에게 깊은 감동을 남겼고, 끝까지 포기하지 않는 그의 정신력은 대한민국의 축구 역사에 한 획을 그었다.

그 장면은 전 세계 축구 팬들의 기억에 오래도록 남을 것이다. 끝까지 포기하지 않고 달려간 손흥민의 모습은 단순한 경기 결과를 넘어선 상징이 되었다. 이 경기에서 손흥민은 자신이 가진 모든 것을 쏟아내며 대한민국의 승리를 확정 짓는 영웅이 되었고, 팬들은 그의 투혼을 마음 깊이 새기게 되었다. 2018년 러시아 월드컵 독일전은 한국 축구가 보여준 투지와 정신력의 상징으로 남게 될 것이다.

푸스카스상 수상 골

2019년 12월 7일, 잉글랜드 프리미어리그(EPL) 토트넘 홋스퍼와 번리의 경기에서 손흥민 선수가 기록한 골은 그야말로 축구 역사에 남을 만한 '원더골'이었다. 경기 32분에 터진 이 골은, 이후 FIFA 푸스카스상을 수상하며 전 세계 축구 팬들의 마음속에 강렬한 인상을 남겼다.

손흥민의 골은 토트넘 진영에서 시작되었다. 그는 자신의 페널티 지역 근처에서 공을 잡자마자 상대 수비를 피해 달리기 시작했다. 무려 70미터가 넘는 거리를 전력 질주하며, 단 한 번도 멈추지 않고 번리 수비수들을 제쳤다. 그는 드리블하는 동안 번리 수비수 6명을 순식간에 따돌리며 상대 진영 깊숙이 돌진했고, 마지막 순간에는 골키퍼와 1:1 상황에서도 침착하게 마무리했다. 이 득점은 한 선수가 얼마나 대담한 플레이를 펼칠 수 있는지 보여준 완벽한 예였다.

손흥민의 스피드는 이 골을 완성하는 데 중요한 역할을 했다. 그는 번리 선수들이 미처 따라오지 못할 정도로 빠르게 달렸고, 어떤 상황에서도 속도를 늦추지 않았다. 또한, 그의 기술과 볼 컨트롤은 이 70미터 질주 동안 단연 돋보였다. 드리블 중에도 공을 잃지 않으면서 전력 질주를 이어간 손흥민은 마치 공이 그의 발에 붙어 있는 듯한 인상을 주었다. 이 골 장면은 그가 얼마나 뛰어난 기술과 결정력을 가진 선수인지를 다시 한번 입증하는 순간이었다.

푸스카스상은 매년 가장 아름답고 놀라운 득점에 주어지는 상으로, 손흥민의 번리전 골은 이에 완벽하게 부합하는 득점이었다. FIFA는 이 골이 단순한 골 이상의 의미를 지닌다고 평가했다. 손흥민은 수상 소감에서 "이 상을 받을 수 있게 해준 모든 분께 감사하다."며 팀 동료들과 스태프에게 공을 돌렸다. 그의 겸손한 태도는 팬들에게 또 다른 감동을 선사했다.

묘한 것은 현재 토트넘을 이끌고 있는 앤지 포스테코글루 감독이 선수 시절 호주의 사우스 멜버른 헬라스 주장으로 뛸 때, 손흥민이 수상한 '푸스카스상'의 당사자인 '질주하는 소령' 푸스카스를 감독으로 모시고 3년간 지도를 받았다는 사실이다. 그때 당시 포스테코글루 감독은 운전사 겸 통역사 역할까지 맡으면서 큰 가르침을 받았다고 한다.[79]

손흥민의 이 골은 그가 얼마나 헌신적으로 축구에 임하는지를 보여주는 상징적인 장면이기도 했다. 그는 이 득점을 위해 모든 체력과 정신력을 쏟아부었다. 그리고 그 순간은 그의 열정과 투혼, 그리고 끝없는 노력의 결과였다.

이 골은 단지 경기를 결정짓는 득점이 아니었다. 전 세계의 축구 팬들에게 "포기하지 않으면 어떤 순간에도 기적이 일어날 수 있다."는 메시지를 전달했다. 손흥민은 이 경기에서 자신의 한계를 뛰어넘으며 또 한 번 자신의 위상을 증명했고, 그의 플레이는 모든 축구 팬에게 영감을 주었다.

손흥민의 번리전 골은 푸스카스상 수상 이후에도 많은 사람들에게 회자되며, 축구의 아름다움을 완벽하게 상징하는 장면으로 기억될 것이다.

EPL 득점왕 수상

손흥민 선수가 2021-22시즌에 잉글랜드 프리미어리그(EPL) 득점왕(골든 부트)에 오르는 과정은 그의 경력에서 매우 중요한 순간이었다. 이 시즌에서 손흥민은 득점왕에 오르며 아시아 선수 최초로 EPL 득점왕을 차지하는 역사를 썼다. 그가 득점왕에 오른 과정은 그의 탁월한 기량과 끊임없는 노력의 결과였다.

2021-22시즌 내내 손흥민은 꾸준히 골을 기록했다. 그는 시즌 초반부터 중요한 순간마다 팀을 위해 득점하며 토트넘의 공격을 이끌었다. 특히, 리그 중후반으로 갈수록 손흥민의 득점력이 더욱 빛을 발했는데, 그는 상대의 강한 압박에도 불구하고 침착하게 골을 넣으며 팀의 승리에 기여했다. 손흥민의 득점은 단순한 포지션 플레이에 그치지 않

았고, 양발을 자유자재로 사용해 다양한 각도에서 득점할 수 있는 그의 능력이 큰 역할을 했다.

손흥민이 득점왕에 오르는 데 있어서 토트넘의 동료 해리 케인과의 환상적인 호흡이 큰 역할을 했다. 특히 손흥민과 케인은 서로의 장점을 잘 활용하며 리그에서 수많은 골을 합작했다. 손흥민이 측면에서 침투해 골을 넣는 장면이나, 케인이 손흥민에게 정확한 패스를 보내 득점 기회를 만들어 주는 상황은 2021-22시즌 내내 자주 볼 수 있었다.

손흥민이 득점왕에 오르는 데 결정적인 순간은 시즌 마지막 경기였던 노리지 시티와의 경기였다. 토트넘은 이 경기에서 5:0으로 승리했고, 손흥민은 이 경기에서 두 골을 터트리며 시즌 최종 득점을 23골로 마무리했다. 손흥민의 마지막 두 골은 그에게 득점왕 타이틀을 가져다준 중요한 골이었으며, 특히 그의 두 번째 골은 특유의 감아차기로 인상적인 마무리를 선보였다.

손흥민은 리버풀의 모하메드 살라와 23골로 공동 득점왕에 올랐다. 흥미로운 점은 손흥민이 시즌 내내 단 하나의 페널티킥 득점 없이 필드골로만 23골을 기록했다는 사실이다. 이는 손흥민의 골 결정력과 경기 중의 활약이 얼마나 대단했는지를 보여주는 대목이다. 페널티킥 없이 득점왕에 오른 것은 EPL 역사에서도 보기 드문 성취다.

득점왕을 차지한 손흥민은 경기 후 인터뷰에서 매우 감격스러워했다. 그는 자신을 믿어준 팀 동료들과 팬들에게 감사를 표했으며, 득점왕 타이틀이 자신에게 큰 의미가 있다고 전했다. 아시아 선수로서 최초로 EPL 득점왕에 오른 손흥민은 전 세계 축구 팬들로부터 찬사를 받았고, 그의 이 업적은 아시아 축구 역사에 길이 남을 기록이 되었다.

손흥민은 2021-22시즌 EPL 득점왕이 되며 아시아 축구의 새로운 지평을 열었고, 그의 노력과 재능은 그가 단순한 득점왕을 넘어 축구 역사에 한 획을 그은 선수로 자리매김하게 했다.

기록으로 보는 세계적인 공격수, 손흥민

축구 팬들에게 손흥민은 더 이상 설명이 필요 없는 이름이다. 그의 눈부신 활약은 한국을 넘어 세계 축구계에서도 인정받고 있다. 이번 글에서는 손흥민이 어떻게 기록을 통해 세계적인 공격수로 자리매김했는지 구체적인 수치와 자료를 통해 살펴보자.

스루패스 성공률 1위의 창의적 플레이메이커

2023-24시즌, 축구 통계 사이트 후스코어드닷컴은 손흥민이 유럽 5대 리그에서 스루패스 성공률 80%로 당당히 1위를 차지했다고 밝혔다. 이는 올 시즌 스루패스 10개 이상을 시도한 선수들을 대상으로 한 결과로, 손흥민의 창의적이고 정확한 패스 능력을 입증한다.

특히, 손흥민은 팀의 골잡이로서 득점에만 집중하는 것이 아니라, 동료들에게 결정적인 패스를 제공하며 팀의 공격을 이끌고 있다. 그의

스루패스는 상대 수비를 뚫는 결정적인 무기로 작용하며, 토트넘의 공격을 다방면으로 강화하고 있다.[80]

세계에서 가장 수비 가담이 많은 공격수

공격수로서의 능력뿐만 아니라 수비적인 헌신도 손흥민의 큰 장점이다. 국제축구연맹(FIFA) 산하 연구기관인 국제스포츠연구소(CIES)는 전 세계 30개 프로 축구 리그에서 뛰는 공격수들의 수비 가담을 분석한 결과, 손흥민이 가장 높은 점수를 받았다고 발표했다.

손흥민은 수비 상황에서 시속 25킬로미터 이상으로 달린 거리에서 전체 1위(100점), 압박 횟수에서는 전체 7위(86.6점), 유럽 5대 리그 기준으로는 1위를 기록했다. 이는 그가 공격 상황뿐만 아니라 수비에서도 팀에 큰 기여를 하고 있음을 보여준다.[81]

프리미어리그 역사에 남을 10골-10도움 기록

손흥민은 2023-24시즌 프리미어리그에서 17골-10도움을 기록하며 개인 통산 세 번째로 '10골-10도움'을 달성했다. 이는 프리미어리그 역사상 단 6명만이 달성한 기록으로, 손흥민은 웨인 루니(5회), 모하메드 살라(5회), 에릭 칸토나(4회), 프랭크 램파드(4회), 디디에 드로그바(3회)와 함께 이름을 올렸다.

특히, 아시아 선수로서는 최초로 이 경지에 오른 것은 그의 뛰어난 경기력이 얼마나 꾸준하고 탁월한지를 나타낸다. 토트넘의 주장으로서 팀을 이끌며 UEFA 유로파리그 진출권을 확보하는 데도 큰 공을 세웠다.[82]

세계적인 매체들이 인정한 손흥민의 위상

손흥민의 가치는 여러 국제적인 매체에서도 인정받고 있다.

- **ESPN '2024 최고의 공격수 TOP 10' 선정**: 손흥민은 ESPN이 선정한 2024년 최고의 공격수 부문에서 TOP 10에 이름을 올렸다. 이는 그의 세계적인 공격수로서의 입지를 보여준다.[83]

- **CBS 스포츠 선정 '세계 최고의 축구선수 20인'**: 미국의 CBS 스포츠는 손흥민을 세계 최고의 축구선수 20위로 선정하며, "토트넘 홋스퍼의 가장 위대한 영입"이라고 평가했다. 이는 크리스티아누 호날두(36위)나 버질 판 다이크(21위)보다 높은 순위이다.[84]

- **영국 가디언지 선정 '세계 축구선수 100인'**: 영국의 권위 있는 매체 가디언은 손흥민을 세계 최고의 축구선수 26위로 선정했다. 이는 2021년보다 13계단 상승한 순위로, 그의 지속적인 성장과 활약을 반영한다.[85]

- **전 세계 레프트 윙 파워랭킹 5위**: 손흥민은 풋볼웨이브가 선정한 전 세계 레프트 윙 파워랭킹에서 5위를 차지했다. 이는 마커스 래쉬포드, 필리페 쿠티뉴 등 쟁쟁한 선수들을 제친 결과로, 그의 포지션에서의 세계적인 수준을 보여준다.[86]

토트넘의 올타임 베스트 11에 선정

손흥민은 토트넘 역사상 최고의 선수들로 구성된 올타임 베스트 11에 이름을 올렸다. 그는 왼쪽 윙어로 선정되었으며, 해리 케인, 가레스 베일과 함께 공격진을 형성했다. 이는 토트넘 구단 내에서도 그의 가치와 공헌도가 얼마나 큰지를 보여주는 증거이다.[87]

유럽 빅리그에서의 탑 클래스 활약

2023-24시즌 손흥민은 유럽 빅리그 전체 공격 포인트 순위에서 11위를 기록했다. 그는 17골-10도움으로 우수한 활약을 이어가며, 유럽 최고의 선수들과 어깨를 나란히 했다.[88]

또한, 그의 공격 지표는 대부분 상위 15위 안에 들었으며, 도움 부문에서는 상위 4위 안에 포함되었다. 이는 그의 득점 능력뿐만 아니라 팀 플레이와 동료들을 활용하는 능력도 뛰어나다는 것을 의미한다.

결론

기록은 거짓말을 하지 않는다. 손흥민은 수많은 기록과 통계를 통해 세계적인 공격수로서의 입지를 확고히 하고 있다. 그의 창의적인 공격 능력, 헌신적인 수비 가담, 꾸준한 득점과 도움은 그를 세계 축구 무대에서 빛나게 만드는 원동력이다.

앞으로도 손흥민의 활약이 계속되길 바라며, 그의 새로운 기록들이 축구 역사에 추가될 것을 기대한다.

EPL 2024-25시즌 2라운드 에버턴전

손흥민은 EPL 2024-25시즌 2라운드 에버턴전에서 두 골을 기록하며 토트넘의 4:0 승리를 이끌었고, 경기 후 BBC와 프리미어리그 공식 홈페이지에서 '이 주의 팀'에 선정되었다. 손흥민은 경기 직후 프리미어리그 공식 홈페이지에서 팬 투표로 선정된 '맨 오브 더 매치(MOM)'로 이름을 올렸다.

이번 경기는 아주 손흥민다운 경기로 끊임없는 전방 압박을 통하여 결국 골을 넣었는데, 왜 감독들과 축구전문가들이 전방 압박을 중시하는지를 손흥민은 아주 모범적인 사례로 보여주었다. 아마도 현대 축구의 모범적인 압박(Pressing) 사례로 기록될 만하다. 그는 말하자면 '압박 장인' The Pressing Master이다. 좀 더 구체적으로 보자면,

첫 번째 골은 전반 25분에 이루어졌다. 그는 전방 압박을 통해 상대 골키퍼 조던 픽포드(영국 국가대표팀 골키퍼)의 볼을 가로채며 골을 넣었다. 손흥민의 전방 압박 능력은 이 상황에서 빛을 발했는데, 이는 상대 골키퍼에게 시간과 공간을 주지 않고 강한 압박을 가함으로써 득점 기회를 만든 것이다.

이 장면은 손흥민의 집중력과 상황 판단 능력이 어떻게 골로 연결될

수 있는지를 잘 보여준다. 누리꾼들은 이 장면을 마치 '매가 토끼를 낚아채듯이', 또 어떤 이는 '아프리카 세링케티 초원에서 치타가 톰슨가젤을 사냥하듯' 했다고 말하였다. 역시나 손흥민은 '골 사냥꾼'이다. 단독으로든 팀 전술로든 최고의 사냥꾼이다.

두 번째 골은 후반 32분에 나왔다. 역습 상황에서 센터백 미키 판 더 펜이 약 75미터를 드리블하여 상대 진영으로 돌파했고, 손흥민은 그의 패스를 받아 왼발 슛으로 득점에 성공했다.

이 골은 각도가 매우 좁아 골 기댓값이 낮은 상황이었음에도 불구하고 침착하게 골을 넣어(각이 없는 이런 경우 손흥민은 상대 골키퍼의 유일한 틈인 양다리 사이로 터널 골을 넣곤 한다) 손흥민의 뛰어난 골 결정력을 보여줬다. 또한, 판 더 펜과의 호흡이 잘 맞았으며, 팀 내에서의 협력 플레이의 중요성을 강조한 장면이기도 하다.

"손흥민은 경기 후 토트넘 구단 채널인 스퍼스플레이와의 인터뷰에서 두 번째 골은 반 더 벤의 것이라고 동료를 칭찬했다. 이어 반 더 벤이 공을 몰고 전진할 때 나는 옆에서 뛰기만 했다. 반 더 벤이 멋진 드리블에 이은 완벽한 패스를 연결했다. 득점 후 관중석을 보니 팬들이 반 더 벤의 응원가를 부르더라. 반 더 벤 같이 대단한 수비수가 내 뒤에 있다는 게 아주 기쁘다고 했다."[89]

역시 손흥민다운 인터뷰다. 물론 판 더 펜의 단독 드리블은 훌륭했지만 패스가 한 박자 늦었고, 다른 선수였다면 골로 연결하기 힘들었을 것이다. 그럼에도 불구하고 인터뷰 때 친한 사이인 판 더 펜을 유쾌하게 띄어주고 진심으로 축하해 주었다. 역시나 손흥민은 '해결사'이다.

이 경기에서 토트넘은 전체적인 경기를 지배하며 7:3의 점유율을 보였고, 특히 수비적인 측면에서도 빅찬스를 허용하지 않으며 무실점 경기를 펼쳤다. 이는 팀의 수비 안정성이 향상되었음을 보여주는 동시에 손흥민이 공격뿐만 아니라 팀 전체의 전술적인 흐름에 긍정적인 영향을 주고 있음을 시사한다.

손흥민 축구 실력에 대한 비판에 대한 반박

손흥민 선수가 부진한 경기를 한두 번 보였다고 해서 그의 축구 실력이 끝났다고 비판하는 것은 매우 억지스럽고 근거 없는 주장이다. 축구는 결코 한 명의 선수만으로 이루어지는 게임이 아니다. 특히, 감독의 전술이 획일적일 때 상대 팀은 손흥민을 집중적으로 마크할 수 있다. 이는 손흥민이 개인적인 기량을 발휘하기 어려운 상황을 만들며, 이를 통해 손흥민을 평가하는 것은 팀 스포츠의 본질을 이해하지 못하는 시각이다.

과거 DESK 시절이나 손케 듀오처럼 훌륭한 공격 파트너들이 있었을 때와는 다르게, 현재 손흥민은 제대로 된 패스를 받지 못하는 상황이 종종 발생하고 있다. 축구는 11명이 협력하는 팀 경기다. 패스 하나가 정확히 연결되지 않거나 다른 선수들이 적절한 움직임을 보여주지 못한다면, 손흥민 같은 세계적인 선수도 한계를 느낄 수밖에 없다. 그렇기에 다른 선수들의 부족함을 손흥민 개인에게 전가하는 것은 부당하다.

손흥민 스스로도 팀의 중요성을 깊이 이해하고 있다. 예전 SPO-TV 인터뷰에서 손흥민은 푸스카스상과 EPL 득점왕 중 하나를 선택해야 하는 어려운 질문에 푸스카스상을 선택했다. 그 이유는 EPL 득점왕은 팀 동료들이 잘해준다면 다시 가능하다고 믿었기 때문이다. 이는 손흥민이 개인의 성과보다 팀의 기여를 더 중시하며, 그의 성공이 팀 동료들과의 협력에 달려 있음을 이해하고 있다는 명백한 증거다.

결국, 손흥민의 축구 실력을 평가할 때는 한두 경기의 부진을 넘어 팀 전체의 전술적 문제와 협력의 부족을 고려해야 한다. 손흥민에게만 책임을 묻는 것은 그가 이룬 성과와 그의 진정한 가치를 왜곡하는 것에 지나지 않는다.

명감독과 손흥민

현대 축구의 특징

현대 축구는 기술적, 전술적, 그리고 물리적 측면에서 과거의 축구와 크게 달라졌다. 과거의 축구가 순수한 기술과 창의성에 많은 부분을 의존했다면, 현대 축구는 훨씬 더 체계적이고 과학적 접근을 기반으로 발전하고 있다. 주요 특징을 몇 가지로 나눠 살펴보자.

전술의 고도화

- **전술적 다양성**: 현대 축구는 다양한 전술이 발전했고, 감독들은 여러 전술을 경기 상황에 따라 유연하게 적용하고 있다. 예전에는 4-4-2나 4-3-3 같은 고정된 포메이션이 많았다면, 오늘날에는 3-4-3, 4-2-3-1, 3-5-2 등 다양한 포메이션이 사용되며 경기 중에도 유연하게 변형되는 모습을 볼 수 있다.

- **압박과 역습**: 오늘날 팀들은 전방 압박을 통해 상대방의 빌드업을 방해하고, 공을 빠르게 탈취한 후 짧은 시간 안에 골을 넣으려는 '게겐프레싱' 같은 역습 전술을 많이 사용한다. 클롭이나 과르디올라 같은 감독들이 이 부분을 잘 활용하는데, 압박과 빠른 전환이 중요한 요소로 자리 잡았다.
- **빌드업 플레이**: 현대 축구는 수비수들이 단순히 수비에만 머물지 않고, 공격 빌드업에도 관여하는 경향이 커졌다. 골키퍼와 센터백도 패스를 통해 경기를 조율하고 공격을 시작하는 역할을 많이 맡고 있다.

선수의 다재다능성

- **포지션 유동성**: 과거에는 포지션이 명확히 구분되었지만, 오늘날에는 다재다능한 선수가 요구된다. 예를 들어, 현대 축구에서 풀백은 공격 시에는 윙어처럼, 수비 시에는 센터백처럼 유연하게 행동할 수 있어야 한다. 알폰소 데이비스나 트렌트 알렉산더-아놀드 같은 선수들이 대표적이다.
- **멀티포지션 능력**: 선수들이 한 포지션에만 국한되지 않고 여러 포지션에서 활약하는 능력이 중요해졌다. 예를 들어, 손흥민 같은 선수는 윙어로서도, 스트라이커로서도 활약할 수 있다.

체력과 피지컬의 중요성

- **고강도 경기**: 현대 축구는 경기가 매우 빠르고, 선수들의 체력과

피지컬 능력이 크게 요구된다. 과거에 비해 경기가 더 빨라지고, 공수 전환이 빈번하게 이루어지며, 선수들이 90분 내내 고강도로 움직여야 한다.
- **전술적 피지컬**: 선수들의 피지컬은 전술의 일환으로도 사용된다. 공을 빼앗기 위해 압박할 때, 수비할 때, 그리고 역습할 때 속도와 힘이 매우 중요해졌다. 스프린트 속도, 지구력, 근력 등이 경기를 좌우할 수 있는 중요한 요소가 되었다.

데이터와 과학적 분석의 도입

- **데이터 분석**: 현대 축구는 데이터와 통계가 경기 전략에 중요한 역할을 하고 있다. 선수들의 움직임, 패스 경로, 슈팅 정확도 등 다양한 데이터를 분석하여 경기 계획을 세우고 실시간으로 전술을 조정하는 것이 일반화되었다.
- **피지컬 트래킹**: 선수들의 이동 거리, 속도, 스프린트 횟수 등을 과학적으로 분석하는 피지컬 트래킹 시스템도 많이 사용된다. 이로 인해 선수의 피로도나 부상 위험을 미리 예측하고 관리할 수 있다.

개인 기술과 팀워크의 균형

- **개인 능력 강조**: 여전히 뛰어난 개인 능력이 중요한 요소로 남아있지만, 개인 플레이보다는 팀워크가 강조되는 경향이 커졌다. 축구는 결국 팀 스포츠이기 때문에 팀의 전술적 움직임과 조직적인

플레이가 필수적이다.
- **공간 활용**: 공간을 만들어 내고 이용하는 능력이 매우 중요해졌다. 특히 짧은 패스 플레이와 순간적인 공간 침투가 팀 전술의 중요한 부분으로 자리 잡았다. 티키타카 스타일이 대표적이다.

전 세계적인 선수 육성과 리그의 발전

- **글로벌 선수 시장**: 축구는 이제 더 이상 특정 국가에 국한되지 않고, 전 세계에서 다양한 국가 출신의 선수들이 활약하고 있다. 특히 아시아, 아프리카 출신 선수들이 유럽 빅리그에서 성공하면서 더 많은 다양성이 생겼다.
- **리그의 상업화와 미디어 영향**: 현대 축구는 상업화가 크게 진행되면서 리그와 팀의 운영이 단순한 스포츠 그 이상으로 변화했다. 미디어와 SNS를 통해 선수와 구단의 팬들과의 소통이 더 많아졌고, 축구 경기가 전 세계적으로 실시간으로 중계되며 엄청난 상업적 가치를 지니게 되었다.

기술 발전과 VAR 도입

- **VAR(비디오 판독 시스템)**: 현대 축구의 큰 변화 중 하나는 VAR의 도입이다. 이 기술은 논란이 될 수 있는 판정을 명확히 하여 공정한 경기를 보장하려는 목적으로 도입됐지만, 경기의 흐름을 끊고, 새로운 논란을 낳기도 한다.
- **기술 장비와 훈련**: 현대 축구에서는 GPS 추적 장치나 피지컬 상

태를 모니터링하는 기기들이 선수들의 경기력 향상에 사용된다. 선수들은 개별화된 훈련 프로그램을 통해 최상의 몸 상태를 유지하고, 체계적으로 훈련할 수 있다.

현대 축구는 이렇게 체계적이고 과학적인 접근과 함께, 다양한 전술과 다재다능한 선수들이 중심이 되는 복잡하고 다이내믹한 게임으로 진화했다.

The Innovative One vs The Nice One

현대 축구의 거장으로 불리는 펩 과르디올라 감독과 EPL의 대표 선수로 자리 잡은 손흥민. 이 두 인물은 직접적인 협력 관계는 아니지만, 축구라는 무대에서 서로를 존중하며 독보적인 족적을 남기고 있다. 축구계에서 "혁신적인 지도자"로 불리는 과르디올라와 "성실한 스타"로 칭송받는 손흥민의 이야기는 그 자체로 현대 축구의 상징적인 서사가 된다.

펩 과르디올라 감독은 축구 전술을 새롭게 정의한 인물이다. 그의 전술적 혁신은 팀의 성공을 넘어 축구라는 스포츠 자체를 변화시켰다. 과르디올라는 바르셀로나 감독 시절, 짧은 패스와 유기적인 움직임을 통해 공의 점유율을 극대화하는 '티키타카'를 정립했다. 이 전술은 축구의 흐름을 바꾸며, 현대 축구의 새로운 기준을 만들었다.

그는 경기 중 선수들의 위치를 유연하게 바꿔가며 상대를 예측 불가능하게 만들었다. 인버티드 풀백, 가짜 9번, 다양한 포메이션 등의 그의 전술은 팀의 공격력을 극대화했다. 과르디올라는 바르셀로나(14개 트로피, 1회 트레블), 바이에른 뮌헨(3번의 분데스리가 우승), 맨체스터 시티(6번의 EPL 우승, 1회 트레블) 등 각 팀에서 성공을 거두며 현대 축구 역사에 이름을 새겼다. 그의 지도력은 단지 성적에 그치지 않고, 축구 팬들에게 전술의 미학을 선사했다.

한편 손흥민은 EPL의 대표 공격수로, 그의 빠른 스피드와 양발 능력, 그리고 치명적인 역습으로 세계 무대에서 주목받고 있다. 그는 단순히 실력만으로 평가받는 선수가 아니다. 그의 겸손한 태도와 성실함은 팬들과 동료들에게 깊은 인상을 남긴다.

과르디올라 감독조차 손흥민의 역습 능력과 양발 사용을 높이 평가하며, "EPL 최정상급 선수"라고 찬사를 보냈다. "손흥민은 매우 빠르고, 공간을 찾아가는 능력이 탁월하며, 그의 카운터어택은 믿을 수 없을 정도로 치명적이다." 손흥민은 2019년 UEFA 챔피언스리그 8강에서 맨시티를 상대로 3골을 터뜨리며 토트넘을 준결승으로 이끌었다. 이 경기는 과르디올라 감독에게 큰 충격을 안겼고, 손흥민의 이름을 전 세계에 각인시킨 순간이었다. 손흥민은 골을 넣고도 개인적 영광보다는 팀을 먼저 생각하며, 경기장 안팎에서 항상 모범적인 태도를 보여준다. 그는 실력뿐 아니라 인성으로도 사랑받는 선수다.

2023-24시즌, 맨체스터 시티와 토트넘의 맞대결은 양 팀에게 중요한 경기였다.

특히, 맨시티는 우승을 위해 반드시 승리가 필요한 상황이었다. 경기 후반 40분, 손흥민이 골키퍼와 1:1 상황을 맞이했다. 과르디올라 감독의 심장은 멈출 듯 뛰었다.

손흥민은 역습 상황에서 치명적인 능력을 발휘하는 선수로, 수많은 골을 그의 팀에 선사해 왔기 때문이다. 그러나 손흥민의 슈팅은 맨시티 골키퍼의 선방에 막혔다.

그 순간 다리가 풀려서 뒤로 넘어졌던 과르디올라는 안도의 숨을 내쉬고 일어날 수 있었다. 경기 후, 그는 인터뷰에서 이렇게 말했다. "지난 7~8년 동안 손흥민이 우리에게 얼마나 큰 어려움을 주었는지 모른다. 그와 케인 덕분에 우리가 얼마나 많은 골을 내주었는지 아는가?"

과르디올라와 손흥민은 축구에서 서로 다른 위치에 있지만, 서로를 인정하며 경의를 표하는 관계다. 과르디올라는 손흥민의 다재다능함과 축구 지능을, 손흥민은 과르디올라의 혁신적인 전술과 지도력을 존중한다. 이 둘은 축구라는 무대에서 각자의 방식으로 빛나고 있다. 과르디올라는 혁신으로 팀을 변화시키는 지도자라면, 손흥민은 실력과 인성으로 팬들에게 영감을 주는 선수다. 이 두 인물이 앞으로 축구 역사에 어떤 페이지를 더할지, 그들의 이야기는 계속될 것이다.

"축구는 전술과 실력뿐 아니라, 그라운드를 넘어선 존중과 영감의 이야기다."

The Normal One & The Nice One

축구의 세계에서 감독과 선수는 각자의 위치에서 팀을 위해 최선을 다하며, 때로는 맞대결을 통해 서로의 존재를 더욱 빛나게 한다. 현대 축구의 대표적 카리스마 감독인 위르겐 클롭과 전 세계 팬들에게 사랑받는 공격수 손흥민은 이러한 축구 관계의 이상적인 사례를 보여준다. The Normal One이라 불리는 클롭 감독과 The Nice One이라는 별칭이 어울리는 손흥민의 이야기는, 경쟁을 넘어선 상호 존중과 우정의 역사를 담고 있다.

위르겐 클롭은 현대 축구에서 가장 영향력 있는 감독 중 한 명으로, 그만의 독창적인 스타일과 강렬한 리더십으로 축구 팬들에게 깊은 인상을 남겼다. 클롭의 축구 철학은 '게겐프레싱'으로 요약된다. 상대가 공을 가졌을 때 즉각적인 압박을 통해 공을 탈취하고, 이를 빠르게 공격으로 전환하는 이 전술은 클롭 팀의 시그니처다. 상대 팀에게 체력적, 심리적으로 큰 부담을 주며 경기의 흐름을 장악하는 클롭의 게겐프레싱은 축구계에 새로운 전술적 패러다임을 제시했다.

클롭은 단순히 감독이 아니라, 선수들에게 진심으로 다가가는 리더다. 그는 선수들과의 소통을 통해 그들의 잠재력을 끌어내며, 팀 전체에 강한 결속력을 심어준다. 리버풀의 성공은 클롭의 이러한 인간적인 리더십에 크게 의존하고 있었다.

보루시아 도르트문트 감독 시절, 2010-11, 2011-12시즌 분데스리가 우승으로 바이에른 뮌헨의 독주를 저지하며 유럽 정상급 팀으로 도약시켰다. 그리고 EPL로 건너와 리버풀 FC를 2019년 UEFA 챔피언스리그 우승, 2020년 EPL 우승으로 리버풀을 30년 만에 리그 정상에 올렸다. 그의 리더십은 리버풀을 세계 최고의 클럽 중 하나로 만들었다.

손흥민은 그의 빠른 스피드와 양발 능력, 그리고 놀라운 결정력으로 EPL에서 가장 두려운 공격수 중 한 명으로 평가받는다. 그러나 그의 진정한 매력은 실력뿐 아니라, 항상 겸손하고 성실한 태도로 팬들과 동료들에게 귀감이 되는 데 있다.

클롭은 손흥민을 EPL 최고의 공격수 중 한 명으로 꼽으며, 그를 영입하지 못한 것을 '인생의 큰 실수' 중 하나로 고백한 바 있다. 도르트문트 시절, 손흥민의 잠재력을 눈여겨봤던 클롭은 그를 데려오고자 했지만, 불운하게도 성사되지 않았다. 그는 손흥민의 속도, 기술, 그리고 결정력을 극찬하며, 그의 팀 플레이 정신과 인성 또한 높이 평가했다.

독일 분데스리가 시절, 손흥민은 클롭이 이끄는 도르트문트를 상대로 다수의 골을 넣으며, '클롭 킬러' 또는 '양봉업자'라는 별명을 얻었다. 2018-19시즌 UEFA 챔피언스리그 결승에서도 클롭의 리버풀과 맞대결을 펼친 손흥민은 리버풀 팬들에게도 강렬한 인상을 남겼다.

손흥민은 클롭 감독을 존경하며, 그의 리더십과 전술을 배우고자 했다. 경기 전후, 두 사람은 농담을 주고받으며 서로의 성취를 인정하는 모습을 자주 보여준다. 이는 경쟁을 넘어선 상호 존중의 아름다움을 상징한다.

위르겐 클롭과 손흥민의 관계는 단순한 감독과 선수의 맞대결을 넘어선다. 클롭은 손흥민의 재능과 축구 지능을 높이 평가하며, 그의 속도와 결정력을 가장 두려운 요소로 꼽는다. 반면 손흥민은 클롭의 전술적 혁신과 인간미 넘치는 리더십을 존경하며, 그와의 맞대결에서 늘 최선을 다한다.

2018-19 UEFA 챔피언스리그 결승전이나 EPL 경기 등 수많은 대결 속에서 두 사람은 경쟁을 통해 서로를 더욱 빛나게 했다. 클롭은 손흥민의 존재를 "상대를 무너뜨리는 결정적인 선수"로 평가했고, 손흥민은 그런 클롭을 "선수들에게 동기를 부여하는 최고의 감독"으로 찬양했다.

클롭과 손흥민은 같은 길을 걷지는 않았지만, 축구라는 무대에서 서로를 이해하고 존중하며 팬들에게 특별한 이야기를 선사했다. 클롭의 열정과 전술은 손흥민의 뛰어난 플레이를 더욱 돋보이게 했고, 손흥민의 성실함과 실력은 클롭에게도 강한 인상을 남겼다.

이 두 인물이 보여주는 상호 존중과 감동의 이야기는 축구가 단순한 스포츠가 아님을 증명한다. 그것은 경쟁 속에서도 우정을 나눌 수 있는 인간적인 무대이며, 팬들에게는 영감의 원천이 된다.

"축구는 그들의 발끝에서, 그리고 그들의 마음에서 진정한 감동을 만들어 낸다." ✨

클롭 감독이 손흥민을 좋아하는 이유

위르겐 클롭 감독이 손흥민 선수를 높이 평가하고 칭찬하는 이유는 여러 가지가 있다. 손흥민은 클롭 감독의 축구 철학과 이상적인 선수상의 많은 부분을 충족시키는 선수이기 때문이다. 그가 비록 같은 팀에 속해 있지 않더라도, 손흥민의 특징은 클롭이 이상적으로 생각하는 축구 스타일과 매우 잘 맞아떨어진다.

클롭 감독은 속도와 다이내믹한 공격 플레이를 매우 중시하는 감독이다. 그의 전술은 종종 빠른 역습과 속공을 통해 상대 수비를 무너뜨리는 것을 목표로 한다. 손흥민은 이 같은 스타일에 완벽히 맞는 선수로, 특히 전방에서 속도를 살린 돌파와 마무리 능력이 뛰어나 클롭의 축구 철학에 부합한다. 클롭은 손흥민이 볼을 잡았을 때 어떤 상황에서든 위협적인 찬스를 만들어 낼 수 있는 능력을 갖춘 점을 높이 평가한다.

클롭의 팀은 공격뿐만 아니라 강한 압박과 함께 수비에도 적극적으로 기여하는 선수를 선호한다. 손흥민은 공격 시에는 득점을 위해 최선을 다하지만, 수비 전환 상황에서도 적극적으로 가담하여 팀에 큰 도움이 된다. 손흥민의 이러한 전방 압박과 팀을 위해 헌신하는 태도는 클럽이 중시하는 요소와 맞아떨어진다. 클럽은 이러한 헌신적인 자세를 갖춘 선수를 높이 평가하며, 손흥민이 그런 정신을 지닌 선수라는 점에서 감탄하게 되는 것이다.

클럽 감독은 손흥민의 강한 멘탈과 긍정적인 스포츠맨십도 높이 평가한다. 손흥민은 자신의 실수를 인정하고, 그라운드에서 경쟁이 치열한 상황에서도 팀 동료와 상대 선수에 대한 예의를 지키며, 끝까지 집중력을 잃지 않는다. 클럽은 축구를 즐기는 자세와 함께, 상대에 대한 존중을 보이는 손흥민의 태도를 존경한다. 손흥민은 늘 겸손하게 자신을 낮추고, 자신의 플레이를 개선하기 위해 노력하는 선수로 알려져 있어, 이런 모습이 클럽의 이상적인 선수상과 맞아떨어지는 것이다.

클럽 감독은 축구에 대한 열정을 가진 선수를 특히 좋아한다. 손흥민은 축구를 향한 순수한 열정과 더불어 꾸준히 노력하는 성실함을 갖춘 선수로, 이러한 점은 클럽이 늘 강조하는 부분이기도 하다. 손흥민은 어려운 상황에서도 절대 포기하지 않고 끊임없이 도전하는 정신을 보여주며, 경기를 하는 모든 순간에 최선을 다하는 모습을 보인다. 클럽은 손흥민의 이러한 모습에서 팀에 긍정적인 영향을 미치는 에너지를 보며 큰 감명을 받는다.

손흥민은 무리뉴, 콘테, 포스테코글루와 같은 여러 감독 아래서도 두각을 나타내며 뛰어난 기량을 증명해 왔다. 여러 스타일의 감독과의 경험이 풍부해, 전술적인 유연성 또한 매우 높다. 클럽은 손흥민이 여러 전술 환경에서 자신의 능력을 발휘하는 모습을 보며, 그가 모든 감독이 탐낼만한 선수라는 확신을 갖게 되었다. 클롭에게 손흥민은 단순히 뛰어난 공격수일 뿐만 아니라, 다양한 전술 상황에서도 자신의 기량을 증명할 수 있는 '완성형 선수'로 비춰진다.

결론적으로, 클롭 감독이 손흥민 선수를 칭찬하고 좋아하는 이유는 손흥민이 축구에 대한 열정, 탁월한 기량, 그리고 강인한 정신력을 갖춘 선수로서 클롭의 축구 철학과 잘 맞아떨어지기 때문이다. 여기에 매력적인 인간미를 갖췄다는 공통점도 있다. 클롭은 손흥민이 소속팀이 다르더라도, 축구선수로서 그가 가진 모든 면에서 존경과 감탄을 보낼만한 선수라고 느끼는 것이다. 어쩌면 손흥민은 위르겐 클롭 감독의 '페르소나'가 아닌지 모르겠다.

The Special One & The Nice One

현대 축구에서 주제 무리뉴는 이름 자체가 하나의 상징이다. '스페셜 원'이라는 별명처럼 그는 특별한 전술과 강렬한 카리스마로 축구계의 흐름을 바꿔온 인물이다. 한편, 손흥민은 "Nice One"으로 불리며, 그의 겸손한 태도와 성실한 플레이로 팬들과 동료들에게 사랑받는 스타다. 이 둘의 만남은 축구계의 우연이자 필연이었다. 무리뉴가 토트넘 홋스퍼의 감독으로 부임하면서, 손흥민과 무리뉴는 각자의 강점과 철학을 공유하며 특별한 관계를 형성했다.

주제 무리뉴는 어디에서든 성공을 만들어 내는 감독이다. 그는 포르투에서 시작해 첼시, 인터 밀란, 레알 마드리드, 맨체스터 유나이티드, 그리고 AS 로마까지, 각 팀에서 화려한 성과를 쌓았다.

무리뉴의 전술은 철저히 상대를 분석하고, 수비를 조직적으로 운영하는 데 중점을 둔다. '버스 세우기'라는 별명을 얻을 만큼 그는 수비적 전술의 대가로 평가받지만, 필요할 때는 공격적으로 전환하며 상대를 기습하는 유연성도 보여준다. 무리뉴는 언론을 활용해 심리전을 펼치는 것으로 유명하다. 상대 팀과 감독에게 압박을 가하고, 자신의 팀에게 자신감을 심어주는 그의 전략은 경기 외적인 요소를 통해 결과를 바꾸는 그의 특별함을 증명한다.

주제 무리뉴는 포르투갈 리그 포르투 FC에서 감독 생활을 시작해 UEFA 챔피언스리그 우승(2004)을 통해 무명의 팀을 유럽 정상에 올려놓았다. 첼시에서는 EPL 두 차례 우승(2005, 2006)으로 첼시의 황금기를 열었다. 그리고 이탈리아 인터 밀란에서는 마침내 2010년 유럽 트레블(리그, 컵, 챔피언스리그)을 달성하며 전성기를 이끌었다.

또한 레알 마드리드에서는 2012년 라리가 우승으로 바르셀로나의 지배를 잠시 멈추게 했고, 다시 이탈리아로 와서 AS 로마의 2022년 UEFA 유로파 컨퍼런스리그 우승으로 로마의 유럽 무대 복귀를 주도했다.

손흥민은 현대 축구에서 가장 다재다능하고 사랑받는 선수다. 그의 빠른 스피드, 양발 능력, 그리고 뛰어난 골 결정력은 경기장의 흐름을 바꾸는 결정적인 무기다. 그러나 손흥민의 진정한 강점은 그의 성실함과 겸손한 태도다. 그는 팀을 위해 헌신하며, 경기장 안팎에서 팬들과 동료들에게 존경받는 선수다.

2019년 11월, 무리뉴가 토트넘의 감독으로 부임했을 때, 그는 손흥민의 잠재력을 곧바로 알아봤다. 무리뉴는 손흥민을 "손나우두"라고 부르며 그의 재능을 극찬했고, 손흥민도 무리뉴의 부임을 환영하며 그에게 많은 것을 배우기를 기대했다.

무리뉴는 손흥민의 스피드와 결정력을 극대화할 수 있는 전술을 설계했다. 그는 빠른 역습을 통해 손흥민이 넓은 공간에서 자유롭게 움직이며, 골을 만들어 낼 수 있도록 했다. 특히, 해리 케인과의 콤비는 무리뉴의 지도하에 EPL 역사상 단일 시즌 최다 골 합작 기록을 세우며 새로운 전설을 썼다.

무리뉴와 손흥민의 관계는 단순히 감독과 선수의 관계를 넘어섰다. 무리뉴는 손흥민의 긍정적인 에너지와 팀을 위한 헌신을 높이 평가했고, 손흥민도 무리뉴의 경험과 리더십에서 많은 영감을 받았다. 경기장에서뿐만 아니라, 경기 외적으로도 이들은 서로를 깊이 이해하며 신뢰를 쌓아갔다.

2021년 4월, 무리뉴는 토트넘 감독직에서 경질되었지만, 두 사람의 관계는 여전히 긍정적이었다. 손흥민은 무리뉴에 대한 존경심을 표하며, 그에게 많은 것을 배웠다고 말했다. 무리뉴 또한 손흥민을 "내가 본 가장 겸손하고 열심히 일하는 선수"라고 칭찬하며, 그와의 시간을 긍정적으로 회상했다.

주제 무리뉴와 손흥민은 현대 축구에서 각기 다른 방식으로 빛나는 인물이다. 무리뉴는 특별한 전술과 리더십으로 축구의 역사를 새롭게 썼고, 손흥민은 겸손과 성실로 팬들에게 감동을 선사하며 자신의 커리어를 정립했다. 이 두 인물의 만남은 단순히 팀의 승리를 넘어, 축구라는 스포츠가 줄 수 있는 영감과 감동을 보여준다.

무리뉴는 손흥민을 통해 자신의 전술을 완성시켰고, 손흥민은 무리뉴의 지도 아래 자신의 재능을 극대화했다. 그들의 관계는 축구가 단순히 경기 이상의 의미를 가질 수 있음을 증명하며, 팬들에게 특별한 기억으로 남아 있다.

"이들의 이야기는 축구가 어떻게 우리에게 영감을 줄 수 있는지 보여주는 완벽한 예시다." ✨

손흥민은 모든 감독들의 꿈

손흥민 선수가 감독들에게 꿈의 선수로 여겨지는 이유는 여러 가지 요소가 결합된 탁월한 선수적 자질과 인성 덕분이다. 손흥민은 경기장에서와 그 밖에서 보이는 뛰어난 프로페셔널리즘, 팀워크를 존중하는 자세, 그리고 겸손함과 성실함으로 감독들에게 큰 신뢰를 준다.

손흥민 선수의 주발은 오른발이지만, 양발을 자유자재로 사용해 어느 위치에서든지 위협적인 공격을 펼칠 수 있다. 또한, 공격수로서의 다양한 역할을 수행할 수 있는 유연성은 감독이 전술에 맞춰 그를 배치하기에 최적의 조건을 갖추고 있다는 것을 의미한다. 전형적인 윙어로서의 드리블과 속도를 활용한 역습 플레이는 물론이고, 때에 따라 중앙 스트라이커 역할을 맡아 득점력을 과시하기도 한다. 현대 축구에서 다재다능한 공격수는 매우 중요한 자산이기에 손흥민의 이러한 기량은 감독들에게 매우 매력적으로 다가온다.

손흥민은 단순히 능력이 뛰어난 선수가 아니라 전술적인 지식도 풍부하다. 여러 감독 아래서 다양한 전술을 소화하며 풍부한 경험을 쌓아왔기 때문에, 어떤 감독과도 쉽게 조화를 이룰 수 있다. 주제 무리뉴 감독, 안토니오 콘테 감독, 그리고 최근의 앤지 포스테코글루 감독에 이르기까지, 각기 다른 스타일의 감독들 아래서 손흥민은 지속적으로 발전해 왔다. 그가 축구 지능과 전술 이해도에서 얼마나 높은 수준을 갖추고 있는지를 잘 보여주는 부분이다.

손흥민은 늘 성실하게 자신의 임무를 다하고, 팀의 승리를 위해 희생하는 모습으로 유명하다. 이러한 태도는 그가 뛰는 경기에서 항상 돋보이며, 팀 동료들에게도 큰 동기부여가 된다. 손흥민은 매 순간 최선을 다해 뛰고, 경기 중 절대 포기하지 않는 정신력으로 감독들의 신뢰를 얻는다. 이와 같은 헌신적인 모습은 모든 감독이 꿈꾸는 이상적인 선수의 모습이라 할 수 있다.

손흥민은 훌륭한 팀 플레이어로서 팀원들을 이해하고 배려하며, 함께 경기하는 선수들과의 관계를 중시한다. 또한, 최근에는 팀의 주장으로서 리더십을 발휘하며 팀을 하나로 묶는 역할을 하고 있다. 감독들은 손흥민이 보여주는 리더십과 협력 정신을 높이 평가하며, 그를 통해 팀 분위기가 긍정적으로 변하는 효과도 기대한다.

마지막으로 손흥민은 겸손하고, 긍정적이며, 강인한 멘탈을 지니고 있다. 축구선수로서 큰 성과를 이루었지만 항상 겸손한 태도를 유지하며, 자신의 실수를 인정하고 부족한 부분을 개선하고자 노력한다. 이는 경기에서 실수나 어려움이 발생해도 흔들리지 않고, 다시 일어설 수 있는 정신력을 보여준다. 손흥민의 이러한 인성은 감독들이 그의 성장을 확신하고 그를 신뢰하게 만드는 중요한 요소 중 하나이다.

결론적으로, 손흥민은 자신의 뛰어난 기량과 멀티 포지션 수행 능력, 그리고 성실함과 인성까지 갖춘 선수로서, 감독들이 원하는 모든 이상적인 조건을 충족하는 선수이다. 그가 보여주는 전술 이해력, 팀워크, 리더십, 그리고 겸손한 자세는 손흥민을 '모든 감독들의 꿈'(**팀 셔우드 전 토트넘 홋스퍼 감독**)이라 부르기에 충분한 이유가 된다.

손흥민과 월드클래스

리오넬 메시, 크리스티아누 호날두, 손흥민의 공통점

리오넬 메시, 크리스티아누 호날두, 손흥민은 현대 축구를 대표하는 세계적인 선수들로, 각자의 뛰어난 재능과 업적으로 많은 축구 팬들에게 사랑받고 있다. 이 세 선수는 다양한 배경과 플레이 스타일을 가지고 있지만, 몇 가지 공통점과 연계성을 찾을 수 있다.

탁월한 실력과 꾸준한 퍼포먼스

- **최고의 기량**: 메시와 호날두는 지난 10년 이상 세계 축구의 정점을 유지하며 발롱도르를 여러 차례 수상한 선수들이다. 이 두 선수는 각기 다른 스타일로 축구 역사상 가장 뛰어난 선수로 평가받고 있다. 손흥민은 유럽 무대에서 꾸준한 활약을 펼치며 아시아

선수로서 최고 수준의 퍼포먼스를 보여주고 있다. 특히 잉글랜드 프리미어리그에서의 활약은 아시아 축구의 새로운 지평을 열었다고 해도 과언이 아니다.
- **꾸준함**: 이 세 선수 모두 오랜 시간 동안 최고의 경기력을 유지하며 꾸준한 퍼포먼스를 보여주고 있다. 메시와 호날두는 30대 후반에 이르러서도 여전히 높은 수준의 경기력을 유지하고 있으며, 손흥민도 현재 프리미어리그에서 꾸준한 득점과 활약을 이어가고 있다. 이러한 꾸준함은 그들의 철저한 자기관리와 노력의 결과이다.

다양한 리그에서의 성공

- **다양한 리그 경험**: 메시와 호날두는 다양한 리그에서 성공을 거둔 대표적인 선수들이다. 메시는 바르셀로나에서 라리가를 주무대로 활약하며 수많은 트로피를 들어 올렸고, 이후 파리 생제르맹에서 리그 1에 진출하며 새로운 도전에 나섰다. 호날두는 잉글랜드 프리미어리그(맨체스터 유나이티드), 스페인 라리가(레알 마드리드), 이탈리아 세리에 A(유벤투스)에서 성공적인 커리어를 쌓았다. 손흥민 역시 독일 분데스리가(함부르크, 레버쿠젠)와 잉글랜드 프리미어리그(토트넘)에서 뛰어난 활약을 펼치며 각 리그에서 성공을 거두었다.
- **유럽 무대에서의 입지**: 손흥민은 아시아 선수로서 유럽 무대에서 큰 성공을 거둔 대표적인 사례이다. 그는 프리미어리그에서 득점왕에 오를 정도의 활약을 보여주며 유럽 무대에서 아시아 선수의 위상을 높였다. 메시와 호날두처럼 손흥민도 유럽 챔피언스리그에서 자신의 가치를 증명하며 팀의 중요한 순간을 책임졌다.

개인 기술과 다재다능함

- **개인 기술의 정점**: 메시와 호날두는 개인 기술 면에서 축구 역사상 최고의 선수로 꼽힌다. 메시는 드리블, 패스, 창의력에서 탁월한 능력을 보여주며 팀의 플레이메이커 역할을 수행한다. 호날두는 강력한 슈팅, 공중볼 장악력, 그리고 엄청난 피지컬을 바탕으로 골을 만드는 데 특화된 선수이다. 손흥민은 스피드, 양발 슈팅 능력, 그리고 넓은 활동 반경을 갖추어 상대 수비를 흔드는 데 특화되어 있다. 이 세 선수 모두 각자의 고유한 기술과 장점을 바탕으로 팀에 큰 기여를 하고 있다.
- **다재다능함**: 메시, 호날두, 손흥민 모두 포지션에 구애받지 않고 다양한 역할을 소화할 수 있다. 메시는 윙어, 공격형 미드필더, 심지어 가짜 9번으로도 뛸 수 있으며, 호날두는 윙어와 중앙 공격수를 모두 소화하며 팀에 다양한 옵션을 제공한다. 손흥민은 윙어와 스트라이커를 모두 소화하며 팀의 공격 전술에 큰 유연성을 더해준다.

축구에 대한 열정과 노력

- **노력과 헌신**: 이 세 선수 모두 뛰어난 재능뿐만 아니라, 자신의 경력을 쌓아가는 과정에서 보여준 노력과 헌신으로도 유명하다. 메시와 호날두는 이미 축구 역사상 최고의 선수로 불리지만, 여전히 경기를 준비하는 자세나 경기장에서의 집중력은 신인 시절과 다름없다. 손흥민 역시 자신의 한계를 끊임없이 극복하며, 팀을

위해 뛰는 모습으로 많은 팬들의 사랑을 받고 있다.
- **축구에 대한 사랑**: 이들은 모두 축구에 대한 열정과 사랑이 넘치는 선수들이다. 경기장에서 보여주는 헌신과 팀을 위한 희생은 그들의 축구에 대한 순수한 사랑을 보여준다. 이러한 열정은 팬들에게 큰 감동을 주며, 그들을 응원하게 만드는 원동력이 된다.

글로벌 아이콘

- **세계적인 영향력**: 메시와 호날두는 이미 글로벌 축구 아이콘으로서 전 세계적인 팬층을 보유하고 있으며, 축구의 상징적인 존재로 자리매김했다. 손흥민은 아시아에서 가장 성공한 축구선수로서 전 세계적으로 아시아 축구의 위상을 높이고 있다. 그의 활약은 아시아 축구 팬들에게 큰 자부심을 주며, 메시와 호날두와 함께 세계 축구의 발전에 기여하고 있다.
- **스포츠 그 이상의 존재**: 이들은 단순한 축구선수가 아니라, 사회와 문화 전반에 걸쳐 영향을 미치는 인물들이다. 그들의 행보는 축구 팬들뿐만 아니라 다양한 분야의 사람들에게 영감을 주고 있다.

이처럼 리오넬 메시, 크리스티아누 호날두, 손흥민은 서로 다른 배경과 스타일을 가지고 있지만, 세계 축구에 대한 기여, 탁월한 실력, 꾸준한 노력, 그리고 글로벌 영향력이라는 공통점을 공유한다. 이들은 현대 축구의 상징적인 선수들로서, 각자의 방식으로 축구 역사에 큰 족적을 남기고 있다.

손흥민과 음바페 비교

손흥민 선수와 킬리안 음바페 선수는 세계 축구계를 대표하는 두 명의 스타로, 그들의 놀라운 실력과 축구에 대한 헌신은 많은 팬들에게 영감을 주고 있다. 두 선수는 여러 공통점이 있지만, 그들의 경력과 스타일에는 차이점도 존재한다. 이제 이들의 공통점과 차이점을 통해 손흥민과 음바페를 비교해 보자.

공통점

어릴 때부터 인정받은 재능

손흥민과 음바페 모두 어릴 때부터 비범한 축구 재능을 인정받았다. 손흥민은 독일 함부르크 유소년 아카데미 시절부터 빠르게 성장하며 주목을 받았고, 음바페는 AS 모나코에서 어린 나이에 프로로 데뷔하여 천재적인 기량을 선보였다. 두 선수 모두 어린 나이에 프로 데뷔를 했고, 빠르게 세계적인 주목을 받으며 성장해 왔다.

아버지의 역할

두 선수 모두 아버지의 지도 아래에서 축구를 배웠다. 손흥민의 아버지 손웅정 님은 직접적인 지도자 역할을 하며 손흥민의 축구 기본기와 정신력을 키워준 인물이다. 손웅정 님은 아들에게 엄격한 훈련을 통해 공 다루는 기술과 축구에 대한 헌신을 가르쳤다.

음바페 역시 그의 아버지 윌프리드 음바페의 영향 아래에서 축구를 배웠다. 윌프리드 음바페는 축구 코치로서 아들을 지도했고, 음바페는 아버지의 지도 아래 어린 시절부터 탁월한 기량을 발전시켰다. 이처럼 두 선수 모두 아버지의 영향을 크게 받으며 성장했고, 그들이 세계적인 선수로 발전하는 데 중요한 역할을 했다.

빠른 스피드와 역습 능력

손흥민과 음바페는 모두 **빠른 스피드**를 자랑하며, 역습 상황에서 위력적인 공격을 펼치는 선수들이다. 손흥민은 토트넘에서 상대 수비진을 무너뜨리며 폭발적인 스피드와 함께 역습 상황에서 높은 득점 성공률을 보여주고 있다. 음바페 역시 PSG와 프랑스 국가대표팀에서 **빠른 스피드**를 활용한 돌파와 강력한 슈팅으로 많은 득점을 올렸다.

다재다능한 공격수

두 선수 모두 다양한 포지션에서 뛰어난 기량을 발휘할 수 있는 다재다능한 공격수다. 손흥민은 주로 윙어로 뛰지만, 중앙 공격수로도 훌륭한 능력을 발휘하며 팀의 필요에 따라 유연하게 포지션을 변화시킬 수 있다. 음바페 역시 측면 공격수뿐만 아니라 중앙에서도 위력적인 모습을 보여주며, 그 어떤 위치에서도 위협적인 존재로 자리 잡고 있다.

차이점

경기 스타일

손흥민과 음바페는 둘 다 스피드를 활용한 공격형 플레이어지만, 경기 스타일에는 차이가 있다. 손흥민은 뛰어난 양발 능력을 활용하여 양쪽 발로 정교한 슛을 할 수 있는 특징이 있다. 그는 먼 거리에서의 중거리 슛과 감아차기로 득점하는 능력이 뛰어나며, 플레이메이커로서의 역할도 소화할 수 있다.

반면 음바페는 엄청난 스피드를 바탕으로 수비수를 압도하며 폭발적인 돌파를 즐긴다. 음바페는 순간적으로 수비를 제치는 능력이 탁월하며, 특히 드리블 돌파 후 빠르게 골을 마무리하는 능력이 강점이다. 음바페는 공을 가지고 직접적인 돌파를 통해 득점 기회를 창출하는 스타일이다.

클럽 경력

손흥민과 음바페의 클럽 경력에도 큰 차이가 있다. 손흥민은 유럽에서 독일 분데스리가 함부르크와 레버쿠젠을 거쳐 현재 토트넘에서 활약하고 있다. 그는 다양한 리그에서의 경험을 통해 성장했으며, EPL에서 그 입지를 공고히 했다.

반면 음바페는 어린 나이에 AS 모나코에서 데뷔하여 빠르게 주목을 받았고, 이후 파리 생제르맹(PSG)으로 이적하여 그곳에서 활약했다. 이후 이번 2024-25시즌에 스페인 레알 마드리드로 옮겼다. 음바페는 프랑스 리그에서 대부분의 경력을 쌓았으며, 비교적 어린 나이에도 PSG와 국가대표팀에서 이미 많은 트로피를 들어 올렸다.

국가대표팀 경력

손흥민은 한국 국가대표팀의 주장으로서 대한민국 축구를 대표하는 인물이다. 그는 아시안게임에서 금메달을 따내며 우승했고, 월드컵 무대에서도 대한민국을 이끌며 중요한 순간마다 활약했다.

음바페는 프랑스 국가대표팀에서 월드컵 우승을 경험한 세계적인 스타다. 2018년 러시아 월드컵에서 프랑스 대표팀의 우승을 이끌었으며, 이 대회에서 그의 뛰어난 기량을 전 세계에 각인시켰다. 손흥민과 음바페 모두 국가대표팀에서 중요한 역할을 맡고 있지만, 음바페는 이미 월드컵 우승이라는 큰 타이틀을 가지고 있다는 점에서 차이를 보인다.

 손흥민과 음바페는 공통점이 많지만, 그들의 축구 여정과 스타일에는 차이점도 존재한다. 둘 다 아버지의 지도 아래 축구를 배웠고, 빠른 스피드와 다재다능한 공격력을 자랑하는 선수지만, 손흥민은 양발을 자유롭게 사용하는 정교한 슈팅 능력을 갖춘 선수로, 음바페는 폭발적인 돌파와 득점 능력을 바탕으로 한 천재적인 선수다. 이 두 명의 선수는 각각의 팀에서 중요한 역할을 하며, 축구 팬들에게 놀라운 경기를 선사하고 있다.

비니시우스와 손흥민
'월드클래스'란 무엇인가

 축구 세계에서 '월드클래스'라는 칭호는 단순히 실력으로만 결정되지 않는다. 그것은 뛰어난 경기력, 팀에 대한 헌신, 그리고 경기장 안팎에서의 태도와 행동이 조화를 이루어야 가능한 것이다. 레알 마드리드의 비니시우스 주니오르와 토트넘 훗스퍼의 손흥민은 모두 세계 축구계에서 주목받는 스타지만, '월드클래스'의 의미를 각기 다른 방식으로 보여주고 있다.

비니시우스 주니오르는 레알 마드리드와 브라질 대표팀에서 중요한 역할을 맡고 있는 젊은 스타다. 그의 폭발적인 스피드, 창의적인 드리블, 그리고 골 결정력은 상대 팀에게는 위협, 팬들에게는 즐거움이다. 그는 이미 자신의 실력으로 세계 정상급 선수로 인정받고 있다.

그러나 비니시우스는 경기 중 과도한 감정 표현과 도발적인 행동으로 종종 논란의 중심에 선다. 상대 선수와의 충돌, 관중을 향한 자극적인 행동, 심판 판정에 대한 과도한 항의 등은 그가 더 성숙한 태도를 보여야 한다는 목소리를 높인다. 그는 인종차별 문제를 공론화하며 중요한 사회적 이슈에 기여했지만, 자신의 행동이 때로는 갈등을 부추긴다는 비판도 받는다.

손흥민은 아시아 축구의 상징이자, 전 세계 축구 팬들이 사랑하는 선수다. 그는 아시아 선수 최초로 EPL 득점왕에 오르며 역사를 새로 썼다. 양발을 자유자재로 사용하는 기술, 빠른 스피드, 골을 결정짓는 능력은 그의 대표적인 강점이다. 그러나 손흥민이 진정으로 월드클래스인 이유는 실력만이 아니다.

그는 팀의 주장으로서 리더십을 발휘하며, 팀 동료와 팬들에게 겸손한 태도를 보여준다. 손흥민의 페어플레이 정신, 팬들을 대하는 따뜻한 태도는 그의 인성을 돋보이게 한다. 그는 어려움 속에서도 강한 회복탄력성을 보여주며, 스포츠 선수로서뿐만 아니라 인간으로서도 귀감이 되는 인물이다.

비니시우스와 손흥민의 비교는 월드클래스라는 칭호의 의미를 되새기게 한다. '월드클래스'는 단순히 뛰어난 경기력에 국한되지 않는다. 그것은 팀과 팬들에게 존경받는 태도, 스포츠맨십, 그리고 경기장 밖에서도 모범이 되는 행동을 포함한다.

경기력

- 비니시우스는 젊음과 폭발력을 바탕으로 창의적인 경기를 펼치며, 세계 축구계를 놀라게 하고 있다.
- 손흥민은 기술적 완성도와 다재다능함으로 팀의 중심을 이룬다. 그의 경기력은 안정적이며 꾸준하다.

태도와 행동

- 비니시우스는 감정조절과 도발적인 행동으로 논란을 일으키는 경우가 많다. 그의 재능이 가려지는 순간들이 발생한다.
- 손흥민은 겸손함과 배려심으로 팀 동료와 팬들에게 존경받는다. 그의 태도는 축구의 본질인 스포츠맨십을 잘 보여준다.

팬들과의 관계

- 비니시우스는 인종차별 문제를 공론화하며 긍정적인 영향을 주었지만, 일부 팬들로부터 그의 행동에 대한 비판도 받고 있다.
- 손흥민은 전 세계 팬들에게 친근하고 따뜻한 이미지를 주며, 그의

행동과 태도는 팬들에게 영감을 준다.

비니시우스는 뛰어난 실력을 갖춘 축구 천재다. 그러나 그가 진정한 '월드클래스' 선수가 되기 위해서는 감정조절과 행동의 성숙함이 필요하다. 자신의 실력을 더욱 빛내기 위해서는 도발적 행동 대신 실력으로 경기를 지배하는 모습을 보여야 한다.

반면, 손흥민은 실력과 인성을 겸비한 '월드클래스'의 모범 사례다. 그는 축구를 넘어, 스포츠와 인간미가 결합된 새로운 기준을 제시하고 있다. 그의 존재는 축구를 사랑하는 팬들에게는 감동이며, 젊은 선수들에게는 귀감이 된다.

비니시우스와 손흥민은 모두 '월드클래스'라는 칭호에 걸맞은 실력을 갖추고 있다. 그러나 진정한 '월드클래스'는 실력만으로 완성되지 않는다. 스포츠맨십, 겸손, 그리고 팬들과의 관계가 함께 어우러질 때, 그 선수는 진정으로 위대해질 수 있다.

비니시우스가 자신의 태도를 성찰하고 더 성숙한 모습을 보여준다면, 그는 축구계의 진정한 리더로 성장할 가능성을 가지고 있다. 손흥민은 이미 그 길을 걷고 있으며, 그의 존재는 '월드클래스'의 진정한 의미를 보여준다.

"'월드클래스'는 실력과 인성의 조화다. 두 선수의 이야기는 우리에게 스포츠가 단지 경기 그 이상임을 상기시킨다." ✷

'지금은 손흥민 시대'

손흥민의 성공 비결

손흥민 선수는 축구 실력과 인성 모두를 대한민국 국민과 영국 팬들 그리고 세계인들에게 인정받고 있다. 오늘날 이렇게 큰 성공을 이룬 손흥민 선수의 성공 비결에 대하여 알아보자. 손흥민 선수의 성공은 여러 요인에 기인하지만, 그중 가장 중요한 몇 가지를 다음과 같이 강조할 수 있다.

① **가정교육과 아버지의 역할**: 손흥민 선수의 아버지, 손웅정 님은 손흥민의 성장기부터 매우 엄격하면서도 체계적인 훈련을 강조했다. 기본기에 충실하도록 교육하면서 동시에 정신력을 강화시키는 데 큰 중점을 두었다. 이는 손흥민이 기술적으로 우수할 뿐만 아니라, 정신적으로도 강인한 선수로 성장하는 데 결정적인 역할을 했다.

② **자기관리와 훈련의 중요성**: 손흥민은 스스로를 철저히 관리하는 선수로 유명하다. 그는 규칙적인 생활과 꾸준한 훈련을 통해 자신의 기량을 지속적으로 향상시켜 왔다. 또한 영양과 회복에도 많은 신경을 쓰며, 전문적인 경기력 유지에 필요한 조치들을 철저히 이행한다.

③ **긍정적인 태도와 대인관계**: 손흥민은 그의 긍정적인 태도와 팀 동료 및 코치진과의 뛰어난 대인관계로도 잘 알려져 있다. 그는 항상 팀의 분위기를 밝게 하고, 경기 중이나 외적인 활동에서도 모범을 보이는 선수다. 이러한 인성은 팀 내외에서의 리더십을 발휘하는 데 크게 기여하고 있다.

④ **적응력과 유연성**: 손흥민은 다양한 리그와 국제 무대에서 뛰면서 여러 스타일의 축구를 경험했다. 이러한 경험은 그가 다양한 상황에 적응하고, 다른 스타일의 선수들과도 원활히 협력할 수 있게 만들었다. 특히, 프리미어리그에서의 성공은 그의 뛰어난 적응력을 잘 보여준다.

⑤ **지속적인 성장과 발전**: 손흥민은 결코 현 상태에 만족하지 않고 지속적으로 자신을 발전시키려는 노력을 게을리하지 않는다. 그는 기술, 속도, 전술 이해도 등 모든 면에서 자신을 강화하기 위해 끊임없이 노력하며, 이러한 자세가 그를 세계적인 축구선수로 만드는 데 크게 기여하였다.

이러한 다양한 요소들이 어우러져 손흥민 선수는 오늘날 글로벌 축구 무대에서 크게 성공할 수 있었다. 그의 경력은 체계적인 훈련과 개인적 노력, 타고난 재능, 그리고 강인한 정신력이 어떻게 한 인물을 세계적인 수준의 선수로 만들 수 있는지를 잘 보여준다.

이번에는 '성공 비결'을 좀 더 구체적으로 20가지로 알아보자. 이러한 요소들은 그의 축구 경력뿐 아니라 개인적 성장에도 크게 기여한 것들이다.

① **기본기에 대한 집중**: 축구 기술의 기본을 완벽하게 다룰 수 있도록 지속적인 연습에 힘씀.
② **체력 관리**: 체력과 스태미나 유지를 위해 특별히 설계된 훈련 프로그램을 따름.
③ **정신력 강화**: 경기 중의 압박감과 스트레스를 극복하기 위한 정신적 훈련을 꾸준히 실시.
④ **다양한 플레이 스타일 적응**: 다양한 리그와 상대 팀의 스타일에 맞춰 유연하게 적응.
⑤ **전술적 이해와 실행**: 경기 중 감독의 전략을 정확히 이해하고 팀의 전술을 실행.
⑥ **위기관리 능력**: 경기 중 발생할 수 있는 여러 상황에서 침착함을 유지하고 대처.
⑦ **팀워크와 협력**: 동료 선수들과의 긴밀한 협력을 통해 팀의 성과를 극대화.
⑧ **자기 발전에 대한 지속적인 추구**: 스스로 경기를 영상으로 분석하며 약점을 개선.

⑨ **공격 및 수비 기술**: 공격적인 재능뿐만 아니라 수비적인 노력도 게을리하지 않음.

⑩ **멘탈 관리**: 이른 저녁에 잠자리에 들어 충분한 수면을 취하고, 경기장에서 감정을 솔직하게 표현하는 것은 스트레스 관리에도 도움.

⑪ **목표 설정과 동기부여**: 개인적, 팀적 목표를 명확히 설정하고 이를 향해 노력.

⑫ **부상 예방과 관리**: 체계적인 부상 관리와 예방을 통해 장기간 경기에 참여.

⑬ **식단 관리**: 부상 예방과 체중 관리를 위해 엄격한 식단을 유지하고, 식단은 탄수화물, 단백질, 지방의 균형을 고려하여 구성됨.

⑭ **휴식과 회복**: 충분한 휴식을 취하며, 과도한 훈련으로부터 몸을 보호.

⑮ **압박감 해소 전략**: 경기 전후로 긴장을 풀기 위한 개인적인 방법 개발.

⑯ **공공의 모범이 되는 행동**: 팬들과의 소통, 모범적인 행동을 통한 긍정적 이미지 유지.

⑰ **리더십 발휘**: 경기장 안팎에서의 리더십을 통해 팀원을 독려하고 이끎.

⑱ **언론과의 건강한 관계**: 언론과의 협력을 통해 긍정적인 공공 이미지 유지.

⑲ **학습과 개선을 위한 열린 자세**: 다른 선수들의 경기를 관찰하고, 좋은 점을 배움.

⑳ **문화적 적응 능력**: 다른 문화와 환경에서 생활하며 적응하는 능력 발휘.

이러한 다양한 요소들이 손흥민 선수를 오늘날 세계적인 축구선수로 만드는 데 크게 기여하였다.

손흥민이 '핵인싸'인 이유

손흥민은 축구 실력만으로 평가받는 선수가 아니다. 그는 프로 축구선수로서, 그리고 한 인간으로서 독보적인 매력을 지닌 '핵인싸*'로 자리매김했다. 그가 왜 '핵인싸'로 불리는지, 여러 가지 이유를 살펴보자.

월드클래스 실력

프로는 실력으로 말한다. 손흥민은 월드클래스의 실력으로 팀 내 최고 선수로 자리 잡고 있다. 그의 경기력은 토트넘뿐만 아니라 전 세계 축구 팬들에게 큰 감동을 주고 있으며, 이는 그를 '핵인싸'로 만드는 첫 번째 이유다.

팬들의 사랑을 받는 인기

프로선수는 팬들의 사랑을 받아야 한다. 손흥민은 그 어떤 선수보다도 많은 사랑을 받고 있으며, 그의 인기는 국내외를 막론하고 매우 높

---

* 인싸: 인사이더(Insider)의 줄인 말로 사람들 사이에서 중심이 되는 인물. 한국식 영어임. 원래의 의미는 내부자라는 뜻임. 핵인싸는 강조의 의미. 상대어는 아싸(아웃사이더).

은 수준이다. 경기장 내외에서 손흥민을 응원하는 팬들의 열기는 그가 얼마나 대중에게 사랑받는지를 잘 보여준다.

독보적인 친화력

손흥민의 친화력은 팀 내뿐만 아니라 프리미어리그 전체에서도 독보적이다. 그는 동료 선수들과의 관계에서 항상 중심에 서 있으며, 이로 인해 팀 분위기를 밝고 활기차게 만든다.

원만한 매스컴과의 관계

손흥민은 매스컴과의 관계에서도 모범적이다. 항상 예의 바르고 진솔한 인터뷰를 통해 언론과의 원활한 소통을 유지하며, 이는 그를 더욱 빛나게 한다.

축구전문가와 감독들의 인정

손흥민은 축구전문가, 해설가, 평론가들에게 높은 평가를 받고 있으며, 대부분의 프리미어리그 감독들이 그의 실력과 인성을 인정하고 스카우트하고자 하는 선수로 꼽힌다. 이는 손흥민이 단순한 인기 이상의, 진정한 '핵인싸'임을 증명한다.

팀 동료와의 깊은 유대감

손흥민은 팀 동료들 사이에서도 깊은 유대감을 보여준다. 동료가 서운한 일을 했을 때도 통 크게 포용하며, 신입 선수들이 잘 적응할 수 있도록 먼저 다가가 말을 걸고 돕는 모습은 그가 얼마나 따뜻한 사람인지를 나타낸다.

인간적인 매력과 재미있는 성격

그는 팀 내에서 장난기 많고 재미있는 성격으로 팀 분위기를 즐겁게 만든다. 언제나 웃는 얼굴로 주변 사람들을 편안하게 해주는 그의 모습은 별명인 '스마일 보이'와 잘 어울린다.

다양성에 대한 존중과 겸손함

손흥민은 다른 국가 출신의 선수들과도 각별한 관계를 유지하며, 이들 모두와 좋은 관계를 형성한다. 또한 세계적인 슈퍼스타임에도 불구하고 그는 항상 겸손하며, 이는 그와 다른 사람들 간의 거리감을 없애는 중요한 요소이다.

캡틴으로서의 리더십

손흥민은 팀의 캡틴으로서의 존재감도 상당하다. 그는 권위주의적이지 않으며, 후배 선수들에게 다가가 잘 적응할 수 있도록 도와주는 등,

팀 내에서 신뢰받는 리더로서 자리매김하고 있다.

뛰어난 소통 능력

손흥민은 독어와 영어에 능통하여 소통에 어려움이 없다. 이는 그가 다양한 국가 출신의 선수들과 원활하게 의사소통하고, 이들과 깊은 유대를 형성할 수 있는 중요한 요소다.

손흥민은 그 어떤 상황에서도 겸손함을 잃지 않고, 주변 사람들을 배려하는 마음으로 대한다. 이러한 특성들은 그를 단순한 '인싸'가 아닌, 진정한 '핵인싸'로 만드는 요소들이다.

우리의 직장 생활에서도 손흥민의 이러한 점들을 본받는다면, 더 나은 인간관계와 직장 문화를 만들 수 있을 것이다. 손흥민은 실력, 인성, 친화력 모든 면에서 뛰어난 모습을 보여주며, 그래서 그는 누구도 부정할 수 없는 '핵인싸'로 불리기에 충분하다. 그런데 우리들은 과연 직장에서 이 중 몇 개나 해당되는지 생각해 보면 정말 손흥민 선수가 대단하다는 것을 느끼게 된다.

손흥민의 선한 영향력

손흥민은 뛰어난 축구 실력과 더불어 그가 보여주는 인성, 이타심, 그리고 애국심으로 인해 많은 국민들에게 사랑받고 있으며, 그로 인해 대한민국 사회에 선한 영향력을 미치고 있다. 그의 이러한 영향력은 여러 방면에서 드러난다.

첫째, 손흥민은 사분오열된 대한민국 국민들을 잠시나마 통합시키는 힘을 가지고 있다. 그의 경기를 보고 있으면 모든 이들이 한마음으로 그를 응원하게 되고, 그 순간만큼은 사회적, 정치적, 세대적 갈등을 뒤로 하고 하나가 되는 경험을 하게 된다. 이는 손흥민 선수가 그라운드에서 보여주는 열정과 헌신이 모든 이들에게 감동을 주기 때문이다.

둘째, 손흥민은 젊은이들에게 '롤모델'로 자리 잡고 있다. 그는 축구 실력뿐만 아니라 항상 겸손하고 성실한 자세로 임하는 모습으로 많은 청소년들에게 귀감이 되고 있다. 손흥민 선수를 보며 많은 젊은이들이 자신의 꿈을 향해 끊임없이 노력하는 자세를 배우고 있다.

셋째, 손흥민은 팬들에게 기쁨과 즐거움을 준다. 그의 경기를 보는 것만으로도 팬들은 큰 행복을 느끼며, 그가 골을 넣을 때마다 모든 이들이 환호하며 즐거워한다. 이러한 경험은 일상 속에서 지친 팬들에게 큰 위안과 즐거움을 선사한다.

넷째, 손흥민은 사람들에게 희망을 준다. 그는 어려운 환경 속에서도 꿈을 이루기 위해 끊임없이 노력해 왔고, 그 결과로 현재의 위치에 오를 수 있었다. 그의 성공 스토리는 많은 사람들에게 꿈과 희망을 잃지 않고 도전하라는 메시지를 전달한다.

다섯째, 손흥민은 착하고 선한 사람이 잘된다는 진리를 확인시켜 준다. 그는 항상 주위 사람들을 배려하고, 팀원들과 협력하며, 팬들에게 감사하는 모습을 보여준다. 이러한 그의 인성은 많은 사람들에게 귀감이 되며, 착하게 살면 결국 좋은 일이 생긴다는 믿음을 심어준다.

여섯째, 손흥민은 꼭 대학을 나와야만 잘살 수 있는 것은 아니라는 것을 보여준다. 그는 축구라는 자신의 재능을 바탕으로 최고의 자리에 오르며, 학벌이 성공의 절대적 기준이 아님을 몸소 증명하고 있다. 이는 다양한 길을 통해 성공을 이룰 수 있다는 희망을 많은 이들에게 준다.

마지막으로, 손흥민은 대한민국의 국위선양에 큰 기여를 하고 있다. 그의 활약을 통해 전 세계에 한국인의 뛰어난 능력과 인성을 알리고 있으며, 많은 사람들이 한국인임을 자랑스러워하게 만들고 있다. 그는 한국 축구의 위상을 높이는 동시에, 한국인으로서의 자부심을 심어주는 존재다.

이렇듯 손흥민은 다양한 방면에서 대한민국 사회에 긍정적인 영향을 미치고 있으며, 많은 사람들에게 사랑과 희망을 전하고 있다. 그의 선한 영향력은 앞으로도 계속되어 더 많은 이들에게 감동과 영감을 줄 것이다.

'대한민국의 20세기에 손기정이 있었다면 21세기에는 손흥민이 있다.'

'우리는 왜 손흥민을 사랑하는가?'

우리는 왜 손흥민을 사랑하는가? 그 이유는 손흥민 선수가 단순히 뛰어난 축구 실력뿐만 아니라 그의 인성과 행보가 많은 사람들에게 감동과 영감을 주기 때문이다.

첫째, 손흥민 선수는 세계적인 축구선수로서 한국인의 자존심을 세워준다. 그는 유럽 무대에서 맹활약하며 한국 축구의 위상을 높이고 있다. 그의 활약을 통해 한국인들은 자신감을 얻고, 세계 무대에서 한국의 존재감을 더욱 확고히 할 수 있게 되었다.

둘째, 손흥민 선수는 축구 실력이 워낙 뛰어나 이전의 무능하고 답답했던 국가대표 축구를 일신하였다. 그의 탁월한 기술과 경기에서 보여주는 헌신은 많은 축구 팬들에게 큰 감동을 주었고, 한국 축구의 새로운 희망이 되었다.

셋째, 손흥민 선수는 항상 주변 사람을 배려하고 도와주려고 한다. 경기장에서뿐만 아니라 일상에서도 그는 팀 동료와 스태프들을 존중하고, 팬들에게도 따뜻한 마음을 전한다. 이러한 그의 배려심은 많은 사람들에게 귀감이 된다.

넷째, 손흥민 선수는 축구 팬들에게 친절하다. 그는 경기 후에도 팬들과 소통하고, 사인과 사진 요청에도 기꺼이 응하며 팬들의 사랑에 보답한다. 이러한 친절함은 팬들에게 큰 기쁨을 준다.

다섯째, 손흥민 선수는 어린이들에게도 친절하다. 그는 다양한 사회 공헌 활동을 통해 어린이들에게 꿈과 희망을 심어주며, 직접 만나서 격려해 주는 등 어린이들에게 친숙하고 다정한 모습을 보여준다.

여섯째, 손흥민 선수는 인성이 뛰어나고 본받을 점이 많다. 그는 항상 겸손한 자세를 유지하며, 자신의 성공을 자랑하기보다는 주위 사람들에게 감사하는 모습을 보인다. 이러한 그의 인성은 많은 사람들에게 귀감이 된다.

일곱째, 손흥민 선수는 부와 명예를 가지고 성공하였다. 그의 성공 스토리는 많은 사람들에게 동기부여가 되며, 노력과 열정이 있다면 누구나 꿈을 이룰 수 있다는 믿음을 심어준다.

여덟째, 손흥민 선수는 행복한 생활을 하고 있다. 그는 축구를 사랑하며, 그라운드 위에서의 모든 순간을 즐기며 살고 있다. 그의 행복한 모습은 많은 이들에게 긍정적인 에너지를 전파한다.

아홉째, 손흥민 선수는 국가 대표 선수로서 애국심이 충만하다. 그는 항상 대한민국을 대표한다는 자부심을 가지고 경기에 임하며, 국가를 위해 헌신하는 모습을 보여준다. 이러한 애국심은 많은 이들에게 감동을 준다.

열째, 손흥민 선수는 부모에게 효자다. 그는 자신의 성공을 부모님 덕분이라고 항상 감사하며, 부모님께 효도하는 모습을 보여준다. 이러한 그의 효심은 많은 사람들에게 따뜻함을 준다.

마지막으로, 손흥민 선수는 성인으로서 사회생활을 잘하고 있다. 그는 프로선수로서의 책임감을 가지고 자신의 역할을 다하며, 사회의 일원으로서도 훌륭한 모습을 보여준다.

이렇듯 손흥민 선수를 사랑하는 이유는 단순히 그의 축구 실력에 국한되지 않는다. 그의 인성과 행보, 그리고 사람들에게 전하는 긍정적인 영향력은 그를 더욱 사랑하게 만드는 중요한 요소들이다.

손흥민과 학벌 만능주의

한국사회는 오랫동안 학벌 중심의 구조를 고수해 왔다. '어느 대학 출신인가.'는 개인의 능력을 평가하는 주요 기준으로 여겨지며, 이는 취업, 결혼, 심지어 인간관계의 형성에까지 영향을 미친다. 그러나 학벌 만능주의는 한국사회의 활력을 갉아먹고, 많은 청년을 절망 속으로 몰아넣는 주범으로 작용해 왔다. 이러한 현실 속에서 손흥민 선수의 성공은 학벌에 얽매이지 않고도 세계적인 무대에서 인정받을 수 있다는 희망의 상징이자 학벌 중심 사회를 넘어설 수 있다는 강렬한 메시지를 던져준다.

손흥민은 정규 대학 과정을 밟지 않았다. 그의 학력은 초·중·고등학교에 머물지만, 이는 결코 그의 커리어에 걸림돌이 되지 않았다. 그는 학벌이 아닌 실력으로 자신의 가치를 증명했다. 손흥민의 성공 비결은 오로지 축구에 대한 열정, 꾸준한 자기 계발, 그리고 성실함이었다. 이러한 요소는 학벌 만능주의로 고통받는 많은 청년들에게 '학벌이 없어도 세계 무대에서 빛날 수 있다.'는 가능성을 보여준다.

그는 어린 시절부터 아버지 손웅정 님의 엄격한 훈련 속에서 축구 기본기를 다졌다. 학력이나 학교 이름에 의존하지 않고, 꾸준히 자신만의 경쟁력을 키워나간 것이다. 이는 '실력이 곧 학벌을 초월할 수 있다.'는 사실을 증명한 사례로, 한국사회에 깊은 울림을 준다.

손흥민은 학벌 대신 국제적인 성취로 자신의 가치를 증명했다. 독일 분데스리가에서 시작해, 현재는 잉글랜드 프리미어리그에서 세계 최고의 선수들과 경쟁하며 한국 선수로서 최고 수준의 활약을 이어가고 있다. 그의 실력과 업적은 단순히 축구 팬들만이 아니라 전 세계인에게 감동을 주었다. 특히 2021-22시즌에는 EPL 공동 득점왕에 오르며 "학벌이 아닌 실력과 꾸준함으로도 정상에 설 수 있다."는 강렬한 메시지를 전했다.

손흥민의 성공은 학벌 중심 사회의 한계를 극복할 대안을 제시한다. 한국의 학벌 만능주의는 특정 대학 출신자들만이 주도권을 쥐는 구조적 문제를 낳았다. 이는 사회의 다양성과 창의성을 저해하며, 수많은 젊은이들에게 좌절감을 안긴다. 손흥민의 사례는 다음과 같은 중요한 메시지를 던진다.

노력과 열정의 중요성

손흥민은 학벌이 아닌 자신의 노력과 열정을 바탕으로 세계 정상에 올랐다. 이는 청년들에게 '학벌이 전부가 아니다.'라는 희망을 심어준다.

실력 기반 사회로의 전환 필요성

한국사회는 학벌 중심 평가에서 벗어나, 각 개인의 실력과 잠재력을 공정하게 평가할 수 있는 구조로 전환해야 한다. 손흥민의 사례는 그러한 변화의 가능성을 증명한다.

대안적 성공모델의 제시

손흥민은 학벌에 매몰되지 않고도 성공할 수 있는 롤모델로 자리 잡았다. 이는 청소년들에게 학벌 이외의 다양한 성공 경로를 상상하게 하는 동력이 된다.

손흥민은 축구선수로서만이 아니라, 학벌 만능주의의 틀을 벗어난 성공 사례로서도 큰 가치를 지닌다. 그의 성공은 '학벌이 없어도 실력과 꾸준함으로 정상에 설 수 있다.'는 사실을 증명하며, 학벌 중심 사회의 한계를 깨뜨릴 희망의 메시지를 전달한다. 한국사회는 손흥민의 사례에서 배워야 한다. 학벌이 아닌 개인의 가능성과 열정을 인정하고, 다양성이 존중받는 사회로 나아가야 한다. 손흥민이 보여준 길은 학벌 만능주의로 고통받는 많은 이들에게 새로운 가능성을 열어주는 등대와 같다.

"손흥민처럼, 학벌이 아닌 꿈과 실력으로 빛나는 세상은 가능하다."
학벌 중심의 굴레를 벗어던지고, 공정과 실력의 사회로 도약할 때다.

손흥민 성공모델

손흥민의 성공 사례로부터 배우는 일반화된 성공모델

손흥민 선수는 축구 역사상 가장 성공한 아시아 선수 중 한 명으로, 그의 여정은 단순한 스포츠 스타의 성공을 넘어, 많은 이들에게 영감을 주는 삶의 모델로 자리 잡았다. 손흥민의 성공은 개인적인 재능과 노력뿐 아니라, 그의 철학과 태도, 그리고 환경적 요인들의 결합에서 비롯되었다. 그의 성공을 일반화하여 누구나 실천 가능한 모델로 만든다면 다음과 같은 요소들을 강조할 수 있다.

기본기의 중요성: 탄탄한 기초가 성공을 지탱한다

손흥민의 아버지 손웅정 님은 그에게 어린 시절부터 축구의 기본기에 충실하도록 지도했다. 기본기는 시간이 오래 걸리고 단조롭게 느껴질 수 있지만, 손흥민은 이 과정을 철저히 따르며 자신만의 탄탄한 기반을 마련했다.

- **일반화 교훈**: 어느 분야에서든 기본기가 중요하다. 단기적인 성과보다 장기적인 안목으로 기초를 다지고 꾸준히 발전시키는 것이 성공의 열쇠다.

끊임없는 자기관리: 성실과 근면

손흥민은 세계 최고 수준의 리그에서 활동하면서도 철저한 자기관리를 통해 체력과 컨디션을 유지한다. 이는 그의 성실한 훈련 태도와 균형 잡힌 생활 습관에서 비롯된다.
- **일반화 교훈**: 꾸준한 자기관리는 성취를 유지하는 핵심 요소다. 시간 관리, 건강한 생활 습관, 지속적인 학습은 개인의 성공 가능성을 높인다.

목표 중심의 노력: 비전을 세우고 실천하기

손흥민은 자신만의 명확한 목표를 설정하고 이를 향해 달려왔다. EPL 득점왕, 푸스카스상 수상 같은 목표는 도전 과정을 통해 그의 성취를 한 단계씩 높여주었다.
- **일반화 교훈**: 명확한 목표를 세우고 이를 향해 꾸준히 나아가야 한다. 목표는 크든 작든 개인의 열정을 지속시키는 원동력이 된다.

긍정적인 태도와 정신력: 실패를 디딤돌로 삼다

손흥민의 축구 여정은 순탄치 않았다. 부진, 부상, 인종차별 등 많은 역경이 있었지만, 그는 이를 극복하며 강한 정신력과 긍정적인 태도를 유지했다.
- **일반화 교훈**: 실패와 역경은 성공 과정의 일부다. 이를 받아들이고 극복하려는 마음가짐과 긍정적인 태도는 성장을 가능하게 한다.

팀워크와 관계의 중요성: 협력과 조화

손흥민은 개인적인 실력뿐 아니라 동료와의 협력을 중시하며, 팀워크로 경기를 승리로 이끈다. 그의 뛰어난 친화력과 배려심은 팀 내에서 중요한 역할을 한다.
- **일반화 교훈**: 성공은 혼자 이룰 수 없다. 다른 사람들과의 협력, 조화, 그리고 긍정적인 관계 형성은 목표를 달성하는 데 필수적이다.

유연성과 적응력: 변화에 능동적으로 대응

손흥민은 새로운 리그와 감독, 전술적 요구에 유연하게 적응하며 자신의 가치를 증명했다. 그는 스스로를 지속적으로 발전시키기 위해 변화를 받아들이는 데 능숙하다.
- **일반화 교훈**: 변화는 도전이지만, 동시에 기회다. 새로운 환경에 빠르게 적응하고, 자신을 변화시키는 유연성이 중요하다.

인성: 겸손과 책임감

손흥민의 겸손하고 책임감 있는 태도는 그의 성공에 있어 중요한 요소다. 그는 캡틴으로서 팀을 이끌고, 경기장 안팎에서 모범적인 모습을 보이며 팬들에게 신뢰를 얻는다.
- **일반화 교훈**: 성공을 지속하려면 인성 역시 중요하다. 겸손과 책임감을 바탕으로 타인에게 긍정적인 영향을 미치는 삶을 추구해야 한다.

손흥민 모델의 핵심: 성취는 노력과 태도의 결과

손흥민의 성공은 재능 그 이상이다. 그의 끈기, 노력, 그리고 겸손한 태도는 누구나 배울 수 있는 가치다. 손흥민 모델은 '작은 성공의 반복이 큰 성취를 이끈다.'는 진리를 보여준다. 기본기에 충실하며, 끊임없이 노력하고, 긍정적인 태도를 유지하며, 타인과 협력하는 자세는 각자의 분야에서 성공으로 나아가는 보편적 원칙이 될 수 있다.

결론적으로, 손흥민의 성공은 특별한 사람이 아니라 평범한 사람이 실천 가능한 모델이다. 실패를 두려워하지 않고, 꾸준히 자신의 길을 걷는 이들에게 손흥민의 여정은 강력한 영감을 준다. 우리의 삶 속에서도 '손흥민 모델'을 적용해 보자. 그 길 끝에선 각자의 성공이 기다리고 있을 것이다.

손흥민의 성공하는 습관 10가지

손흥민은 단순히 뛰어난 축구선수로서의 기술뿐만 아니라, 그의 삶의 태도와 습관으로도 세계적인 성공을 이룬 인물이다. 그는 프로 축구선수로서의 삶을 통해 우리가 배울 수 있는 많은 교훈을 남겼다. 다음은 손흥민의 성공 비결이 담긴 10가지 습관이다.

기본기에 충실하다

손흥민의 축구는 그의 아버지 손웅정 님의 철저한 기본기 훈련에서 시작되었다. 드리블, 패스, 슈팅 등 모든 기술에서 기본기를 완벽히 다지는 데 집중한 그는 경기장에서의 실수를 최소화하고, 꾸준한 퍼포먼스를 유지할 수 있었다. 성공을 위해선 항상 기본을 잊지 말아야 한다는 교훈을 준다.

끝없는 노력과 성실함

손흥민은 꾸준한 훈련과 성실한 태도로 자신의 능력을 끊임없이 발전시켰다. 토트넘에서 매 시즌마다 더 높은 수준의 경기력을 보여주기 위해 노력했으며, 부상에도 불구하고 복귀 후 놀라운 활약을 펼치곤 했다. 그는 "노력은 절대 배신하지 않는다."는 말을 몸소 증명했다.

목표를 명확히 설정한다

손흥민은 경기마다 뚜렷한 목표를 세운다. 단순히 골을 넣는 것을 넘어 팀을 승리로 이끄는 데 집중하며, 개인 기록보다는 팀 성과를 우선시한다. 그의 목표 지향적인 자세는 매 순간 최선을 다하게 만드는 원동력이다.

겸손함을 유지한다

세계적인 성공에도 불구하고 손흥민은 항상 겸손하다. 그는 자신을 드러내기보다는 팀 동료와 코칭 스태프의 공로를 인정하며, 경기 후 인터뷰에서도 늘 감사의 마음을 표현한다. 겸손함은 그의 성공을 더욱 빛나게 만드는 중요한 덕목이다.

긍정적인 마음가짐

손흥민은 어려운 상황에서도 긍정적인 태도를 잃지 않는다. 경기에서 실수를 하거나 팀이 부진할 때에도 그는 웃음을 잃지 않고 팀을 격려한다. 이러한 긍정적인 에너지는 팀원들에게도 전파되어 팀 전체의 사기를 높이는 역할을 한다.

회복탄력성을 키운다

손흥민은 부상, 경기 부진, 이적설 등 수많은 어려움을 극복해 왔다. 그의 강한 정신력과 회복탄력성은 실패를 성공의 발판으로 삼는 힘이 된다. '넘어지더라도 다시 일어나는 힘'이야말로 그의 가장 큰 성공 요인 중 하나다.

철저한 자기관리

손흥민은 체력, 식단, 수면 등 자기관리를 철저히 한다. 경기 중뿐만 아니라 훈련과 일상에서도 몸 상태를 최상으로 유지하려고 노력한다. 그는 꾸준한 체력과 건강이 최고의 경기력을 유지하는 비결임을 잘 알고 있다.

팀워크와 소통을 중시한다

손흥민은 팀의 성공을 위해 동료와의 소통을 중요시한다. 그는 토트넘과 대한민국 국가대표팀에서 리더로서 팀워크를 이끄는 중심축이 되었다. 동료들의 플레이를 존중하고 협력하는 자세는 그의 성공에 핵심적인 역할을 했다.

팬과의 소통에 진심을 다한다

손흥민은 경기 후 팬들에게 다가가 감사 인사를 전하고, 어린이 팬들과도 진심 어린 교감을 나눈다. 그는 '팬들이 있어야 내가 존재한다.'는 생각으로 팬들과의 관계를 소중히 여긴다. 이러한 소통의 자세는 그의 이미지를 더욱 긍정적으로 만든다.

행복을 추구한다

손흥민은 '행복축구'라는 철학을 바탕으로 한다. 그는 축구를 단순히 일로 여기지 않고, 즐거움을 느끼며 경기에 임한다. 그의 밝은 표정과 진정성 있는 플레이는 축구의 본질을 잘 보여준다. 자신이 좋아하는 일을 하며 행복을 찾는 모습은 우리 모두에게 큰 영감을 준다.

결론

　손흥민의 성공은 단순히 재능에서만 나오는 것이 아니다. 그의 기본기, 성실함, 긍정적인 태도와 같은 습관들이 쌓여 세계적인 선수가 되는 기반이 되었다. 이러한 습관들은 축구를 넘어 삶 전반에 걸쳐 우리에게 중요한 교훈을 준다. 손흥민처럼 성공을 꿈꾼다면, 그의 습관을 하나씩 실천해 보는 건 어떨까? 성공은 단지 결과가 아니라, 올바른 습관에서 시작된다. ☺️⚽

손흥민과 발롱도르

　손흥민은 이미 아시아 축구의 선구자로서 푸스카스상 수상과 다양한 기록을 세우며 명성을 얻어왔다. 그의 커리어와 실력은 단연 발롱도르 수상의 자격을 갖추고 있다고 할 수 있지만, 우승 트로피는 그가 아직 추가해야 할 최종 퍼즐이다. 2024-25시즌을 마친 후, 손흥민이 '팀워크'가 강한 팀으로 이적해 리그 우승이나 챔피언스리그 결승에 진출한다면, 그는 발롱도르 수상을 눈앞에 두게 될 것이다.

　손흥민은 번리전에서 넣은 놀라운 솔로 골로 푸스카스상을 수상하며 그의 비범한 득점력을 전 세계에 각인시켰다. 푸스카스상은 그가 가진 창의성과 테크닉의 상징이며, 이를 통해 손흥민은 단순한 공격수를 넘어 '골 장인'으로 불리게 되었다. 여기에 EPL 득점왕, 양발 능력, 폭발적인 속도 등 그의 커리어는 이미 발롱도르의 자격을 갖추고 있음을 보여준다. 손흥민은 기록만큼이나 눈에 띄는 활약으로 팬들과 전문가들에게 깊은 인상을 주었고, 아시아 축구 역사에서도 전례 없는 인물로 자리 잡았다.

그러나 발롱도르 수상을 위해서는 개인 기록만큼이나 팀의 성과도 중요한 요인이다. 리오넬 메시, 크리스티아누 호날두와 같은 발롱도르 수상자들은 모두 뛰어난 개인 실력 외에도 소속 팀과 함께 리그나 챔피언스리그에서 우승하며 그 가치를 증명했다. 손흥민에게도 이러한 트로피가 필요하다. 그의 재능과 헌신은 이미 검증되었고, 이제는 그가 팀과 함께 이뤄낼 우승 트로피가 그의 커리어를 한 단계 끌어올릴 열쇠가 될 것이다.

2024-25시즌 이후 손흥민이 '팀워크'가 강한 팀으로 이적한다면, 그는 그동안 갈망해 온 리그 우승과 챔피언스리그 결승 진출을 이룰 가능성이 높아진다. 손흥민은 이미 팀 플레이의 가치를 중요하게 여기며, 동료와의 시너지를 통해 경기장에서 최고의 성과를 내는 선수로 알려져 있다. 그가 새로이 합류할 팀이 그의 역량을 최대한 발휘할 수 있는 환경을 제공하고, 팀원들과 조화롭게 호흡할 수 있다면, 손흥민은 새로운 도전에 나설 수 있을 것이다.

아시아 선수가 발롱도르를 수상하는 것은 아직 실현되지 않은 꿈이다. 하지만 손흥민은 그 꿈을 현실로 만들 수 있는 유력한 후보이다. 그가 우승 트로피를 추가한다면, 발롱도르 수상자들의 문을 여는 첫 아시아 선수가 될 수 있을 것이다. 손흥민의 푸스카스상 수상, 득점왕

기록, 그리고 축구 팬들에게 선사한 감동적인 순간들은 그가 발롱도르를 받을 충분한 자격이 있음을 보여준다.

손흥민은 아시아인 최초로 '발롱도르를 수상할 가능성을 가진 선수'이며, 이는 그의 커리어에 남다른 업적으로 남을 것이다.

손흥민 스타일

축구 스타일

손흥민 선수는 지난 15년 동안 프로 축구선수로서 탁월한 활약을 펼치며 세계적인 수준의 선수로 자리매김했다. 그의 축구 스타일은 다재다능함과 높은 축구 지능, 탁월한 기술력으로 요약될 수 있다. 다음은 손흥민 선수의 축구 스타일에 대한 자세한 설명이다.

다재다능한 공격수

손흥민은 다양한 포지션에서 뛰어난 능력을 발휘할 수 있는 다재다능한 공격수이다. 주로 윙어로 뛰지만, 중앙 공격수나 두 번째 스트라이커로도 활약할 수 있다. 이러한 유연성 덕분에 감독들은 그를 여러 전술에 맞게 활용할 수 있다.

빠른 속도와 드리블 능력

손흥민의 가장 두드러진 특징 중 하나는 그의 빠른 속도다. 그는 수비수들을 쉽게 제칠 수 있는 폭발적인 스피드를 가지고 있으며, 이는 그가 역습 상황에서 매우 위험한 선수로 만드는 요인이다. 또한 그의 드리블 능력은 매우 탁월하여 좁은 공간에서도 수비수들을 제치고 돌파할 수 있다.

정확한 슈팅과 득점 능력

손흥민은 양발을 자유자재로 사용하는 능력을 가지고 있어, 왼발과 오른발 모두에서 강력하고 정확한 슈팅을 날릴 수 있다. 이는 그가 다양한 위치에서 득점할 수 있는 중요한 요소다. 그의 슈팅 능력은 특히 페널티 박스 안팎에서 위협적이며, 롱 슛 역시 뛰어나다.

전술적인 지능

손흥민은 뛰어난 전술적 지능을 가지고 있어, 경기 중 적절한 위치를 찾아 들어가는 능력이 뛰어나다. 그는 팀 동료들과의 연계 플레이에서 탁월한 모습을 보이며, 패스를 통해 공간을 창출하고 기회를 만들어내는 능력이 뛰어나다. 그의 위치 선정 능력은 그가 많은 득점을 올릴 수 있는 이유 중 하나다.

헌신적인 수비 가담

공격적인 능력뿐만 아니라 손흥민은 수비에서도 헌신적인 모습을 보인다. 그는 팀이 수비를 할 때 적극적으로 수비에 가담하여 상대의 공격을 차단하려고 노력한다. 그의 체력과 스피드는 수비 가담에 큰 도움이 되며, 팀의 전체적인 수비 조직에 긍정적인 영향을 미친다.

체력과 꾸준함

손흥민은 뛰어난 체력과 꾸준함을 자랑한다. 그는 경기 내내 높은 에너지를 유지하며, 마지막 순간까지 최선을 다하는 모습을 보여준다. 이는 그가 매 시즌 많은 경기를 소화하면서도 꾸준한 퍼포먼스를 유지할 수 있는 이유이다.

팀 플레이어

손흥민은 뛰어난 팀 플레이어로, 동료 선수들과의 협력에 중점을 둔다. 그는 개인 플레이보다는 팀의 승리를 위해 헌신하며, 동료들에게 기회를 만들어 주는 패스를 자주 시도한다. 이러한 팀 정신은 그의 팀원들과 감독들에게 큰 신뢰를 주며, 팀 전체의 사기를 높이는 데 기여한다.

인정받는 선수

손흥민은 현재 선수들뿐만 아니라 과거의 레전드 선수들, 감독들로부터도 많은 인정을 받고 있다. 그의 뛰어난 기술과 성실한 태도, 그리고 경기장에서의 열정적인 모습은 많은 이들에게 귀감이 된다. 그는 축구 팬들뿐만 아니라 전문가들 사이에서도 높은 평가를 받고 있다.

결론

손흥민 선수는 다재다능함, 빠른 속도, 정확한 슈팅, 뛰어난 전술적 지능, 헌신적인 수비 가담, 강한 체력, 그리고 팀 플레이 정신을 가진 뛰어난 선수다. 그의 이러한 능력들은 그를 세계 최고의 선수 중 하나로 만들었으며, 앞으로도 그의 경력을 빛나게 할 것이다.

패션 스타일

손흥민은 축구장에서의 뛰어난 활약뿐만 아니라, 일상생활에서도 그의 패션 스타일로 주목받고 있다. 그의 패션 스타일은 다양한 요소를 결합하여 독특하면서도 친숙한 느낌을 준다. 다음은 손흥민의 패션 스타일의 특징을 자세히 설명한 것이다.

전형적인 남자 패션

손흥민 선수의 기본 패션 스타일은 우리나라의 전형적인 남성 패션에서 비롯된다. 그는 깔끔하고 단정한 스타일을 선호하며, 기본 아이템들을 조화롭게 매치하여 자연스럽고 세련된 이미지를 연출한다. 클래식한 셔츠와 슬랙스, 니트와 청바지 등 기본적인 아이템을 통해 편안하면서도 멋스러운 스타일을 보여준다.

대학생 캐주얼과 한국의 스트릿 패션

때때로 손흥민 선수는 대학생 캐주얼 스타일과 한국의 스트릿 패션을 믹스하여 입는다. 이는 젊고 활기찬 이미지를 강조하는 데 도움이 된다. 후드티, 스니커즈, 그리고 오버사이즈 자켓 등 캐주얼한 아이템을 통해 자유롭고 편안한 분위기를 자아낸다. 이러한 스타일은 특히 그의 일상적인 모습에서 자주 볼 수 있다.

남친룩 스타일

손흥민 선수는 남친룩 스타일을 자주 선보인다. 남친룩은 편안하면서도 스타일리시한 남성 패션으로, 주로 깔끔한 셔츠, 니트, 카디건, 청바지 등을 매치하여 연출된다. 이러한 스타일은 많은 이들에게 친근하게 다가가며, 손흥민의 부드럽고 따뜻한 이미지를 부각시킨다.

패션에 대한 관심

손흥민은 패션에 많은 관심을 기울이며, 최신 트렌드를 꾸준히 체크하는 것으로 알려져 있다. 또한 그의 몇 안 되는 스트레스 해소 아이템이기도 하다. 그는 패션 관련 사이트를 자주 검색하며, 자신만의 스타일을 지속적으로 업데이트한다. 이는 그의 패션 감각이 뛰어난 이유 중 하나다.

발렌시아가와 스트릿 브랜드 선호

손흥민 선수는 발렌시아가와 같은 고급 브랜드와 스트릿 브랜드를 좋아한다. 발렌시아가의 세련되고 독특한 디자인을 통해 패셔너블한 이미지를 유지하며, 스트릿 브랜드를 통해 캐주얼하면서도 개성 넘치는 스타일을 연출한다. 이러한 브랜드 선택은 그의 패션 센스를 더욱 돋보이게 한다.

*위 패션 분석은 유튜브(코디 디렉트) '짱구대디'채널 분석영상 자료를 인용 및 참고하였음.

라이프 스타일

손흥민은 축구장에서뿐만 아니라 일상생활에서도 많은 사람들에게 영감을 주는 삶을 살고 있다. 그의 라이프 스타일(Lifestyle)은 여러 면에서 독특하고 흥미롭다.

가족 중심 생활

손흥민은 프리미어리그의 스타임에도 불구하고, 런던 햄스테드에 있는 부모님과 함께 생활하고 있다. 그는 부모님이 자신의 축구 경력을 지원하기 위해 많은 희생을 했으며, 이에 대한 보답으로 가족과 함께 지내는 것을 중요하게 여긴다(Paris 2024 Olympics). 또한 그는 '가족 친화적인' 사람이다.

독신 생활과 축구에 대한 전념

손흥민은 현재 독신으로 지내며, 축구에 온전히 집중하고 있다. 그의 아버지와 본인 모두 결혼하면 가족이 우선이 되기 때문에, 선수 생활 동안은 축구에 집중하고 싶다는 생각을 공유하고 있다(Paris 2024 Olympics).

패션과 사업

손흥민은 축구 외에도 패션 사업에 진출했다. 그는 자신의 의류 브랜드 'NOS7'을 론칭했으며, 이 브랜드는 편안한 주말과 자기 성찰의 시간을 중시한다. 또한, 그는 버버리와 같은 유명 패션 브랜드의 홍보대사로 활동하고 있다.

건강 관리와 정신적 균형

손흥민은 정신적, 육체적 건강 관리에도 많은 신경을 쓴다. 그는 압박감과 스트레스를 관리하기 위해 꾸준히 노력하고 있으며, 이는 그가 꾸준히 높은 성과를 내는 비결 중 하나다.

손흥민의 이러한 라이프 스타일은 단순히 스포츠 스타로서의 삶을 넘어서, 개인의 행복과 성장을 중요시하는 현대적 삶의 방식을 잘 보여준다.

은퇴 이후의 삶

사람들은 손흥민 선수가 은퇴를 하면 좀 쉬었다가 프로 리그나 국가대표팀의 감독을 하기를 기대하지만, 본인은 가르치는 것에 소질이 없어서 생각이 없다고 하였다. 물론 완곡한 거부의 표현이라고 본다. 필자 생각에도 그동안 자신의 모든 것을 바치고 인생 자체가 축구였던 사람이기 때문에, 이제는 다른 삶을 살고 싶을 수도 있다고 생각한다.

현재 자신의 의류 브랜드 'NOS7'을 론칭했으며, 연예계에는 이런저런 인연으로 지인들도 많아 보인다. 요즘은 스포츠 스타들도 연예인으로 많은 활동을 하고 있다. 은퇴 후 손흥민은 현재 자신의 의류 브랜드 사업을 본격적으로 할 수도 있고, 방송 활동으로 자신의 친근감과 사교성으로 우리에게 다가올 수도 있다. 과연 손흥민 선수는 은퇴 이후에 어떤 일을 할까?

손흥민 선수가 은퇴 후 어떤 일을 할지에 대한 예상 시나리오는 몇 가지로 나눌 수 있다. 그의 현재 활동과 관심사를 바탕으로 보면, 다양한 가능성이 열려 있다(2024. 7. 4. 현재).

의류 브랜드 'NOS7' 사업 확대

손흥민은 이미 자신의 의류 브랜드 'NOS7'을 론칭했다. 은퇴 후 그는 이 브랜드를 더욱 본격적으로 운영하고 확장할 가능성이 크다. 패션과 라이프 스타일 브랜드로서의 NOS7은 손흥민의 글로벌 인지도를 바탕으로 큰 성장을 이룰 수 있을 것이다. 그의 직접적인 참여와 마케팅 활동을 통해 브랜드를 더욱 강화할 수 있다.

방송 및 연예 활동

손흥민은 이미 여러 연예계 인사들과 친분이 있으며, 그의 사교성과 친근감을 바탕으로 방송 활동에 참여할 가능성도 크다. 예능 프로그램이나 스포츠 관련 방송에서 활동하며 대중과의 소통을 이어갈 수 있다. 그의 밝고 긍정적인 이미지가 이러한 활동에 큰 도움이 될 것이다(Paris 2024 Olympics).

축구 관련 비즈니스 및 멘토링

비록 손흥민이 직접적인 감독직에는 관심이 없다고 했지만, 축구 관련 비즈니스나 멘토링 활동을 할 수 있다. 손 축구 아카데미에 합류하거나, 젊은 선수들에게 멘토링을 제공하는 형태로 축구계에 계속 기여할 수 있다. 이는 그의 풍부한 경험과 지식을 바탕으로 후배 선수들을 양성하는 좋은 기회가 될 것이다.

자선 활동 및 사회공헌

손흥민은 그동안 다양한 자선 활동에도 참여해 왔다. 은퇴 후 그는 자선 단체를 설립하거나, 다양한 사회공헌 활동을 통해 자신의 영향력을 긍정적으로 사용할 수 있다. 이는 사회적 책임을 다하는 의미 있는 활동이 될 것이다.

교육 및 강연 활동

손흥민은 자신의 경험과 교훈을 나누기 위해 교육 및 강연 활동에 참여할 수 있다. 스포츠 정신, 노력, 성공 비결 등을 주제로 다양한 연설과 강의를 통해 많은 사람들에게 영감을 줄 수 있다.

결론

손흥민의 은퇴 후 활동은 다양한 방향으로 펼쳐질 수 있다. 그의 현재 활동과 관심사를 바탕으로 보면, 의류 브랜드 운영, 방송 활동, 축구 관련 비즈니스, 자선 활동, 교육 및 강연 등 여러 분야에서 활약할 가능성이 크다. 무엇보다도 그는 은퇴 후에도 많은 사람들에게 긍정적인 영향을 미치며, 새로운 도전을 통해 또 다른 성공을 이룰 것으로 기대된다.

프로 축구에서 배우는 인생의 원리

축구는 세계에서 가장 사랑받는 스포츠이자, 단순한 경기의 차원을 넘어 사람들에게 인생의 깊은 교훈을 안겨준다. 특히, 최고 수준의 경기를 선보이는 잉글랜드 프리미어리그(EPL)는 치열한 경쟁과 드라마틱한 순간들로 가득하며, 관중들에게 깊은 통찰과 영감을 선사한다. 축구장에서 펼쳐지는 한 편의 드라마는 마치 인생의 축소판과도 같으며, 우리는 축구를 통해 다음과 같은 인생의 원리를 배울 수 있다.

팀워크와 협력

축구는 개인의 재능만으로는 승리를 이룰 수 없는 스포츠다. 아무리 뛰어난 스타 플레이어라도 동료들과의 조화가 없으면 성공하기 어렵다. 이는 인생에서도 마찬가지다. 우리는 혼자서 모든 것을 할 수 없으며, 가족, 친구, 동료와 함께 협력하며 살아가야 한다. "위대한 팀은 스타 플레이어보다 조직력에서 나온다."는 말처럼, 개인의 성공은 함께 하는 이들의 지원과 협력이 있을 때 완성된다.

목표를 향한 끈기와 노력

축구는 단 90분 동안 승패가 갈리지만, 그 이면에는 선수들의 끝없는 노력과 연습이 숨어 있다. 하루아침에 EPL 선수로 성장한 이는 없다. 오랜 시간 동안 자신의 목표를 위해 포기하지 않고 노력하는 선수들의 모습은 인생에서 목표를 추구하는 자세를 일깨워 준다. 힘든 상황에서도 포기하지 않는 끈기는 우리를 더 나은 미래로 이끈다.

실패와 성공의 연속성

축구는 승리와 패배가 공존하는 스포츠다. 한 경기에서 승리했다고 모든 것이 완벽해지는 것도 아니며, 패배했다고 끝나는 것도 아니다. 인생도 마찬가지로 성공과 실패는 끊임없이 반복된다. 중요한 것은 승리 속에서 겸손함을 잃지 않고, 실패 속에서 교훈을 얻는 것이다. 손흥민 선수가 "힘든 날도 있지만, 중요한 건 계속 달리는 것"이라고 말했듯, 넘어지더라도 다시 일어서는 자세가 필요하다.

기회는 순간적으로 찾아온다

축구 경기에서 한 번의 찬스는 경기의 흐름을 바꿀 수 있다. 그러한 기회를 잡기 위해서는 준비된 자세가 필요하다. 인생에서도 기회는 언제 어디서 올지 알 수 없다. 그러나 준비된 사람만이 그 기회를 잡을 수 있다. "운은 준비된 자에게만 온다."는 격언처럼, 끊임없이 자신을 단련하고 준비하는 자세가 중요하다.

공격과 수비의 균형

축구는 공격적인 팀이 매력적이지만, 수비가 무너지면 승리할 수 없다. 마찬가지로 인생에서도 도전적인 태도와 신중함 사이에서 균형을 잡아야 한다. 과감한 선택도 필요하지만, 동시에 실패를 최소화하기 위한 철저한 계획과 대비가 필요하다. 균형을 유지하는 삶이 성공을 이끈다.

규칙을 지키는 스포츠맨십

축구는 규칙과 심판의 판정 안에서 이루어진다. 선수들은 정정당당하게 경기를 치르며, 페어플레이 정신을 발휘해야 한다. 인생에서도 법과 윤리, 그리고 인간다운 품위를 지키며 살아가는 것이 중요하다. 정직함과 공정함은 개인뿐 아니라 사회 전체를 더욱 건강하게 만든다.

관중과의 연결, 공동체 정신

EPL 경기에서 선수들은 관중의 응원을 힘으로 삼는다. 팀을 응원하는 팬들의 열정은 선수들에게 동기부여가 되고, 경기를 더욱 빛나게 한다. 이는 인간관계에서도 마찬가지다. 우리는 공동체와 연결될 때 더 큰 힘을 발휘하며, 누군가의 응원과 지지가 삶의 원동력이 된다.

끝날 때까지 끝난 게 아니다

축구의 가장 극적인 매력 중 하나는 마지막 순간까지 결과를 예측할 수 없다는 점이다. 종료 휘슬이 울리기 전까지는 모든 가능성이 열려 있다. 이는 인생에서도 마찬가지다. 아무리 어려운 상황에서도 마지막까지 최선을 다하면 극적인 반전이 찾아올 수 있다. 축구의 마지막 순간처럼, 우리 삶에서도 희망은 남아 있다.

마무리: 축구는 인생의 거울이다

축구는 단순한 스포츠 이상의 의미를 가진다. 이는 경쟁과 협력, 성공과 실패, 희망과 좌절의 모든 요소를 담고 있으며, 그 안에서 우리는 삶의 원리를 배운다. 축구 경기를 보며, 때로는 선수들의 끈기와 열정을 통해 감동을 받고, 때로는 그들의 실수를 통해 배운다.

축구는 우리에게 묻는다. "넌 삶의 경기장에서 최선을 다하고 있니?" 우리가 EPL에서 배우는 교훈은 축구장이 아니라, 우리의 삶 속에서 진정으로 실현될 때 더욱 빛난다. 경기장에서처럼, 우리의 삶에서도 마지막 순간까지 포기하지 않고, 함께 뛰며 더 나은 내일을 만들어 가도록 하자.

 **'손흥민학':
글로벌 스타에게서 배우는 성공과 인성**

손흥민은 단순한 축구선수를 넘어 대한민국을 대표하는 글로벌 아이콘이자, 세계 축구 팬들의 사랑을 받는 슈퍼스타다. 그는 축구라는 스포츠를 통해 개인의 성공을 넘어, 한국의 위상을 전 세계에 알리는 데 기여하고 있다. 손흥민의 커리어는 도전, 인성, 리더십, 그리고 글로벌 경쟁력의 완벽한 사례로, 오늘날 학생과 청소년들에게 귀감이 된다.

이제 우리는 그의 삶과 성공을 체계적으로 연구하고 교육할 수 있는 '손흥민학'을 정립할 때다. 이는 단순히 스포츠를 넘어, 도전 정신과 인성, 글로벌 리더십을 배우는 새로운 학문적 접근이 될 수 있다.

'손흥민학'이란 무엇인가

'손흥민학'은 손흥민이 이룩한 성공의 비결을 다양한 관점에서 연구하고, 이를 통해 학생과 청소년들이 배울 수 있는 교훈을 체계적으로 정리하는 학문이다. 이는 축구라는 한계를 넘어 인생 전반에 걸친 도전과 인성, 그리고 글로벌 리더십을 배우는 데 초점을 맞춘다.

도전 정신의 상징

손흥민은 어릴 적부터 아버지 손웅정 감독의 지도 아래 철저한 기본기 훈련을 받으며 성장했다. 독일 분데스리가를 시작으로, 세계 최고 리그인 EPL에서 최고의 선수로 자리 잡기까지 그의 여정은 도전과 극복의 연속이었다.

그는 매 경기마다 자신의 한계를 뛰어넘으며, '하면 된다.'는 도전 정신의 상징으로 자리 잡았다.

겸손과 인성의 교훈

세계적인 명성을 얻은 뒤에도 손흥민은 늘 겸손한 태도로 팬과 동료를 대한다. 팀을 먼저 생각하며, 경기장에서 최선을 다하는 그의 모습은 오늘날 경쟁 사회에서 배려와 협력의 중요성을 다시 일깨워 준다.

특히, 동료 선수들과의 돈독한 관계와 팬들을 향한 따뜻한 마음은 그의 인성이 진정한 성공의 기반임을 보여준다.

글로벌 리더십과 팀워크

손흥민은 토트넘 홋스퍼의 주장으로서 팀의 중심을 잡으며 리더십을 발휘하고 있다. 그는 후배를 멘토링하며 팀워크를 강화하는 데 앞장선다.

그의 사례는 글로벌 시대에 요구되는 리더십과 협력의 가치를 배우는 데 완벽한 교과서가 된다.

'손흥민학'의 교육적 가치

손흥민의 삶은 단순히 축구 팬들에게만 영감을 주는 것이 아니다. 그의 도전과 성공 스토리는 모든 연령층, 특히 학생과 청소년들에게 실질적인 교훈을 제공한다.

도전과 열정

그의 도전 정신은 불가능해 보이는 목표도 끊임없는 노력과 열정으로 극복할 수 있음을 보여준다. 이는 학업과 인생의 도전에 직면한 청소년들에게 중요한 메시지를 전달한다.

인성 교육

손흥민의 겸손과 배려는 경쟁이 치열한 현대사회에서 우리가 잊기 쉬운 가치를 상기시킨다. 그는 '성공은 인성과 함께 이루어져야 한다.'는 점을 몸소 보여주고 있다.

글로벌 경쟁력과 소통

손흥민은 다양한 문화권에서 뛰어난 소통 능력과 적응력을 발휘하며 글로벌 리더로 자리 잡았다. 그의 사례는 학생들에게 글로벌 마인드와 소통 능력의 중요성을 가르칠 수 있다.

'손흥민학'의 사회적 활용

'손흥민학'은 단순히 이론적인 연구에 그치지 않고, 다양한 교육적,

사회적 활용 가능성을 지닌다.

학교 과목으로의 도입
- '손흥민학'은 체육 교육뿐만 아니라 도전 정신, 리더십, 인성 교육 등으로 확장될 수 있다.
- 예를 들어, '손흥민의 성공 비결', '글로벌 리더 손흥민' 등의 과목을 통해 그의 철학과 경험을 학생들에게 전수할 수 있다.

연구 프로젝트
- 대학이나 연구소에서는 손흥민의 글로벌 커리어와 성공 요인을 분석하며, 스포츠 외교 및 글로벌 스포츠 시장에서의 그의 영향력을 연구할 수 있다.
- 그의 사례를 통해 스포츠를 넘어 개인과 사회의 연결성을 탐구하는 다학제적 연구도 가능하다.

결론: '손흥민학'의 필요성

손흥민은 단순한 축구 스타가 아니다. 그는 도전, 인성, 그리고 글로벌 리더십을 통해 현대사회가 요구하는 가치를 실현하는 모범 사례다. '손흥민학'은 그의 삶과 성공을 통해 학생과 청소년들이 꿈을 꾸고, 도전하며, 올바른 인성을 갖추도록 돕는 중요한 학문적 접근이 될 것이다.

'손흥민학'은 더 나아가 한국사회가 글로벌 무대에서 어떻게 자리 잡고, 기여할 수 있는지에 대한 새로운 비전을 제시할 수 있다. 그의 성공 스토리는 오늘날의 우리에게 묻고 있다. "당신은 꿈을 위해 도전하고 있는가?" '손흥민학'은 그 대답을 찾아가는 길이 될 것이다.

"손흥민은 도전과 성공의 상징일 뿐만 아니라, 겸손과 배려의 아이콘이다. 그의 삶에서 우리는 더 나은 자신과 세상을 발견할 수 있다." ☺

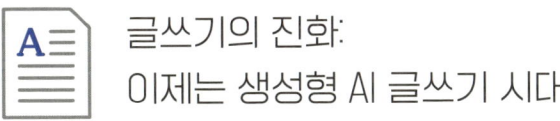

글쓰기의 진화:
이제는 생성형 AI 글쓰기 시대

글쓰기는 인간의 사고와 표현을 기록하고 전달하는 핵심 도구로, 시대와 기술의 발전에 따라 끊임없이 진화해 왔다. 손 글씨에서 시작해 타자기, 컴퓨터 워드프로세스에 이르기까지, 글쓰기 도구는 점점 더 효율적이고 편리한 형태로 변모해 왔다. 그리고 오늘날 우리는 새로운 글쓰기의 패러다임, 바로 생성형 AI 글쓰기 시대를 맞이하고 있다.

생성형 AI를 활용한 글쓰기는 기존 방식의 글쓰기와 비교해 새로운 도약의 단계에 있다. 이는 단순한 기술적 업그레이드가 아니라, 글쓰기의 본질적 과정 자체를 재정의하는 혁신이다. 이를 이해하기 위해 일상 속의 기술 진화와 비교해 볼 수 있다.

- 손빨래에서 세탁기로, 자동차의 수동 기어에서 자동 기어 변속으로 변화한 것처럼, 생성형 AI는 글쓰기의 복잡성을 대폭 줄이고 효율성을 높인다.
- 손 청소에서 로봇 청소기로 넘어온 것처럼, AI는 반복적이고 기계

적인 글쓰기 작업을 대신 수행해 준다.
- 가마솥에서 밥을 짓던 시절과 전기밥솥이 등장한 이후의 삶이 비교되듯, 생성형 AI는 글쓰기 작업의 시간과 노력을 크게 줄여준다.
- 손으로 그림을 자세히 그리던 시대에서 사진기가 등장한 것처럼, AI는 아이디어를 빠르고 정확하게 형상화해준다.

생성형 AI 글쓰기의 장점

① **접근성 강화: 누구나 훌륭한 글을 쓸 수 있는 시대** 생성형 AI는 글쓰기 능력이 부족한 사람들에게 큰 도움을 준다. 복잡한 표현이나 구조 설계가 어려운 사람도, AI의 도움을 받아 자신이 원하는 수준의 글을 손쉽게 얻을 수 있다. 이는 교육적 격차를 줄이고, 더 많은 사람들이 글쓰기를 통해 자신을 표현할 기회를 제공한다.

② **시간 절약: 더 빠르고 효율적으로** 과거에는 글 한 편을 쓰기 위해 많은 시간이 필요했다. 그러나 AI는 짧은 시간 안에 초안을 생성하고, 사용자의 요구에 맞게 수정할 수 있다. 이는 직장인, 학생, 연구자 등 바쁜 현대인들에게 특히 유용하다.

③ **집단 지성 활용: 방대한 자료의 효율적 통합** 생성형 AI는 인터넷에 산재한 방대한 자료를 검색하고 통합하여, 사용자가 원하는 정보를 최적화된 형태로 제공한다. 이는 단순한 데이터 검색을 넘어, 창의적이고 새로운 관점을 제시할 수 있는 가능성을 열어준다.

일부 사람들은 생성형 AI가 글쓰기의 본질을 훼손할 것을 우려하기도 한다. 그러나 이는 새로운 도구에 대한 자연스러운 반응일 뿐이다.

손 글씨에서 타자기로, 타자기에서 컴퓨터로 변화할 때마다 비슷한 논란이 있었다. 그러나 모든 변화 속에서도 글쓰기는 여전히 창의적 사고와 표현의 중요한 도구로 남아 있었다. 생성형 AI는 이를 더 풍부하게 만들 뿐, 그 본질을 대체하지는 않는다.

생성형 AI는 글쓰기의 도구이자 동반자이다. 이 기술을 잘 활용하면 우리는 글쓰기 과정에서 단순한 반복 작업에 소모되는 에너지를 줄이고, 더 창의적이고 가치 있는 작업에 집중할 수 있다. 글쓰기의 진화는 멈추지 않는다. 이제 생성형 AI와 함께, 우리는 한층 더 풍요롭고 혁신적인 글쓰기의 시대를 맞이하고 있다.

"AI가 글을 쓰는 시대, 하지만 글을 완성하는 것은 여전히 우리의 생각과 아이디어다."

"지금은 AI 혁명 중이다. 이 거대한 변화의 파도를 타기 위해 우리는 우리의 교육, 사고, 그리고 삶의 방식을 혁신해야 한다. 타고난 머리가 아닌 선택한 머리로, 지식을 쌓고 사고의 깊이를 더해가며 이 변혁의 시대를 헤쳐 나가야 할 것이다."[90]

김상균, 『AI×인간지능의 시대』 중에서

에필로그

　우리는 손흥민을 보며 진정한 성공이 무엇인지에 대해 다시 생각하게 된다. 손흥민은 경기장에서 뛰어난 성과를 올리고 있지만, 그보다 더 인상적인 것은 그의 겸손함과 따뜻한 마음이다. 그는 단순히 축구를 잘하는 선수가 아니라, 자신의 실력과 인성을 통해 주변에 긍정적인 영향을 끼치는 사람이다.

　손흥민을 이야기할 때 빼놓을 수 없는 단어가 있다면, 그것은 바로 '행복'이다. 그는 늘 행복하게 축구를 한다고 말하며, 그가 가진 행복의 에너지는 그의 팀 동료는 물론이고, 팬들, 그리고 세계 곳곳에 있는 사람들에게 전해진다. 그의 경기 장면은 우리의 가슴을 뛰게 하고, 그의 미소는 우리의 얼굴에도 미소를 가져다준다. 축구를 넘어 손흥민을 통해 우리는 삶 속에서 더 큰 의미를 발견하고, 무엇이 진정한 성공이고 행복인지 배우게 된다.

　이제 AI 시대가 본격적으로 펼쳐지고 있다. 우리는 AI의 도움을 받아 손흥민의 이야기를 더 깊이 들여다보고, 그가 우리에게 전해주는 메시지를 더욱 풍부하게 전달할 수 있었다. 이 책이 AI와 협력하여 완성된 것은, 새로운 시대가 주는 무한한 가능성과 협업의 힘을 보여주는 또 다른 예시다. 손흥민이 자신의 한계를 끊임없이 넘고 새로운 경지를 향해 나아가듯, 우리도 새로운 시대에 맞춰 변화하고 발전할 수 있을 것이다.

마지막으로, 손흥민을 통해 우리는 꿈을 이루는 것이 단순히 목표를 달성하는 것을 넘어선다는 것을 배웠다. 과정 속에서 행복을 찾고, 주변과 나누며 함께 성장하는 것이야말로 진정한 성공이 아닐까? 손흥민이 보여준 열정과 인내, 그리고 인간적인 따뜻함은 우리 모두에게 중요한 영감을 준다.

이 책이 손흥민의 이야기를 통해 여러분의 삶에도 긍정적 변화를 가져다주길 바란다. 손흥민처럼 늘 최선을 다하며, 자신의 길을 걸어가는 모든 이들에게 이 글을 바친다.

미주

01) 문영광, 애국심 불어넣은 손흥민의 연설… 태극전사들은 모든 걸 쏟아부었다, 뉴스1, 2024. 2. 5.
02) 관련기사) 김아인, 미담이 끝도 없다… 영국 전역이 감격한 손흥민의 경기 후 행동, FourFourTwo, 2024. 3. 12.
03) 관련자료) 유튜브 이강 TV, "손흥민 어렸을 때 어떤 선수였는지 말씀드릴게요." 2019. 4. 9.
04) 관련기사) 김윤일, '실력+인성+리더십' 따뜻한 손흥민 클래스, 데일리안, 2023. 12. 23.
05) 관련기사) 이혜진, 손흥민, 수건 두르고 뛰어나가 와락… 함부르크 절친과 감격 상봉, 조선일보, 2024. 5. 22. 배웅기, 손흥민, 호주에서 '핵펀치 대신 맞아준' 절친과 재회했다…감동의 '뜨거운 포옹', 스포탈코리아, 2024. 5. 23.
06) 관련기사) 김대식, "넌 내 가족이니까" 손흥민과 함께 우정의 9년… 케인과는 비교도 안될 브로맨스, 데이비스 토트넘 10주년 헌사, 스포츠조선, 2024. 7. 24.
07) 손흥민, 축구를 하며 생각한 것들, 브레인스토어, 2024. p50.
08) 손흥민, 축구를 하며 생각한 것들, 브레인스토어, 2024. p70.
09) 관련기사) 김정현, 조심조심 공손히…英 방송사, 손흥민 '마이크 드롭' 올해 최고의 순간 선정, 엑스포츠뉴스, 2023. 12. 31.
10) 관련기사) 최용재, 첼시전 참패 다음 날 아침, 토트넘 팬들에게 보낸 손흥민의 '믿을 수 없는' 메시지, 마이데일리, 2023. 11. 9.
11) 김우중, 손흥민, 팬 향한 감동 인터뷰 "나는 세상에서 가장 운이 좋은 사람", 일간스포츠, 2024. 12. 25.
12) 관련기사) 고성환, '자랑스러운 주장' 손흥민 미담, 일본서도 화제… "엄청 좋은 사람, 20초만 봐도 알 수 있네", osen, 2024. 6. 13.
13) 문영광, 애국심 불어넣은 손흥민의 연설… 태극전사들은 모든 걸 쏟아부었다, 뉴스1, 2024. 2. 5.
14) 손흥민, 축구를 하며 생각한 것들, 브레인스토어, 2024. p143.
15) 관련기사) 강대호, 손흥민 미담 추가… 노숙자월드컵 한국 개최 지원, 매일경제, 2024. 7. 3.
16) 유튜브, 스토리K-축구in 인문학 by kei, 손흥민 유니폼 벤탄쿠르 인터뷰 더욱 부끄럽게 만든 이유, 2024. 6. 18. 강재은, 브라질 남부 이례적 폭우… 178명 사망·실종, 연합뉴스, 2024. 5. 7.

17) 관련기사) 박주성, 맨유전 패배 후…손흥민, "누구와도 말하고 싶지 않았다", SPOTV NEWS, 2019. 12. 6.
18) 손흥민: 토트넘 손흥민 시련 이겨내고 멀티골 성공, BBC NEWS 코리아, 2019. 11. 7.
19) 관련기사) 박린, '박지성 지목' 손흥민, 인종차별 반대 캠페인 동참, 중앙일보, 2020. 10. 11.
20) 오구라 기조, 한국은 하나의 철학이다, 모시는사람들, 2017.
21) 스포츠조선 유튜브 "빨리 가라고~" 손흥민 비행기 놓칠까 봐 재촉하는 시크한 아버지, 2022. 12. 13.
22) 박영만, 지구촌 위트 사전, 프리윌, 2017. p94.
23) 박린, 손흥민, 요리스와 또 언쟁? 2년 전에도 충돌, 중앙일보, 2022. 8. 21.
24) 토탈사커24, 토트넘다큐—손흥민 요리스 싸움, 유튜브, 2020. 9. 14.
25) 손웅정, 모든 것은 기본에서 시작한다, 수오서재, 2024. p36.
26) 천재발견연구소, "손흥민은 핵인싸다" 김진야, 손흥민 미담 소개, SBS, 2019. 5. 15.
27) 유튜브 언리얼 보이, "파페 사르와 힘싸움하며 개그하는 손흥민ㅋㅋ". 2024. 7. 9.
28) 노진주, '형~ 오래 함께하자' SON 애착 인형 파페 사르, 토트넘과 2030년까지 '파격 재계약', OSEN, 2024. 1. 3.
29) 고성환, '자잉스러운주징' 손흥민 미담, 일본서도 화제… "엄청 좋은 사람, 20초만 봐도 알 수 있네", osen, 2024. 6. 13.
30) 엠빅뉴스, "왜 전력질주 했냐고요?" 손흥민 교체 비하인드, mbc뉴스, 2024. 6. 7.
31) 천재발견연구소, "손흥민은 핵인싸다" 김진야, 손흥민 미담 소개, SBS, 2019. 5. 15.
32) 유튜브 공놀이티비(Ball Play TV), 손흥민 극찬한 100인의 인터뷰, 2021. 3. 18.
33) 김원익. 추락한 천재 델레 알리, 충격 과거 고백 "6세 때 성적 학대 당해, 8세 때 마약 팔았다", MK스포츠, 2023. 7. 14.
34) 피주영, 심장마비 딛고 복귀한 친구 에릭센 꼭 안아준 손흥민, 중앙일보, 2022. 4. 24.
35) 문선영, 손흥민, 인성도 '월드클래스'… 어설픈 세리머니 이유 있었다, 이투데이, 2022. 5. 2.
36) 관련기사) 황기현, "좋아하던 손흥민 실물 보고 내내 눈 못 떼는 백혈병 투병 소년", 인사이트, 2018. 6. 10.
37) 관련기사) 함철민, '여성 수비수 100명 돌파' 챌린지 시도한 손흥민… 끝내 '이런 심정' 고백했다, 인사이트, 2024. 7. 22. 유튜브 채널 숏포러브, 2024. 7. 20.
38) 류원혜, 손흥민 손 꼭 잡고 "너무 말랐어"… 치매 할머니 팬과 감동 만남, 머니투데이, 2024. 6. 20.
39) 이건, '2골' 손흥민 "박지성 이어 4강행 큰 영광", 스포츠조선, 2019. 4. 18.
40) 홍대선·손영래, 축구는 문화다, 책마루, 2010. p4.
41) 데즈먼드 모리스, "데즈먼드 모리스의 축구 종족", 한스미디어, 2016. p14.
42) 데즈먼드 모리스, "데즈먼드 모리스의 축구 종족", 한스미디어, 2016. p28~45.
43) 손웅정, 모든 것은 기본에서 시작한다, 수오서재, 2024. p35, p36.
44) 홍대선·손영래, 축구는 문화다, 책마루, 2010. p19, p20.

45) 제이콥 로버트 무스, 1900, 조선에 살다(Village Life in Korea), 푸른역사, 2008. p127.
46) 관련기사) 오지혜, "AI 입힌 하드웨어에 용도별로 튜닝… '구매자 맞춤형 휴머노이드' 新시장 열린다 [NEW 휴머노이드가 온다]" 한국일보, 2024. 10. 17. 김재현, "걷고 뛰고 공도 뻥 차는 로봇 '아르테미스', 텀블링도 할 겁니다", 한국일보, 2024. 10. 25.
47) 손흥민, 축구를 하며 생각한 것들, 브레인스토어, 2024. p130.
48) 이건, 네버 다우트, 중앙books, 2022. p114.
49) 손웅정, 모든 것은 기본에서 시작한다, 수오서재, 2024. p191.
50) 김창금, 손웅정 심은 데 손흥민 났다! "검색 아닌 사색의 힘" 인터뷰, 한겨레, 2024. 1. 7.
51) 손흥민, 축구를 하며 생각한 것들, 브레인스토어, 2024. p297.
52) 손흥민, 축구를 하며 생각한 것들, 브레인스토어, 2024. p299.
53) 류동혁, "월드클래스 SON, 매우 독특한 캐릭터" 토트넘 입단동기 케빈 비머의 극찬, 스포츠조선, 2023. 10. 19.
54) 유영규, 손흥민 해병대 군사훈련 성적 1등… 축구도 군 생활도 '월드클래스', SBS 뉴스, 2020. 5. 8.
55) 손웅정, 모든 것은 기본에서 시작한다, 수오서재, 2024. p120, 121, 124.
56) 다쓰오카 아유무, 축구 전술 혁명, 한스미디어, 2023. p33.
57) 김주환, 회복탄력성, 위즈덤하우스, 2019.
58) 이정찬, 캡틴의 품격… "이게 바로 손흥민의 리더십", SBS 뉴스, 2023. 12. 11.
59) 네이버 블로그 다시 사는 청년, 영국을 강타한 손흥민 리더십과 리더에게 필요한 덕목 11가지, 2023. 11. 22.
60) 이정찬, 캡틴의 품격… "이게 바로 손흥민의 리더십", SBS 8뉴스, 2023.12.11. 유튜브 동현kldh.
61) 김우중, 손흥민, 팬 향한 감동 인터뷰 "나는 세상에서 가장 운이 좋은 사람", 일간스포츠, 2023. 12. 25.
62) 이건, 네버 다우트, 중앙books, 2022. p207.
63) 김아인, 미담이 끝도 없다…영국 전역이 감격한 손흥민의 경기 후 행동, FourFourTwo, 2024. 3. 12.
64) 유튜브 SPOTV와의 황당 인터뷰 중에서, SPOTV 오리지널, 2024. 4. 27.
65) 이영호, 손흥민의 숨은 선행, 지난 8월 육군에 1억원 기부, 연합뉴스, 2018. 10. 26.
66) 관련기사) 박준범, "꿈만 같고 행복" 소아암 어린이 돕는 'SON 모아 Wish', 손흥민과 함께해 더욱 특별했다[SS현장], 스포츠서울, 2023. 7. 5.
67) 손웅정, sbs 스포츠머그 인터뷰 중에서, 2024. 5. 17.
68) 박영만, 지구촌 위트 사전, 프리윌, 2017. p141.

69) 박영만, 지구촌 위트 사전, 프리윌, 2017. p210.
70) 손웅정, 모든 것은 기본에서 시작한다, 수오서재, 2024. p201.
71) 유튜브, 스토리K - 축구in 인문학 by kei, 손흥민 유럽 최초의 친구 아슬란과 감동 사연 - 함부르크 소년들의 뜨거웠던 시간과 인생, 2024. 5. 22. 스토리K - 축구in 인문학 by kei, 손흥민 차별받던 독일 생활의 희망, 레노와의 우정 - 레버쿠젠의 이방인에서 토트넘의 주장으로, 2023. 10. 25.
72) 관련 자료) 유튜브 빌리온에어 Billyonaire, "손흥민 선수의 영어 공부 방법을 직접 만나서 물어봤습니다! / 손흥민 선수 영어 공부 인터뷰 및 설명", 2019. 12. 21.
73) 손흥민, 축구를 하며 생각한 것들, 브레인스토어, 2024. p203.
74) 참고자료) 유튜브 리액션스쿨, 손흥민 차두리 독일어 들어 본 독일인 반응, 2023. 3. 13.
75) 참고자료) 유튜브 teenterview 틴터뷰, 2016 손흥민 영어 vs 2022 손흥민 영어 feat. 점점 발전하는 손흥민의 영어 실력 ㄷㄷ 2016-2022 손흥민 영어 인터뷰 모음, 2022. 3. 4.
76) 참고자료) 유튜브 엠빅뉴스, 손흥민의 영어실력은 몇위?(feat 호날두 영어), 2023. 5. 2.
77) "프리미어리그 역사상 득점과 어시스트를 합친 탑 10 듀오", BBC Sport, 2023. 7. 11.
78) 손흥민, 축구를 하며 생각한 것들, 브레인스토어, 2020. p253.
79) 존 그리챈, 앤지 포스테코글루 레볼루션, 삼호북스, 2024.
80) 김동욱, '성공률 80%' 손흥민의 스루패스, 유럽 5대 리그 최고, CBS노컷뉴스, 2024. 1. 5.
81) 장민석, 세계에서 가장 수비 가담 많이 하는 공격수는 손흥민, 조선일보, 2024. 5. 9.
82) 김현기, "손흥민 레전드 리스트 올랐다"… EPL 사상 6번째 3시즌 10골-10도움 쾌거, 엑스포츠뉴스, 2024. 5. 20.
83) 이원만, '토트넘만 빼고 다 안다' 세계가 인정한 손흥민 월클 레벨, ESPN '2024 최고공격수 부분 톱10' 선정, 스포츠조선, 2024. 6. 5
84) 이종호, 손흥민, 美매체 선정 최고 축구선수 20위 선정, 서울경제, 2024. 6. 13.
85) 전준강, 손흥민, 영국 신뢰도 최고 매체가 뽑은 '세계축구선수 100인' 선정됐다, 인사이트, 2023. 7. 25.
86) 반짝이달, 손흥민, 전세계 레프트윙 파워랭킹 TOP 5, 네이버 블로그, 2020. 4. 19.
87) 정지욱, 영국 매체 90min "손흥민, 토트넘 올 타임 베스트11" 스포츠동아, 2020. 4. 16.
88) 이정호, '17골 10도움' 한결같은 손흥민, 유럽 빅리그서 톱10급 활약상… 공격포인트 순위에서 전체 11위, 스포츠 경향, 2024. 5. 21.
89) 이근승, 'SON을 방출하라'고? 손흥민, 에버턴전 '멀티골 맹활약' 이주의 베스트 11 선정, MK스포츠, 2024. 8. 26.
90) 김상균, AI×인간지능의 시대, 베가북스, 2024.

참고 도서

- 손흥민, 축구를 하며 생각한 것들, 브레인스토어, 2024.
- 손웅정, 모든 것은 기본에서 시작한다, 수오서재, 2024.
- 손웅정, 나는 읽고 쓰고 버린다, 난다, 2024.
- 이건, 네버 다우트, 중앙books, 2022.
- 김상균, AI×인간지능의 시대, 베가북스, 2024.
- 구자영, 디지털 시대, 영감의 스위치를 켜라, 미다스북스, 2024.
- 에이드리안 베즐리, SON HEUNG-MIN 손흥민 팬북, 영진닷컴, 2020.
- 손흥민·손앤풋볼리미티드·문성원, 손흥민 GRAPHIC ESSAY, 코알라스토어, 2023.
- 초등학교 도덕과 교사용지도서, 교육부, 2024.
- 오구라 기조, 한국은 하나의 철학이다, 모시는사람들, 2017.
- 오구라 기조, 한국의 행동 원리, 마르코폴로, 2022.
- Kei, 90분 너머 축구 이야기, 끌리는책, 2024.
- 이미도, 불멸의 키워드 상영관, 뉴, 2024.
- 김찬호, 유머니즘, 문학과지성사, 2019.
- 박영만, 지구촌 위트 사전, 프리윌, 2017.
- 대릴 반 통게렌, 겸손의 힘, 상상스퀘어, 2024.
- 임경선, 태도에 관하여, 한겨레출판, 2017.
- 마수추안, 지학(止學)—멈춤의 지혜, 김영사, 2005.
- 데일 카네기, 데일 카네기 인간관계론, 다산북스, 2023.
- 한의상, 사람은 신(信)이다, 경향신문사, 2023.
- 홍대선·손영래, 축구는 문화다, 책마루, 2010.
- 강준만, 축구는 한국이다, 인물과사상사, 2006.
- 데즈먼드 모리스, 데즈먼드 모리스의 축구 종족, 한스미디어, 2016.
- 댄 블랭크, 축구 지능 SOCCER IQ, 푸른솔, 2023.
- 제이콥 로버트 무스, 조선에 살다(Village Life in Korea), 푸른역사, 2008.
- 데이비드 미크 & 톰 티렐, 알렉스 퍼거슨 열정의 화신, 미래를소유한사람들, 2007.
- 거스 히딩크, 마이웨이, 조선일보사, 2002.
- 박지성, 박지성 마이 스토리, 한스미디어, 2015.
- 김주환, 회복탄력성, 위즈덤하우스, 2019.

- 조서환, 근성, 같은 운명 다른 태도, 쌤앤파커스, 2022.
- 안동원, 멘탈링, 북포스, 2014.
- 팀 그로버·샤리웽크, 멘탈리티, 푸른숲, 2022.
- 애나 렘키, 도파민네이션, 흐름출판, 2022.
- 피터 드러커, 프로페셔널의 조건, 청림출판, 2004.
- 박태현, 팀으로 일하라, 시그마북스, 2013.
- 박태현, 팀십teamship, 플랜비디자인, 2023.
- 노엘 브릭, 스콧 더글러스, 무엇이든 이뤄내는 강한 마음, 바다출판사, 2024.
- 한스 U. 굼브레히트, 매혹과 열광, 돌베개, 2008.
- BestEleven(Monthly Football Magazine) MAY 2024/VOL 378, 2024.
- 이재열, 다시 태어난다면, 한국에서 살겠습니까?, 21세기북스, 2022.
- 안톤 숄츠, 한국인들의 이상한 행복, 문학수첩, 2022.
- 프리츠 지몬 외, 축구의 미학, 초록물고기, 2010.
- 다쓰오카 아유무, 축구 전술 혁명, 한스미디어, 2023.
- 시미즈 히데토, 유럽 축구 명장의 전술, 라의눈, 2024.
- 니시베 겐지, 유럽 명문 클럽의 뼈 때리는 축구 철학, 한스미디어, 2022.
- 조슈아 로빈슨·조너선 클레그, 축구의 제국, 프리미어리그, 워트베어프레스, 2023.
- 김기옥, 축구 역사를 빛낸 최고의 골, 한스미디어, 2022.
- 김정민, 네가 있어 나는 멈출 수 없다, 푸르름, 2013.
- France Football(플로랑 토르쉬), 축구의 신, 리오넬 메시, 한스미디어, 2024.
- 예프테 다르스키, 호날두_ 가난을 날려버린 백만 번의 슛, 다봄, 2018.
- 한준, 크리스티아누 호날두, 브레인스토어, 2018.
- 리 스콧, 펩 과르디올라, 삼호미디어, 2023.
- 엘마 네벨링, 위르겐 클롭, 한스미디어, 2021.
- 후안 카를로스·쿠베이로 레오노르 가야르도, 스페셜 원 무리뉴, 그리조아FC, 2015.
- 존 그리챈, 앤지 포스테코글루 레볼루션, 삼호북스, 2024.
- 황승진, 경영이라는 세계, 다산북스, 2024.
- 한준 외 10인, 외환위기 이후 20년 한국 사회구조와 생활세계의 변화, 대한민국역사 박물관, 2018.

참고 유튜브

- 스포츠머그 – SPORTSMUG @SPORTSMUG
- 엠빅뉴스 @mbicnews
- 스토리K – 축구in 인문학 by kei @story_k
- 한준 TV @HANJUNETV
- 김진짜 Real KIM @realkim10
- SPOTV 오리지널 @SPOTV_Originals
- 스포타임 @SPOTIMESPOTV
- 감스트GAMST @gamst6217
- ArtSoccer Official @artsoccerofficial
- 달수네라이브 @dalsulive
- 서형욱의 뽈리TV @뽈리TV
- 만돌 TV @MANDOLTV
- YNY @ynyenglish
- 리얼스포츠 @캡틴쏘니
- 스포센스 @SPOSENSE
- 흰수염고래스포츠 @user-bluewhale1
- 스포츠몽땅 @all.sports
- HOYASSI 호야씨 @hoyassi
- 풋볼잡스 @풋볼잡스
- 풋볼 랭킹 @football_ranking
- 케이월드TV @kworld_tv
- 풋볼매거진 @footballmagazine365
- Peachy 피치 @peachy2023
- 공놀이티비(Ball Play TV) @BallPlayTV
- 풋볼온에어 Football OnAir @footballonair
- 풋볼이라 Football is Life @Footba11islife
- 축구 읽어주는 여자 쵱내 @쵱내
- 유 퀴즈 온 더 튜브 @youquizontheblock_official
- 이강TV @TV-km3pt

- 리춘수 [이천수] @leechunsoo10
- 짱구대디 @zzang9daddy
- Relaxation Music AI @RelaxationMusicAI
- 월드티비 @월드티비
- 빌리온에어 Billyonaire @billy_on_aire
- 리액션스쿨 @reactionschool
- teenterview 틴터뷰 @teenterview7124

**ChatGPT로
행복축구를 배우다**

초판 1쇄 발행 2025. 4. 2.

지은이 서정득
펴낸이 김병호
펴낸곳 주식회사 바른북스

편집진행 박하연
디자인 양헌경

등록 2019년 4월 3일 제2019-000040호
주소 서울시 성동구 연무장5길 9-16, 301호 (성수동2가, 블루스톤타워)
대표전화 070-7857-9719 | **경영지원** 02-3409-9719 | **팩스** 070-7610-9820

•바른북스는 여러분의 다양한 아이디어와 원고 투고를 설레는 마음으로 기다리고 있습니다.
이메일 barunbooks21@naver.com | **원고투고** barunbooks21@naver.com
홈페이지 www.barunbooks.com | **공식 블로그** blog.naver.com/barunbooks7
공식 포스트 post.naver.com/barunbooks7 | **페이스북** facebook.com/barunbooks7

ⓒ 서정득, 2025
ISBN 979-11-7263-288-5 03190

•파본이나 잘못된 책은 구입하신 곳에서 교환해드립니다.
•이 책은 저작권법에 따라 보호를 받는 저작물이므로 무단전재 및 복제를 금지하며,
이 책 내용의 전부 및 일부를 이용하려면 반드시 저작권자와 도서출판 바른북스의 서면동의를 받아야 합니다.